# 高校学生教育管理理论与创新

谭 超 刘 洁 徐运保 著

中国原子能出版社

图书在版编目（CIP）数据

高校学生教育管理理论与创新 / 谭超，刘洁，徐运
保著. --北京：中国原子能出版社，2023.11
ISBN 978-7-5221-3143-6

Ⅰ. ①高… Ⅱ. ①谭…②刘…③徐… Ⅲ. ①高等学
校–学生工作–教育管理–研究 Ⅳ. ①G645.5

中国国家版本馆 CIP 数据核字（2023）第 236893 号

高校学生教育管理理论与创新

| | |
|---|---|
| 出版发行 | 中国原子能出版社（北京市海淀区阜成路43号　100048） |
| 责任编辑 | 杨　青 |
| 责任校对 | 冯莲凤 |
| 责任印制 | 赵　明 |
| 印　刷 | 北京天恒嘉业印刷有限公司 |
| 经　销 | 全国新华书店 |
| 开　本 | 787 mm×1092 mm　1/16 |
| 印　张 | 16.25 |
| 字　数 | 250 千字 |
| 版　次 | 2023 年 11 月第 1 版　2023 年 11 月第 1 次印刷 |
| 书　号 | ISBN 978-7-5221-3143-6　　　定　价　76.00 元 |

发行电话：010-68452845

# 前　言

信息化时代背景下，新型媒体蓬勃发展，它不同于报纸、杂志等传统媒体，它以信息化为平台，利用互联网互动性强的特点进行传播。新媒体也因其信息量大、使用便捷、互动及时等特点，深受当代大学生青睐，对大学生的学习和生活产生了深刻的影响。

对于高校而言，互联网使得新媒体视域下的大学生教育管理面临新的机遇与挑战。在信息化时代背景下，高校如何有效加强并改进大学生教育管理工作，提高管理工作的实效性，让教育管理紧跟时代发展步伐，已成为大学生教育管理工作者的重要课题之一。高校大学生教育管理者应更新教育观念，利用新媒体开展好思想教育工作，加强师生联系，做好沟通与服务工作，不断提高学生教育管理工作的实效性。基于此，作为高校学生工作者，开展对新时期高校学生教育管理工作的研究具有十分重要的现实意义。

本书在撰写的过程中，得到了诸多专家、学者的帮助，在这里表示衷心的感谢。由于作者水平有限，虽然经过了反复修改，但书稿中仍难免会存在疏漏之处，恳请广大读者批评、指正。

# 目　　录

第一章　高校教育管理概论……………………………………………… 1

　第一节　高校教育管理的内涵与价值…………………………………… 1

　第二节　高校教育管理的内容及本质………………………………… 23

　第三节　高校教育管理的原则及指导思想…………………………… 26

　第四节　高校教育管理的重点………………………………………… 34

　第五节　高校教育管理的意义………………………………………… 38

　第六节　高校大数据教育管理一般性分析…………………………… 42

第二章　高校学生教育管理信息化…………………………………… 50

　第一节　教育信息化的概念…………………………………………… 50

　第二节　教育管理信息化的特征……………………………………… 60

　第三节　高校教育管理信息化内容与过程…………………………… 65

　第四节　教育信息化的影响与意义…………………………………… 72

　第五节　教育管理信息化的发展趋势………………………………… 78

第三章　高校学生教育管理问题及策略……………………………… 82

　第一节　教育管理信息化中的问题…………………………………… 82

　第二节　教育信息化管理问题影响因素……………………………… 84

　第三节　高校教育管理信息化路径…………………………………… 86

第四章　高校教育管理与素质培养的相关理论……………………… 98

　第一节　教育管理学及相关理论研究………………………………… 98

　第二节　素质培养前提下高校学生教育管理发展的趋势 ………… 103

第三节 高校学生教育管理工作特性的相关概念 ……………………110

第四节 高校学生教育管理与素质培养的不同视角适切性分析 ……112

第五节 高校学生教育管理与素质培养不同视角的实践性思考 ……120

第五章 高校学生工作的管理研究 ………………………………132

第一节 高校学生工作管理取得的成绩 …………………………132

第二节 高校学生工作管理面临的问题及其成因 ………………136

第六章 高校教育管理与学生素质培养路径 …………………………144

第一节 素质培养原则在信息化教学管理中的实现 ……………144

第二节 高校学生教育管理与素质培养的信息化建设体系设计 ……157

第三节 高校学生教育管理与素质培养的信息化建设实施方案 ……166

第四节 高校学生教育管理与素质培养的信息化建设的保障措施 ……173

第七章 高校学生教育管理的理念创新 ………………………………178

第一节 高校学生教育管理理念创新的缘由 ……………………178

第二节 高校学生教育管理理念创新的思路 ……………………182

第三节 高校学生教育管理理念创新的举措 ……………………199

第八章 高校学生教育管理改革创新的理论基础及实践 ……………208

第一节 基于认识论的教育管理方法 ……………………………208

第二节 基于价值论的教育管理 …………………………………215

第三节 教师的职业价值及教育管理创新主体 …………………228

第四节 高校学生教育管理创新的原则 …………………………232

第五节 高校学生教育管理创新路径与评价 ……………………239

第六节 高校学生教育管理文化创新 ……………………………247

参考文献 …………………………………………………………253

# 第一章 高校教育管理概论

## 第一节 高校教育管理的内涵与价值

### 一、高校大学生教育管理的内涵

研究高校大学生教育管理，首先要明确其内涵，而要全面、深入地把握高校大学生教育管理的内涵，就要弄清高校大学生教育管理的含义，了解高校大学生教育管理的特点，明确高校大学生教育管理的目标。

#### （一）高校大学生教育管理的含义

管理，就其字面意义而言，就是管辖、处理的意思。管理的涉及面极其广泛，人们往往按照某种需要、从某种角度来看待和谈论管理，因此对管理就形成了多种不同的解释。即使是在管理学界，对管理也有多种不同的定义。有的从管理职能和过程的角度出发，认为管理是由计划、组织、指挥、协调、控制等职能为要素组成的过程；有的强调管理的协调作用，认为管理是在某一组织中为完成目标而从事的对人与物质资源的协调活动；有的突出组织中的人际关系和人的行为，认为管理就是协调人际关系、激发人的积极性，以达到共同目标的一种活动；有的从决策在管理中的重要地位的角度出发，认为管理就是决策；有的从系统论的角度出发，认为

1

管理就是根据一个系统所固有的客观规律，对这个系统施加影响，从而使这个系统呈现一种新的状态的过程。这些不同的定义，从各个不同的角度揭示了管理活动的特性。

综上所述，我们可以对管理的概念加以归纳概括：管理是在一定的社会组织中，人们通过决策、计划、组织和控制，有效地利用人力、物力、财力、时间、信息等各种资源，以达到预定目标的一种社会活动过程。

高校大学生教育管理是高等学校管理的一个重要组成部分，也是高等学校人才培养工作的一个重要环节。因此，高校大学生教育管理既具有管理的一般特点，又有其自身的特点，主要表现在以下三点。

（1）高校大学生教育管理是在高等学校这一特定的社会组织中进行的。

任何管理活动都是在一定的社会组织中进行的。正如马克思所说，凡是有许多个人进行协作的劳动，过程的联系和统一都必然要表现在一个指挥的意志上，表现在各种与局部劳动无关而与工场全部活动有关的职能上，就像一个乐队要有一个指挥一样。高等学校是系统培养专门人才的社会组织，大学生的教育和培养是其首要的和基本的任务，高校大学生教育管理也就是高等学校为实现这一任务而进行的特殊的管理活动。

（2）高校大学生教育管理的目的是实现高等学校的人才培养目标，促进大学生的全面发展。

管理总是有一定的目的，管理的目的就是要实现一定社会组织的某种预定目标。世界上既不存在无目标的管理，也不可能实现无管理的目标。高校大学生教育管理作为高等学校人才培养工作的一个重要环节，其目的就是要实现高等学校在人才培养方面的预定目标，促进大学生的全面发展，使之成为德智体美劳全面发展、富有创新精神和实践能力的社会主义建设者和接班人。

（3）高校大学生教育管理的实质是要有效地利用学校的各种资源，为大学生的成长成才提供指导和服务。

高校大学生教育管理的任务是要为大学生顺利完成学业、健康成长成才提供各方面的指导和服务，包括对大学生行为和大学生群体的引导、为家庭经济困难学生提供的资助服务、为毕业生提供的就业服务等。因此，需要通过科学的决策、计划、组织和控制，有效地利用学校的各种资源，包括人力、物力、财力、时间、信息等。综上所述，高校大学生教育管理是指高等学校为实现人才培养目标，促进大学生全面发展，通过决策、计划、组织和控制，有效地利用各种资源，为大学生成长成才提供各种指导和服务的社会活动过程。

## （二）高校大学生教育管理的特点

高校大学生教育管理作为高等学校为实现人才培养目标而为大学生提供的引导与服务，有其自身显著的特点。

### 1. 突出的教育功能

高校大学生教育管理是高等学校人才培养工作的重要组成部分，因此，高校大学生教育管理既具有管理的属性，又具有教育的属性，有着突出的教育功能。

（1）高校大学生教育管理的目标服从和服务于大学生教育的目标。大学生是为了接受大学教育而跨进大学之门的，高校大学生教育管理是高等学校为实现大学生教育目标，促进学生圆满完成大学学业而实施的特殊管理活动，因此，高校大学生教育管理的目标必然服从和服务于大学生教育的目标。一方面，大学生教育目标是制定高校大学生教育管理目标的基本依据。实际上，高校大学生教育管理目标也就是大学生教育目标在高校大学生教育管理活动中的贯彻和体现，是其在高校大学生教育管理领域的分目标。离开了教育目标，高校大学生教育管理也就偏离了方向。另一方面，大学生教育目标的实现有待于高校大学生教育管理目标的实现。高校大学生教育管理是实现大学生教育目标的重要手段，只有通过有效的管理，建立和保持正常的教育教学和生活秩序，充分调动大学生学习的积极性和主动性，为大学生提供各种必要的指导和服务，才能保证学校教育教学活动的顺利进行和学生的健康成长。没有有效的高校大学生教育管理，教育目标也就不可能实现。

（2）教育方法在高校大学生教育管理方法体系中具有突出的作用。教育方法是包括高校大学生教育管理在内的现代管理活动中最经常、最广泛使用的一种基本手段。这是因为一切管理活动都离不开人，而人是有思想的，人的活动总是由一定的思想意识支配的。正如恩格斯所说："推动人去从事活动的一切，都要通过人的头脑。"因此，任何管理活动都要坚持思想领先的原则，注意做好人的思想工作，通过影响人的思想去引导和制约人们的活动。而高校大学生教育管理作为大学生教育和培养工作系统中的一个重要组成部分，也就必然要更加注重运用教育手段，以增强高校大学生教育管理的实效性。同时，教育方法也是高校大学生教育管理中其他方法顺利实施并收到实效的基础。高校大学生教育管理的法律方法、行政方法和经济方法的实施，一般都要辅以思想道德教育，才能取得良好的效果。

（3）高校大学生教育管理过程也是教育大学生的过程。高等学校是教育和培养专门人才的场所，高等学校的一切工作都应当对学生起到良好的教育和影响作用，直接面向大学生所实施的高校大学生教育管理工作更是如此。事实上，在高校大学生教育管理过程中包含着十分丰富的教育因素。高校大学生教育管理过程中所贯彻的以人为本、民主法制及公正和谐的理念，所体现的从学校和学生的实际出发、遵循教育规律和管理规律和实事求是的科学精神，所采用的民主管理、依法管理、科学管理的方法等都会对学生起到潜移默化的影响。高校大学生教育管理过程中所实行的依据大学生成长成才的规律和要求制定的各项规章制度，都会对大学生起到思想导向、动机激励和行为规范的作用。高校大学生教育管理过程中管理人员的情感、态度和言行也会对大学生起到表率和示范作用。由此可见，高校大学生教育管理的过程也是教育学生的过程，并直接影响着大学生思想品德的形成与发展。

2. 鲜明的价值导向

高校大学生教育管理总是为一定社会培养人才提供服务的，高校大学生教育管理的目的、管理体制和管理形式总是受到社会的经济基础、政治制度和意识形态的制约。因此，高校大学生教育管理必然具有鲜明的价值导向，它总是体现着一定社会的主导价值体系，并直接影响着大学生价值观的形成、变化与发展。我国是人民民主专政的社会主义国家，我国的高等学校是为社会主义建设事业培养专门人才的。这就决定了我国的高校大学生教育管理必然要坚持社会主义的价值导向。具体来说，高校大学生教育管理的价值导向主要体现在以下三个方面。

（1）高校大学生教育管理的价值导向集中体现在管理目标中。目的性是人类实践活动的基本特征。而人的实践活动的目的，总是基于一定的需要和对实践对象的属性及其变化趋势的认识与判断，因此总是体现着一定的价值观念，高校大学生教育管理的目的同样如此。事实上，高校大学生教育管理的目的及作为具体展开的整个目标体系，都是基于一定的价值观念确定和设计的，都体现着一定的价值观念和价值追求。因此，高校大学生教育管理的价值导向不仅对管理者的管理行为和大学生的日常行为起着导向、激励和评价作用，而且会对大学生价值观的形成和发展起到重要的引导和促进作用。例如，建立和维护良好的教育教学和生活秩序是高校大学生教育管理的重要目标，这一目标就体现了"有序"的价值，因此这一目标的执行又会促进大学生形成"有序"的观念。同时，高校大学生教育管理是大学生教育的重要环节。为谁培养人，培养什么样的人，始终是大学生教育的首要问题，当然也是高校大学生教育管理的首要问题。显然，对这两个问题的解决，必然鲜明地体现着一定的价值观念和价值追求。在我国现阶段，也就是要体现社会主义核心价值体系，体现实现中国特色社会主义的共同理想对人才培养的要求。因此，我国高校大学生教育管理的目标也必然要体现社会主义的价值导向。

（2）高校大学生教育管理的价值导向突出体现在管理理念中。高校大学生教育管理理念是高校大学生教育管理的指导思想，直接制约着高校大学生教育管理的原则和方法。此外，高校大学生教育管理理念也总是体现着社会的价值体系，并往往是社会先进的价值观念在高校大学生教育管理中的贯彻和体现。例如，高校大学生教育管理中的"以人为本"的理念，就是我们党所坚持的"以人为本"的价值观念在高校大学生教育管理中的贯彻和体现。在高校大学生教育管理中全面贯彻"以人为本"的理念，坚持做到"关心人、尊重人、依靠人、发展人、为了人"，必然会对学生正确认识人的价值，确立"以人为本"的价值观念产生积极的影响。

（3）高校大学生教育管理的价值导向具体体现在管理制度中科学而又严密的规章制度上，是高校大学生教育管理的基本手段，也是高校大学生教育管理规范化、制度化和法制化的基本保证和主要标志。管理规章制度是人们在一定的价值观念指导和影响下制定出来的，总是体现着一定的价值导向，具体表现为：要求大学生做什么，不做什么；鼓励和提倡做什么，反对和禁止做什么；奖励什么样的行为和表现，惩罚什么样的行为和表现。高校大学生教育管理制度中的这些规定无不体现着鲜明的价值导向。

### 3. 复杂的系统工程

和任何管理活动一样，高校大学生教育管理也是一项系统工程，具有整体性、层次性、动态性和开放性。同时，高校大学生教育管理又有其特殊的复杂性，因此是一项十分复杂的系统工程。

（1）高校大学生教育管理的任务是复杂的。既要紧紧围绕大学生的中心任务，加强对学生学习行为和实践活动的管理和引导，又要切实为大学生的健康成长着想，加强对学生日常行为包括交往行为、消费行为、网络行为的管理和引导，及时发现、校正和妥善处理学生的异常行为；既要加强对大学生现实群体包括学生班级、学生党团组织、学生社团和学生生活园区的管理和引导，又要适应网络时代的新情况，加强对大学生以网络为平台形成的虚拟群体的管理和引导；既要对大学生在校园内的安全加强管理和引导，又要为大学生在校外的安全提供必要的指导和监督；既要做好面向全体学生的奖学金评定工作，以充分调动学生的学习积极性，又要做好面向家庭经济困难学生的资助工作，以帮助他们顺利完成学业；既要引导新生科学制定职业生涯规划，明确努力的具体目标，又要为毕业生提供就业、创业指导和服务，使学生能够在合适的岗位上施展自己的才华、实现自身的价值。总之，高校大学生教育管理渗透大学生专业学习和日常生活的各方面，贯穿大学生培养工作的所有环节和全部过程，其任务是复杂而又艰巨的。

（2）大学生是具有明显差异和鲜明个性的。高校大学生教育管理的对象是大学生，而大学生则有着显著的差异和鲜明的个性。他们各有其特殊的精神世界和思想感情，有着不同的气质、性格、兴趣、爱好和习惯。即使是同一个年级、专业和班级的学生，由于他们各有其特殊的生活条件和生活经历，他们的思想行为也各有其特点。同时，随着自主意识的增强，大学生普遍崇尚个性，追求个性的自由发展和完善。对于同一学生而言，在成长变化不同的历史时期有着不同的特点。因此，高校大学生教育管理就不可能按照完全统一的要求、规格和程序来进行，而要善于根据大学生的个性特点，因人制宜、因势利导，有针对性地开展工作，这就使高校大学生教育管理具有特殊的复杂性。

（3）影响大学生成长的因素是复杂的。高校大学生教育管理的目的是要促进大学生的健康成长，而影响大学生成长的，不仅有学校教育因素，还有外部环境因素。外部环境的构成因素是复杂的，在现实世界中，所有与大学生的学习、生活、活动和交往有关的环境因素，都会或多或少地对大学生的成长产生影响。其中，既有社会的因素，也有自然的因素；既有物质的因素，也有精神的因素；既有经济的、政治的因素，也有文化的因素；既有国际的、国内的因素，也有家庭的、学校周边社区的因素；既有现实的因素，也有历史的因素。尤其是随着现代信息技术的迅猛发展，世界越来越紧密地联系在一起，大学生可以方便快捷地获取来自世界各地的信息，因此，影响大学生思想行为及其成长的环境因素也就更广泛、更复杂。此外，外部环境对大学生的影响也是复杂的。一是其影响的性质具有多重性。有积极影响，也有消极影响，二者往往交织在一起，同时发生作用。同样的环境因素相对于不同的大学生可能会发生不同性质的影响。例如，富裕的家庭经济条件对许多大学生是顺利完成学业的有利条件，但对有的大学生则成为铺张浪费、过度消费甚至不思进取、荒废学业的重要原因。二是其影响的方式具有多样性。有直接的影响，也有间接的影响；有显性的影响，也有隐性的影响；有通过对大学生思想情感的熏陶发生作用的，也有通过对大学生行为的约束发生作用的。凡此种种，不一而足。因此，在高校大学生教育管理过程中，管理者不仅要善于对大学生的学习和生活进行正确的指导，而且要善于正确认识和有效调控各种环境因素对大学生的影响，尽可能充分利用其对大学生的积极影响，防止、抵御和转化其消极影响。显然，这是一项十分复杂的工作。

## 二、高校大学生教育管理的价值

高校大学生教育管理对社会进步、高等学校发展和大学生成长、成才都有着重要的意义和价值。全面认识高校大学生教育管理的价值，是高校大学生教育管理研究的重要课题，也是切实加强和改进高校大学生教育管理的重要思想基础。

### （一）高校大学生教育管理价值概述

价值本来是一个经济学的范畴。它是伴随着商品生产的出现而产生的。在经济学领域中，价值指的是凝结在商品中的无差别的人类劳动。现在，价值范畴已经广泛地运用于社会政治、法律、道德、科技、教育、管理等各个领域中，成了人们评价一切事物的一个普遍的范畴。因此，价值范畴又具有了哲学意义上的新内涵。在哲学意义上，价值是指客体对于主体的作用和意义，它体现了客体的属性和功能与主体的需要之间的一种特定关系，即客体属性和功能对主体需要的满足关系。价值作为一个关系范畴，不能离开主客体中任何一方而存在。一方面，价值离不开主体，主体的需要是衡量价值的尺度，只有能够满足主体需要的事物或对象，才具有价值；另一方面，价值也离不开客体，客体的属性和功能是价值的载体。价值的实质，也就是客体的属性和功能对主体需要的满足。

高校大学生教育管理的价值是指高校大学生教育管理对社会、高等学校和大学生所具有的作用和意义，也就是高校大学生教育管理的属性和功能对社会进步、高等学校发展和大学生成长、成才需要的满足。高校大学生教育管理价值的客体是高校大学生教育管理本身。高校大学生教育管理具有能够对大学生的成长和发展、对高等学校实现教育目标、对培养社会合格人才发挥作用的属性与功能，这些属性和功能构成了高校大学生教育管理价值的基础。高校大学生教育管理价值的主体是社会、高等学校和大学生，高等学校是高校大学生教育管理的实施者。高等学校之所以要实施高校大学生教育管理，是实现教育目标的需要，而高校大学生教育管理则具有能够满足这种需要的属性和功能，因此高等学校也就成为高校大学生教育管理价值的主体。同时，高等学校的教育目标又是依据社会对专门人才的要求和大学生自身发展的需要制定的，因此，社会和大学生也就都成为高校大学生教育管理的主体。高校大学生教育管理价值所体现的就是高校大学生教育管理的属性和功能对社会、高等学校和大学生需要的满足关系，它有以下显著特点。

1. 直接性与间接性

高校大学生教育管理对其价值主体的作用，就其作用的形式而言，有直接作用和间接作用。因此，高校大学生教育管理价值也就具有直接性和间接性的特点。高校大学生教育管理价值的直接性是指高校大学生教育管理能够不经过中介环节而直接作用于价值主体，以满足一定的需要。一般来说，高校大学生教育管理对大学生的影响和作用往往就是直接发生的。高校大学生教育管理价值的间接性是指高校大学生教育管理需要通过一定的中介环节而间接作用于价值主体，以满足一定的需要。一般来说，高校大学生教育管理对于社会的影响和作用往往就是通过对大学生的影响和作用而间接地发生的。

2. 即时性与积累性

高校大学生教育管理价值的实现即高校大学生教育管理因为自身的属性和功能对价值主体某种需要的满足总要经过一个或短或长的过程，因此，高校大学生教育管理价值也就具有即时性与积累性的特点。高校大学生教育管理价值的即时性是指高校大学生教育管理活动在短时间内就能够迅速达到目标，从而满足价值主体的某种需要。例如，及时办理新生中家庭经济困难学生的助学贷款，以使他们能够跨进大学、安心学习；及时处理学生中发生的突发事件，以保障学生安全、校园稳定等。高校大学生教育管理价值的积累性是指高校大学生教育管理往往要经过一个相当长的过程，通过长期的工作积累，才能达到目标，从而满足价值主体的需要。例如，建立良好的教育教学秩序，以满足高等学校人才培养工作的需要；培养学生良好的思想品德和行为习惯，以满足社会发展与学生自身发展的需要；等等。这些就不是一朝一夕所能实现的，而是需要长期的工作积累。

3. 受制性与扩展性

高校大学生教育管理价值的受制性是指高校大学生教育管理价值的实现要受到其他各种因素的影响。因为高校大学生教育管理价值就是对大学生成长成才的作用和意义，而大学生的成长成才则还要受到高等学校内部其他因素和外部环境因素的影响。因此，高校大学生教育管理在大学生成长成才中作用的发挥，也就必然要受到其他各种因素的制约。当其他因素对大学生的影响与高校大学生教育管理的作用方向一致，高校大学生教育管理就容易收到实效，高校大学生教育管理的价值也就易于实现。反之，如果其他因素对大学生的影响与高校大学生教育管理的作用方向不一致，高校大学生教育管理就难以收到实效，高校大学生教育管理的价值也就难以实现。高校大学生教育管理价值的扩展性是指高校大学生教育管理可以通过大学生的活动和影响对高等学校内部其他工作和外部环境因素发生作用，从而使自身价值得到扩展。例如，高校大学生教育管理通过对学生科技创新和创业活动的鼓励和支持，激发学生科技创新和创业的积极性，这就必然会推动学校的教学创新，以提高学生的科技创新能力和创业能力。再如，高校大学生教育管理通过对学生日常行为的引导，使学生养成了遵守社会公共道德规范、自觉维护公共秩序和环境卫生的行为习惯，这就必然会对学校周边环境的优化产生积极影响。

4. 系统性与开放性

高校大学生教育管理价值的系统性是指高校大学生教育管理的价值是一个由多种维度、多种类型的内容构成的有机整体。按照价值的主体，高校大学生教育管理价值可分为社会价值、高校集体价值和个体价值。社会价值是高校大学生教育管理对社会运行和发展的作用和意义；高校集体价值是高校大学生教育管理对高等学校运行和发展的作用和意义；个体价值是高校大学生教育管理对大学生个体成长和发展的作用和意义。

按价值存在的形态，高校大学生教育管理价值可分为理想价值和现实价值。理想价值是高校大学生教育管理价值的应有状态，即高校大学生教育管理所追求的最终价值；现实价值是高校大学生教育管理的实有状态，即在现实条件下已经实现或正在实现的价值。高校大学生教育管理价值还可以按价值的性质分为正向价值和负向价值；按价值的大小，分为高价值和低价值。高校大学生教育管理价值就是由上述各种价值组成的系统。高校大学生教育管理价值的开放性是指高校大学生教育管理的价值会随着价值主体需要和高校大学生教育管理功能的发展变化而发展变化。随着社会的发展，高校大学生教育管理服务对象的需要在发展变化，这就必然会促使高校大学生教育管理的功能发生相应的变化，从而使高校大学生教育管理的价值得到增强和拓展。例如，随着计算机网络的发展及其对大学生的双重影响，高校大学生教育管理必须加强对大学生网络活动的管理和服务，从而使高校大学生教育管理的价值拓展到网络空间中。

## （二）高校大学生教育管理的社会价值

高校大学生教育管理的社会价值是指高校大学生教育管理对社会运行与发展的作用和意义，即高校大学生教育管理的属性和功能对社会运行与发展需要的满足。高校大学生教育管理的社会价值集中表现为：它既是培养中国特色社会主义建设合格人才的重要手段，也是构建社会主义和谐社会的内在要求。

### 1. 培养合格人才的重要手段

中国特色社会主义事业的发展需要大批的高素质劳动者、专业人才和顶尖创新人才。高等学校是人才培养的重要基地，其中心任务就是要为中国特色社会主义建设培养合格的专门人才。高校大学生教育管理是高等学校人才培养工作的重要手段，在培养合格人才中发挥着不可或缺的重要作用。

（1）维护正常的教育教学秩序。高等学校的教育教学活动总是按照一定的制度和规章有目的、有计划、有组织地进行，建立和维护正常的教育教学秩序是高等学校教育教学工作的内在要求和基本条件。这就需要有严格的、科学的管理，包括高校大学生教育管理，高校大学生教育管理在维持高等学校教育教学秩序中具有特殊的重要作用。在高校大学生教育管理中，实行严格的学籍管理，按照一定的制度和规定，有序地做好有关学生入学与注册、课程和各种教育环节的考核与成绩记载、转专业与转学、休学与复学、退学、毕业与结业等各项工作，是建立正常的教育教学秩序的基础。实施系统的学习管理，引导学生明确学习目的，提高学习的主动性和自觉性，规范学生的学习行为，督促学生自觉遵守学习纪律和考试纪律，形成良好的学风，是建立正常的教育教学秩序的关键。加强对学生班级、学生社团等学生群体的管理，引导学生紧紧围绕学校的教育教学目标，有序地开展班级活动、社团活动和其他课余活动，是建立正常的教育教学秩序的重要条件。

总之，高校大学生教育管理是建立和维护正常的教育教学秩序的重要保证，没有有效的高校大学生教育管理，就不可能有正常的教育教学秩序。

（2）激励、指导和保障学生的学习行为。高等学校教育教学的过程是教师与学生双向互动、"教"与"学"辩证统一的过程。其中，"教"是主导，"学"是关键。学习是大学生的主要任务，是大学生能否成为合格人才的关键，而高校大学生教育管理则对大学生的学习行为起着重要的激励、指导和保障作用。高校大学生教育管理对学生学习行为的激励作用主要表现在：引导学生充分认识大学学习的社会意义和个体价值，明确学习目的，以激发学生的学习动机；运用颁发奖学金、授予荣誉称号等方式，表彰学业优秀的学生，以鼓励学生勤奋学习；把竞争机制引入学生的学习活动中，组织各种竞赛活动，以激发学生的学习热情。高校大学生教育管理对学生学习行为的指导作用主要表现在：指导新生了解大学阶段学习的特点和要求，促使他们尽快实现学习方式从被动性学习到自主性学习的转变；指导学生根据社会需求和自身实际制定职业生涯规划，确定自己的职业生涯发展方向，从而明确学习的目标；指导学生掌握科学的学习方法，养成良好的学习习惯，不断提高自主学习的能力和学习效率；指导学生积极开展社会实践活动，注重在实践中加深对专业理论知识的理解，在实践中提高自己的专业技能。高校大学生教育管理对学生学习行为的保障作用主要表现在：加强资助管理，切实做好助学贷款和助学金的发放工作，组织和指导学生的勤工助学活动，为家庭经济困难学生安心学习、顺利完成学业提供必要的经济条件；开展学生学习的心理辅导工作，帮助学生克服学业焦虑等各种消极心理，以积极健康的心态对待学习。

（3）培养学生的思想品德。中国特色社会主义建设所需要的合格人才不仅要具备良好的专业知识和能力素养，还要具备良好的思想品德。思想品德是指人在一定的思想体系指导下，按照社会的言行规范行动时，表现在个人身上的相对稳定的特征。它是以心理因素为基础的思想与行为的统一体。培养大学生良好的思想品德，不仅需要深入细致的思想教育，还需要有效的管理。这是因为人们良好思想品德和行为习惯的形成，有一个由他律到自律的过程。大学生各方面还未成熟，发展尚未稳定，加之各个学生的思想基础不同，接受教育的主动性、积极性和自觉性各不相同，因此，大学生自我管理、自我约束的能力尚有欠缺并存在差异。要帮助大学生提高自理、自律的水平，使他们能够自觉地遵循社会的思想规范、政治规范、道德规范和法纪规范，并形成良好的行为习惯，就必须在加强思想教育的同时，加强对大学生各方面的管理，注重大学生日常行为规范的训练。通过高校大学生教育管理，科学制定并严格执行各项规章制度，强化行为管理和纪律约束，使大学生的学习、交往等各方面的行为都能够按照一定的规范有序地进行，这不仅有助于培养大学生良好的行为习惯，也可以为思想教育创造良好的环境条件，从而增强思想教育的效果。

### 2. 构建和谐社会的内在要求

实现社会和谐，始终是人类孜孜以求的社会理想，也是中国共产党和中国人民不懈奋斗的重要目标。社会和谐是中国特色社会主义的本质属性，构建社会主义和谐社会是发展中国特色社会主义的基本要求和重要保证。高校大学生教育管理作为对大学生这一特殊社会群体提供引导和服务的社会活动，在构建社会主义和谐社会中发挥着特有的重要作用，具有特殊的重要价值。

（1）高校大学生教育管理是维护社会稳定、实现社会安定有序的重要保证。我们所要建设的社会主义和谐社会应该是民主法治、公平正义、诚实友爱、充满活力、安定有序、人与自然和谐共处的社会。安定有序是社会主义和谐社会的内在要求和重要特征，也是实现社会和谐的基本条件。社会稳定则是安定有序的基本内容和重要表现，也是改革和发展的前提。高校稳定是社会稳定的重要条件，高校稳定的关键则又在于大学生，这是因为大学生的思想尚未成熟，存在着显著的矛盾性。他们关心国家发展、关注时事政治、追求民主自由，并具有较强的政治参与意识，但尚缺乏政治经验和社会生活经验，政治辨别能力不强，因此容易受到社会上错误思潮和不良倾向的影响。同时，大学生正处于青年期，情感具有强烈性。这既使大学生热情奔放、勇往直前，也使大学生易于冲动，甚至失去理智。成千上万的大学生集中在高等学校的校园内，如果缺乏正确的引导和有效的管理，一些不良的倾向和问题就很容易在大学生中扩散开来，并造成不良的社会影响。因此，切实加强高校大学生教育管理，正确引导大学生的社会活动和政治行为，妥善解决大学生在学习、生活、交往和就业中碰到的各种矛盾和问题，及时处理大学生中发生的各种突发事件，以保持高等学校的稳定，对于维护社会稳定，实现社会安定有序具有特殊的重要意义。

（2）高校大学生教育管理是构建和谐校园的重要手段。高等学校是现代社会中不可或缺的重要社会组织，担负着培养人才、推进科技进步和传播先进文化的重要任务。构建和谐校园，是构建社会主义和谐社会的题中应有之义，也是推进高等学校科学发展的内在要求。加强高校大学生教育管理，引导和组织大学生积极发挥在和谐校园建设中的主体作用，是构建和谐校园的重要保证。加强高校大学生教育管理，建立和完善学生参与民主管理的组织形式，引导、支持和组织学生依法参与学校的民主管理和实行自主管理，切实维护和保障学生在校期间享有的权利，引导和督促学生全面履行法律规定的义务，自觉遵守国家法律和学校管理制度，能够有力地推进高等学校的民主法治建设。加强高校大学生教育管理，妥善地协调学生与学校、学生与教师之间的关系，维护学生的正当利益，实事求是地评价学生的思想品德和学业成绩，公正地实施奖励和处分，正确地处理学生中的各种矛盾和问题，可以使公平正义在校园中得到弘扬。加强高校大学生教育管理，督促学生在学习考试、科学研究、人际交往和日常生活中坚持诚实守信，做到不作弊、不剽窃，引导学生尊敬师长、友爱同学、团结互助，才能在校园中形成诚信友爱的良好风气。通过高校大学生教育管理，充分调动学生的积极性和创造性，围绕专业学习，开展丰富多彩的社团活动和社会实践活动，鼓励、组织和支持学生开展科学研究、进行创造发明、尝试创业活动，才能使校园真正充满活力。通过高校大学生教育管理，建立和维护学校正常的教育教学秩序和生活秩序，加强学生的安全教育和管理，保障学生的身心健康，有效地预防和妥善地处理学生中的突发事件，努力建设平安校园，才能使校园实现安定有序。通过高校大学生教育管理，引导和督促学生自觉维护校园环境，节约使用水、电等各种资源，才能使校园成为人与自然和谐共处的生态校园。

（3）高校大学生教育管理是促进大学生集体和谐发展的重要手段。包括大学生党团组织、班级、学生会、社团等在内的大学生集体是大学生政治、学习和日常生活的基本组织形式，直接影响着大学生的思想和行为，是大学生思想教育和管理的重要载体。大学生集体的和谐发展，不仅直接关系着大学生个体的健康成长和全面发展，也直接关系着高等学校的和谐稳定与科学发展。高校大学生教育管理包含着对大学生集体的管理，因此，在促进大学生集体和谐发展中具有十分重要的作用。通过高校大学生教育管理，引导大学生集体自觉遵循学校的有关制度和规定，紧紧围绕学校的人才培养目标和学生成长成才的需要，积极开展丰富多彩的集体活动，充分发挥自身在大学生自我教育、自我管理中的作用，可以促进大学生集体的发展与学校发展的和谐统一。通过高校大学生教育管理，切实加强大学生集体的思想建设、组织建设、制度建设和作风建设，引导大学生增强集体意识，主动关心集体发展，积极参与集体活动，弘扬团结互助精神，不断增进学生之间的友谊，注重相互沟通与交流，及时化解各类矛盾，可以促进各个大学生集体自身的和谐发展。通过高校大学生教育管理，引导大学生党团组织、班级、学生会、社团等各类大学生集体正确处理相互之间的关系，加强相互之间的沟通和协调，做到相互配合和相互支持，形成大学生自我教育和自我管理的合力，可以促进各类大学生集体的相互和谐与共同发展。

## （三）高校大学生教育管理的个体价值

高校大学生教育管理的个体价值是指高校大学生教育管理对大学生个体成长与发展的作用和意义，即高校大学生教育管理的属性和功能对大学生个体成长与发展需要的满足。高校大学生教育管理的个体价值主要表现为引导方向、激发动力、规范行为、完善人格和开发潜能五个方面。

### 1. 引导方向

高校大学生教育管理具有突出的导向功能，对大学生的成长和发展起到重要的导向作用。高校大学生教育管理的导向作用，主要表现为以下三个方面。

（1）引导政治方向。政治方向是政治立场、政治观念、政治态度、政治品质和政治信念的综合体，是人的素质中的首要因素，决定着人们思想和行为的基本倾向。我们党历来强调在人才培养中把坚定正确的政治方向放在第一位。当今世界，随着经济全球化和信息技术的迅速发展，国际政治斗争趋于复杂，西方意识形态的渗透日益加剧。引导大学生确立坚定正确的政治方向即坚持中国特色社会主义的方向，是高等学校的一项极为重要而又十分紧迫的任务。要实现这一任务，首先要加强大学生思想教育，同时要加强高校大学生教育管理。这是因为高校大学生教育管理的社会属性决定了高校大学生教育管理必然具有鲜明的政治方向性，并对学生的政治方向发挥引导作用。事实上，我国《普通高等学校学生管理规定》和《高等学校学生行为准则》都明确要求大学生应当确立在中国共产党领导下走中国特色社会主义道路、实现中华民族伟大复兴的共同理想和坚定信念。加强高校大学生教育管理，严格执行高等学校学生管理规定，引导和督促大学生自觉遵守高等学校学生行为准则，加强对大学生的行为尤其是政治行为的管理和指导，引导学生正确行使依法享有的政治权利，防止和抵制各种腐朽意识形态对大学生的影响，及时纠正校园中出现的错误倾向，维护和保障校园的政治稳定和政治安全，对引导大学生坚持坚定正确的政治方向无疑具有重要的作用。

（2）引导价值取向。价值取向是指人们基于自己的价值观在面对或处理各种矛盾、冲突、关系时所持的基本价值立场、价值态度及所表现出来的基本价值倾向。价值取向决定和支配着人的价值选择，制约着人们的思想和行为的方向。现阶段我国市场经济的发展，在促进社会生产发展和人们思想观念更新的同时，也容易诱发人们产生利己主义、拜金主义和享乐主义的价值观念。此外，随着经济全球化的发展和我国国际交往范围的扩大，西方的各种价值观念也渗透进来。因此，引导大学生掌握社会主义核心价值体系，坚持正确的价值取向，有着尤为重要的意义。高校大学生教育管理通过坚持和贯彻体现社会主义核心价值体系的管理理念，制定和执行以培养社会主义建设合格人才为根本宗旨的管理目标体系和管理规章制度，对大学生的价值取向起到重要的引导作用。

（3）引导业务发展方向。引导大学生确定既符合社会需要又符合自身实际的奋斗目标，明确业务发展的方向，可以引导他们把自己的主要精力和时间投入实现既定目标的业务学习和实践活动中，从而促进他们早日成才。高校大学生教育管理在引导大学生业务发展方向方面的作用集中表现在：通过对学生学习活动的指导，引导学生根据相关专业的要求和自己的兴趣爱好，确定专业学习的目标，从而明确在专业学习方面努力的方向；通过对大学生职业生涯规划的指导，引导学生根据社会需求、职业发展的趋势和自身的主观条件与愿望，确定自己的职业理想，从而明确自己职业生涯发展的方向。

2. 激发动力

高等学校的系统教育为大学生的成长和发展提供了良好的条件，而大学生能否健康成长和全面发展，关键在于大学生自身的主观努力即主观能动性的发挥。因此，要促进大学生的成长和发展，就必须注重激发大学生的内在动力，充分调动他们的主动性和积极性。高校大学生教育管理具有显著的激励功能，在激发大学生内在动力方面具有突出的作用。高校大学生教育管理对大学生的激励作用，主要通过以下三种路径实现。

（1）需要激励。需要是人的行为动力的源泉，也是行为动机产生和形成的基础。人的积极性的发挥及其发挥的程度，归根结底取决于其需要能否得到满足及满足的程度。高校大学生教育管理坚持以人为本的管理理念和服务学生的管理原则，关心学生的实际需要，维护学生的正当利益，扎扎实实地为大学生的成长和发展提供各方面的指导和全方位的服务，能够对大学生发挥重要的激励作用。

（2）目标激励。人的行为总是指向一定目标的，目标是人们期望达到的成果和成就，能够激发人的内在积极性，鼓励人们奋发努力。人们对目标的达成满足自身需要的价值看得越高，估计目标能够实现的可能性越大，目标的激发力量也就越大。高校大学生教育管理遵循社会发展要求与大学生自身发展需要相统一的原则，科学地制定管理目标，着力引导大学生根据社会需要和自己的兴趣爱好、主观条件合理地确定自己的学习目标和发展目标，从而对大学生发挥着重要的激励作用。

（3）奖惩激励。奖励和惩罚是高校大学生教育管理的重要方法，其目的是通过运用正、负强化手段，控制大学生行为结果的反馈调节作用，以维持和增强大学生努力学习和践行大学生行为准则的主动性和积极性。奖励是通过奖赏、赞扬、信任等褒奖形式，使其感到满足和喜悦，从而更加奋发努力的正强化手段；惩罚是通过造成被惩罚者某种需要的不满足而使其感到痛苦和警醒，从而变消极行为为积极行为的负强化手段。高校大学生教育管理通过恰当运用奖励和惩罚，鼓励先进、鞭策后进，从而激励全体大学生奋发努力。

### 3. 规范行为

高校大学生教育管理的一项重要任务就是要科学制定和严格执行各项管理规章制度和纪律，以规范大学生的行为，促进其形成文明的行为方式和良好的行为习惯。高校大学生教育管理在规范大学生行为方面的作用，主要是通过以下三种途径实现的。

（1）加强制度建设。制度建设是高校大学生教育管理的重要内容。高校大学生教育管理中的制度建设，就是要依据社会发展要求、人才培养目标和大学生健康成长与发展的需要，科学制定和不断完善各项规章制度，使大学生明确应该做什么、不应该做什么，应该怎么做、不应该怎么做，并引导和督促大学生规范自己的行为，逐步形成文明的行为方式。

（2）严格纪律约束。纪律是一定的社会组织为实现组织目标而要求其全体成员必须共同遵守并赋有组织强制力的行为规范。它是建立正常秩序、维系组织成员共同生活的重要手段，也是完成各项任务、实现组织目标的重要保证，因此成为高校大学生教育管理中不可或缺的重要手段。在高校大学生教育管理中，通过严格执行学习、考试、科研、集体活动、校园生活、安全保卫等各方面的纪律，以约束和调整学生的行为，并对违纪行为及时做出恰当的处罚，可以有效地引导和规范学生的行为，促进其良好行为习惯的养成。

（3）引导自我管理。自我管理是高校大学生教育管理的重要路径。自我管理的一项重要内容就是要启发学生的自觉性和主动性，引导学生自觉遵守管理制度，实现自我约束和自我监督。这种自我约束和自我监督，既表现在大学生个体的自我管理中，也体现在大学生群体的自我管理中。在大学生班级、寝室、社团等群体的管理中，充分发挥学生的主体作用，引导学生在民主讨论的基础上，形成全体成员共同遵守的规章制度，并相互监督执行，不仅有助于营造良好的群体氛围、实现群体的目标，而且有助于提高全体成员规范和约束自己行为的自觉性。

### 4. 完善人格

人格是一个人所具有的稳定而统一的心理特征的总和。通俗地讲，人格是指一个人的品格、思想境界、情感格调、行为风格、道德品质、精神面貌等。人格既是个人发展状况的集中表现，也是个人发展的内在主观条件。人的全面发展包含着人格的健全和完善。高校大学生教育管理以促进大学生的全面发展为根本目的，因此必然要注重培育大学生健全的人格，以促进他们形成丰富崇高的精神境界、高尚优秀的道德品质和积极健康的心理品格。高校大学生教育管理在完善大学生人格方面的作用，主要表现为以下两个方面。

（1）优化环境影响。环境是影响大学生人格形成和发展的重要因素，对大学生的人格具有陶冶和感染的重要作用。"近朱者赤、近墨者黑"，说的就是这个道理。高校大学生教育管理在营造良好的校园环境、优化校园环境影响方面具有重要的作用。高校大学生教育管理通过制定和执行合理的规章制度，建立和维护正常的校园秩序；通过有效的学习管理和班级管理，促进良好学风和班风的形成；通过对大学生交往活动的管理和引导，优化校园的人际环境；通过对大学生网络活动的管理和指导，净化校园的网络环境；通过对学生社团和学生课余活动的管理和指导，形成积极向上、丰富多彩的校园文化生活环境；通过对学生生活园区的管理和学生日常行为的指导，为学生营造安定有序、文明健康的日常生活环境。

（2）指导行为实践。实践是大学生人格形成和发展的基本途径。大学生所接受的各种教育影响，只有在实践中通过他们亲身的体验，才能真正为他们所理解、消化和吸收。大学生行为习惯的养成、实践能力的提高等，更是自身长期实践活动的结果。因此，高校大学生教育管理通过对大学生行为和实践活动的管理和指导，也就必然会对大学生人格的完善发挥重要的作用。

5. 开发潜能

人的潜能是指人所具有的有待开发、发掘的处于潜伏状态的能力，它包括人的生理潜能、智力潜能和心理潜能。人的潜能是人的现实活动力量的潜伏状态和内在源泉，人的能力的发展在一定的意义上也就是开发潜能，使之转化为现实活动力量即显能的过程。人的潜能是巨大的，美国著名心理学家威廉·詹姆斯认为，一个正常人还有 90%的潜能尚未利用。由此可见，人的潜能的开发具有十分广阔的前景。大学生正处于成长和发展的关键时期，应着力开发他们身上所蕴藏的丰富潜能，将他们内在的潜能转化为从事社会建设的实际能力和现实力量，高校大学生教育管理作为大学生培养工作的重要组成部分，在开发大学生内在潜能方面发挥着不可或缺的作用。高校大学生教育管理在开发大学生潜能方面的作用，主要是通过以下三种途径实现的。

（1）指导学习训练。学习和训练是开发潜能的基础。只有通过系统的学习和训练，掌握必要的知识和方法，才能使潜能得到发挥。高校大学生教育管理通过对大学生的学习活动的管理和指导，引导大学生确立正确的学习目的，掌握科学的学习方法，不仅可以充分发掘大学生在学习方面的潜能，以提高他们的学习能力，还可以促使大学生系统地掌握专业理论知识和方法，从而使他们在专业方面的潜能得到开发和发展。

（2）运用激励机制。激励是开发潜力的重要手段。通过激励，可以充分调动人的主观能动性，打破安于现状的消极心态，振奋人的精神，转变人的态度，激发人的兴趣，调整人的行为模式，从而达到开发潜能的目的。因此，激励是高校大学生教育管理的重要手段。高校大学生教育管理运用激励机制，通过引导学生明确努力方向和成才目标，奖励成绩优异、表现突出的学生，可以调动大学生的主动性和积极性，激发他们奋发向上的进取精神，从而促进他们不断地开发自身内在的潜能。

（3）组织实践活动。实践是潜能转化为显能的中介和桥梁。人的潜能只有在实践中，才能逐步显现出来，得到实际发挥，从而转化为显能。高校大学生教育管理通过支持和指导学生的社团活动和社会实践活动，鼓励和引导学生的科技服务、科技创新活动等，可以为大学生提供丰富多样的参与实践活动的机会，使他们的潜能在实践中得到开发和发展。

## 第二节　高校教育管理的内容及本质

### 一、教育管理的组织系统

教育管理组织系统是教育管理群体为共同目标的达成，利用权责分配、层级统属关系与团队精神构成的可以实现自我发展与调节的社会系统，用于解决谁管理与如何管理的问题。管理体制是指组织机构安排、隶属关系、权责规划等组织制度体系化建设。要想充分发挥教育管理组织功能，就要从根本上优化管理体制，促进组织结构的科学合理建设。管理系统属于结构性关系组织，是组织成员彼此行为关系构成的一个行为系统，更是一个随时代变迁而调整适应的生态化组织及成员角色关系网。教育管理组织建设的根本目的是要构建全面科学的教育管理系统、构建质量管理系统与运行机制，以及更好地为广大师生和教育教学工作提供助力。教育管理系统关注的是过程管理纵向系列与横向系列整合。纵向系列指学校、二级学院（部）、教学系部和教研室；横向系列包括教务部门、科研部门、学生管理部门、人事部门、政工部门、后勤保障部门等。要促进教学目标的达成，培育出更多优秀人才，必须确保两个系列得到有效协调。

要构建教育管理组织系统，保证该系统工作可以顺利高效地开展，灵活创新地运行，一定要打造高素质的教学管理队伍，明确机构设置、确定岗位责任。

## 二、教育管理的本质

从本质角度上进行分析，教育管理是在高等学校系统中，以教育子系统为研究对象，组织应用有限资源、科学安排教学过程、优化资源配置、提升教学效益。

## 三、教育管理的基本任务和职能

从基本任务上看，教育管理需要严格遵照教育教学规律，搞好教育管理系统规划，运用现代科技和现代化管理方法对所有教学活动实施动态和目标性管理。与此同时，强调要发挥管理协调的巨大价值，调动各方参与主动性，确保人才培养进程当中教学任务的顺利完成。

教育管理职能主要包括：决策、规划，组织、指导，控制、协调，评估、激励，研究、创新。这些职能之间有交叉，同时也有着密切的内部关联，共同构成了一个有机整体。

## 四、教育管理内容体系

想要真正做好教育管理，提升管理质量，其核心在于管理者清楚知道要管的内容、重点管的内容及如何能够管理好。就教育管理、业务科学体系而言，教育管理内容体系可以归纳成四项，分别是教学计划、教学运行、教学质量管理与评价和教育基本建设管理。如果将教育管理职能作为划分标准的话，包含控制协调、评估激励、研究创新、决策规划和组织指导。从教育管理层面上进行分析，涵盖教学改革、教学建设与日常管理这三个部分。

### （一）教学计划管理

人才培养方案是学校为了提升教育教学质量、确保培养规格的关键性文件，是安排教学活动、设置教学任务、维护有序教学编制的依据所在。教学计划是在教育部宏观指引之下，由学校组织专家自主制订完成的，所以每个学校拥有很大的自主权。教学计划在确定之后必须全面贯彻落实。教学计划管理的核心在于合理设计人才培养蓝图，要求学校在其中投入极大精力，开展基本调查研究，尤其是获知新的教育观点、教学内容、培养模式等方面。需要组织学校各学科专业的学术教学带头人、骨干教师先进行课程结构体系的研究。只有保证课程结构体系的优化与全面，将人才培养的总体规划进行有效定位，才能够为优秀毕业生的培育奠定坚实基础，其中特别要注意，在制订了教学计划后，必须严格贯彻，切忌随意、散漫。

### （二）教学运行管理

教学管理基本目的在于利用规范化管理确保教育教学活动顺利有序地运转，提升教学水平。教学运行管理是围绕教学计划落实开展的教学过程与有关辅助工作的组织管理。教学过程指的是学生在教师引导下的认知过程，还是学生利用接受教学活动的方式收获综合发展能力的过程。高校教学过程在组织管理方面的特征最为明显的是：第一，大学生学习自主性与探究性特征明显；第二，坚持基础学科教育基础上的专业教育拓展；第三，教学科研不断整合。以这些特点作为重要根据，做好教学过程组织管理，要做好课程大纲的设置；要设计组织管理内容、程序、规范要求等，以便对教学过程进行检验。

### （三）教学行政管理

教学行政管理是学校、二级学院、教学系部等教学管理部门结合教育规律与学校规章行使管理方面的职权，对教学活动与有关辅助工作实施科学化组织、指挥和协调调度，确保教学稳定持续运转的协调过程。

### （四）教学质量管理与评价

教学质量这个概念具有很强的综合性，判断教学质量水平的指标应涵盖教学、学习、管理质量等方面的指标，这样才能够得到客观准确的评价。教学质量是渐进累积的产物，是动态与静态管理整合形成的，所以要关注动态与过程管理，实现过程与结果的统一。革新教育思想、提升教学水平，是做好教学质量管理的基本前提。要做好质量监控，设计全程质量管理、构建与校情相适应的质量监控体系与运行机制时，必须对质量监控概念、要素、组织体系等进行梳理，认真研究质量监控与保障的全部有关问题。高校要积极构建围绕核心的科学化与可操作性强的质量管理模式。

# 第三节　高校教育管理的原则及指导思想

## 一、高校学生管理的理论根据和指导思想

管理科学化在提升管理效率与教育质量方面意义重大，它的实现，依赖于与客观实际相符的、人性化与规范化的管理制度，而这些均离不开科学管理思想。科学化的管理思想共分三个层次，分别是认知理论的管理思想、管理遵照的基本原则与实践中运用的方法。

### （一）管理思想

管理思想是关于管理的观点、理论或观念，是管理理论与实践整合于人脑的一种反应。管理思想能够对管理实践发挥重要指导作用，思想是行

动的先导。管理思想会伴随社会和管理实践的产生、发展与变化而发生改变。古代朴素管理思想在四大文明古国当中非常兴盛。公元前 2 000 多年，古巴比伦《汉谟拉比法典》这个重要的法典就体现出了远古法规管理的思想；我国在公元前 1 100 多年诞生了金泉管理思想，在这之后又有人治、法治等管理思想产生。到了 19 世纪的后期，受机器大生产的影响，欧洲产生了过程管理、古典科学管理等思想。20 世纪 60 年代之后，产生了大量管理学派，促进了管理思想的繁荣。

高校学生管理是教育管理的重要组成部分，管理思想应该和教育管理思想一致，均为复杂综合的重要理论课题，也应确定理论前提，与一定的思想理论进行紧密关联，以便确定基本方向。站在哲学的角度进行分析，高校学生管理思想主要包括以下四种。

1. 运用相互联系的管理思想

高校学生管理属于社会现象，具有很强的综合性和复杂性。假如站在宏观角度上研究的话，高校和社会、家庭乃至于整个时代都是存在密切关联的，广大高校学生也不是孤立和隔绝于世的，因此，高校学生管理会涉及社会和家庭，在影响时代的同时也受时代影响或制约。

站在微观角度上进行分析，高校学生管理的各个要素之间，存在着彼此联系与制约的关系。比如管理和教育间的关系、管理和服务间的关系等，都互相影响与制约。

2. 运用动态平衡的管理思想

管理是一个系统性过程，该过程处在持续不断的发展变化过程中，不仅会受政治、经济、文化等诸多要素的影响，还受高校本身诸多因素的影响。全部都处在不断变化的过程中，管理工作也是如此，在发展过程中不断地完善与进步。另外，管理者及被管理者的思想行为、人格等也会在管理过程当中发展完善。因而，将动态平衡管理理念应用到管理实践当中，就要用哲学中的发展观点，做到与时俱进、立足现实、着眼未来、探究新情况和解决新问题。

### 3. 运用对立统一的管理思想

高校学生管理实践活动当中包含着多元化的矛盾关系，因而要借助对立统一管理思想，处理问题与矛盾。例如，管理者和管理对象间存在着矛盾，要用对立统一思想指导管理实践。

### 4. 运用实践探索的管理思想

实践是检验真理的唯一标准，而实践又是正确认识的主要来源。高校学生管理具有极强的实践性，同时对操作性也提出了极高的要求。所以在推进高校学生管理时，必须树立实践意识，培养探究创造的勇气，在实践当中把经验提升为理论，以便更好地指导学生管理实践。

## （二）指导思想

在对我国高校学生管理指导思想进行研究的过程中，需要特别注意运用以下观点与思想。

第一，坚持马克思主义中关于人全面发展的理论，培养"四有"人才是社会主义大学教育根本任务所在。要想保证研究工作质量，一定要明确给谁培养人才和培养怎样的人才这两个问题。我国社会主义大学的性质决定高校培育出的人才要具备扎实的科学文化知识与健康的身体素质，要有极高的社会主义觉悟。要完成"四有"新人的培育目标，就要严格根据马克思主义的人全面发展教育思想，推动教育发展。有效培育德、智、体、美、劳全面发展的优秀社会主义建设者和接班人，是最重要的教育方针，也是马克思主义理论精华具体应用的表现。我们要把培育全面发展的"四有"人才作为教育的根本任务和落脚点。

第二，运用马克思主义关于辩证唯物主义的理论，用对立统一观点对高校学生管理工作进行引导，在管理实践当中贯彻整体观念。马克思辩证唯物主义哲学是所有社会与自然科学的理论根基。马克思主义方法论与认识论渗透进全部社会与自然科学中，因而必然渗透进高校学生管理中。要利用对立统一观点，明确管理整体观念。从纵向上看，整体观念是局部与整体统一；从学生管理工作整体系统的角度上看，构成有机整体的每个部分都是支系统和局部。学生管理系统整体功能最终是由局部组合形式决定的，虽然局部拥有特定功能，但都应服务于系统整体目标与功能，局部要素要以整体目标为基准建立起来。从横向上看，秉持整体观念是处理局部间分工合作的一致性，将各部门进行有效协调，共同为培育全面发展人才的管理目标服务。

第三，利用高等教育与现代科学管理理论指导学生管理，推动管理科学化。现代治校理念要求运用现代科学进行学校与学生的管理，具体而言，一要靠教育科学，遵照教育内外部规律办事。例如，高等教育规模是由经济基础决定的，又会反作用于经济基础。高等院校是高等教育的重要平台和有效载体，如今人才竞争激烈程度逐年提高，市场化竞争更是空前激烈，思想观念、结构、体制等多个方面都出现了一系列的改革。高校一定要把握时代脉搏，面向市场办学。高校学生管理要持续不断地研究新情况、解决新问题，面向新时代培育复合型人才。二要靠现代管理科学理论方法完成管理活动，确保学生管理组织机构完善，管理制度健全，人员责任、岗位分工恰当，职责明确，奖罚分明，动作协调一致，管理高效。运用现代管理科学理论指导学生管理，主要是对基本原理进行应用，主要包括人的能动性、规律效应性、时空变化性和系统整体性的原理。在具体的管理实践当中，一定要促进组织系统化建设、决策科学化发展、方法规范化进步与手段现代化改革。

第四，继承发扬我国70多年来高校学生管理的成功经验，吸收借鉴经验财富。新中国成立70多年来，高校学生管理实践当中积累的大量成功经验与宝贵成果，是如今学生管理的财富。首先，社会主义大学要始终坚持中国共产党的领导，走社会主义道路，这是最为基本的成功经验。所谓坚持党的领导，实际上就是利用党的方针、政策、路线等指导大学管理，确保大学的社会主义方向坚定，充分调动师生的热情，为培育素质过硬的高级复合型人才不懈努力。之所以强调坚持社会主义方向，是因为我国大学具有社会主义性质。所有管理都要坚持党的领导，所有规章制度的制定落实，都必须始终坚持一个中心与两个基本点。这样才能够激发管理参与者的热情，而这也是衡量管理功能与效益的基本点所在。其次，管理规范化与制度化就是将与社会主义方向相符、经实践检验的、成熟的科学管理方法等用制度形式进行固定，构成工作规范，实现权责利的统一，让制度在思想性与科学性上达到统一。再次，秉持理论与实际相联系的原则，面向社会实践与社会需要，确保教育和生产的整合。社会主义大学培育人才，一定要满足市场经济的需求，在思想方面拥有极高社会主义觉悟与共产主义献身精神；在业务方面除了要具备扎实理论之外，还要具备极强的分析与解决问题的实践能力，拥有实干精神与独立性意识。

## 二、高校学生管理的原则和基本方法

原则是客观规律的反映，是观察与处理问题的根本准绳。社会主义大学管理的重要原则是学生管理内在规律的体现，不是主观臆造的。在整个学生管理体系当中，管理原则地位十分关键，有承上启下的作用，为管理目标与实现目标手段搭建了桥梁，是运用有效方法推进管理实践的根本要求。管理原则与管理目标、过程、方法、制度、管理者等要素存在紧密关联，同时处于指导地位。

### （一）高校学生管理的基本原则

#### 1. 学生管理工作方向性原则

管理是有目的的一种实践活动，实际管理工作一定要具备方向性。把社会主义方向作为根本准绳，是我国学生管理的本质特征。我国是社会主义国家，要将高校变成社会主义性质育人平台。社会性质形成了对学校性质的制约，决定学校所有管理活动的性质，所以高校学生管理一定要坚持党的领导，走社会主义道路，为社会主义现代化建设培养大批合格人才，这是高校学生管理最根本和最重要的原则。

2. 理论与实践相结合的原则

理论与实践结合，坚持实践是检验真理的唯一标准，是马克思主义基本原理，更是高校学生管理基本准则所在。有效领悟与把握马克思主义科学与有关管理原理，掌握其精神实质，是做好学生管理的基础与前提条件，但管理原理、应用范围与实际价值会受诸多因素制约。党和国家在社会主义现代化建设的过程中，拥有基本教育方针政策，在不同时期会结合差异化的特征，提出具体方针政策与实际要求。这些方针政策与实际要求，应该在高校学生管理的措施方法中得到有效体现。此外，学生管理科学化还要坚持从本校实际出发，考虑学生的实际特征，制定出针对性强的方法、策略。

3. 行政管理与思想教育相结合的原则

要培养学生共产主义思想道德，不仅要靠说服教育，还必须持续不断地实施行为训练，让学生养成正确的行为习惯，不然教育效果是无法得到有效巩固提升的。假如规章制度、行为规范等设置得不够科学，思想教育实践就会丧失动力。行政管理在培育社会主义合格人才的进程中作用巨大，给教育实践提供了重要的规范与纪律保障，高校学生管理借助规章制度、行为规律等指导与约束学生的思想行为。这些制度措施及纪律表现为社会和高校集体意志对高校学生的要求，还体现为对高校学生行为的外部限制。所以，单一借助管理制度解决高校学生群体复杂的精神领域问题不切实际，同时也违背了科学规律。正确管理措施的制定落实，一定要把提升学生认知能力、提高学生遵章守纪自觉性当作基础前提。自觉遵章守纪离不开科学、正确的认知，离不开科学化的教育实践。只有利用科学、合理的思想教育方式，才能够提升学生纪律执行的自觉性，有效提升管理质量与效率。

### 4. 民主管理原则

社会主义高校学生管理体系中一项非常关键的内容，是要对学生进行自我控制与管理能力的培养，使得学生能够在管理实践中拥有主人翁意识，积极主动地参与管理活动，充分调动学生的主观能动性。为了保证学生自主管理的实现，一定要在学生管理中落实民主管理原则，保证整体目标的达成。

就高校学生心理发展的特点而言，大学生正处在心理自我发现的阶段。这个阶段的学生拥有非常强的支配自我与环境的意识，他们的思想行为和中学阶段的学生有着非常明显的差异，特别是在独立性方面，渴望个人人格与意志得到尊重。面对高校制定的规章制度、纪律等方面的内容，高校学生会主动思考其合理性，通常不希望被动服从，渴望直接参与到管理当中。结合高校学生的心理特征，一定要在学生管理中发扬民主，让学生既是管理对象，又是管理主体。在落实民主管理原则时，特别要关注党团员学生作用的发挥，合理选拔优秀学生干部。

## （二）高校学生管理的方法

高校学生管理方法是以管理原则作为有效依据，为保证学生培养目标的实现在具体管理环节运用的所有方法、步骤、途径、手段等，通常情况下有以下四种。

### 1. 调查研究

经常性地调查、了解和掌握学生的实际情况，有效选取针对性强的处理方法。在调查研究过程当中，一定要针对调查对象、目的、方法等内容，做好科学规划，不可敷衍了事。在调查过程当中，必须做到实事求是，有效运用马克思主义的立场、观点和方法，注重综合性地分析研究调查材料与调查事务。

### 2. 建立规章制度

在高校学生管理的过程当中，应该逐步建立科学化的管理制度体系，这是确保学生管理工作有章可循的基础。制度建设一定要与高校学生身心特征相符，同时要与整个教育规律及学生管理目标相适应。与此同时，制度要伴随教育改革与进步，持续不断地进行健全，还要维持相对稳定性。

### 3. 实施行政权限

结合学生管理目标、内容等制定规章制度与相关的行为规范，利用行政方法实施有效管理，通过有关管理部门与师生、员工共同监督检查的方式，促使学生集体或个人与管理目标规范相符。行政方法通常有惩治和褒扬两种。在具体的管理过程当中，针对能够认真遵守相关管理制度，思想行为都与规范相符的个人与集体，应该大力褒扬赞赏；对于违规违纪，思想行为不符合管理要求的个人与集体，要给出限制措施，同时要用严格制度惩治行为极度恶劣者。

### 4. 适当运用经济手段

经济手段实际上是补充行政方法的一个策略。在具体的学生管理环节，给予必要的物质奖励，或者是物质上的惩罚，就属于经济手段。选用经济手段并不表明行政方法难以确保管理工作的有效实施，而是因为经济手段会直接触及学生的物质利益，能够发挥极大的作用，而这个作用是行政方法无法代替的。在选用经济手段实施学生管理工作时，不能只关注经济手段奖惩，而忽略日常教育指导与行政管理；也不能只注重经济手段奖励优秀学生，忽略用同样的手段处罚违规违纪学生；更不能只关注处罚而忽略奖励，否则会直接影响经济手段作用的发挥。

# 第四节 高校教育管理的重点

## 一、教育管理的特点

教育管理在高校管理实践当中占据不可替代的地位，同时管理活动带有明显的特殊性，这也决定了教育管理有以下五个明显特点。

### （一）教育管理的能动性

能动性是教育管理的一个显著特点，这里指的是人的主观能动性，教育管理的主要对象是师生，是否可以有效调动师生积极性，是衡量教育管理质量的关键标准。在整个教育管理体系当中，师生拥有双重身份，教师在对学生进行教学指导时扮演的是管理者角色，而教师在作为高校学生教育管理执行者时，属于管理对象，学生是学校与教师的管理对象，同时是自身学习的自我管理者。不管师生扮演着怎样的角色、承担着怎样的身份，都有主观能动性。

### （二）教育管理的动态性

动态性指的是教育管理各环节均处在动态发展进程当中。比如，人才培养方案，要跟随社会经济变迁而不断地更新完善，教学质量评价系统要伴随建设内容改变而更新。正是在持续不断的总结提升和动态化的协调处理当中，才使教育管理水平与质量螺旋上升。

### （三）教育管理的协同性

教育管理承担的重要任务是协调学生个体与学校、教师之间的集体活动，有效发挥师生个性，推动个人与集体的协同进步。

### （四）教育管理的教育性

教育管理者利用科学制订管理制度、优化管理过程、设置奖惩制度等方式，指导学生进行自我教育与管理，推动学生自我服务，最终实现育人目标。

### （五）教育管理的服务性

高校中心工作在于育人，教育管理要紧紧围绕教与学，并为其提供良好的服务，树立正确服务意识是对教育管理者提出的根本要求。

## 二、教育管理队伍的结构

高等学校教育教育管理队伍由分管教学副校长、教务处全体人员、学院（系）主管教学副院长（副主任）、教学秘书（教学办全体人员）和教务员组成。教育管理人员的结构主要包括学历结构、职称结构、年龄结构、学缘结构、性别结构等指标。科级以上管理人员岗位应具备硕士研究生及以上学历，博士研究生要占一定比例；处级岗位、教学副院长（副主任）和重要科级岗位应具备副教授以上职称，教授占较大比例；老、中、青各层次人员合理分布，教育管理队伍既要有教育管理经验丰富的中老年专家，又要有充满活力、信息技术强的青年骨干；学缘结构上非本校人员应该占多数比例，有利于发挥不同的管理思想，承担重要岗位工作的教育管理人员应有基层教育管理工作经历。

## 三、教育管理的重点

### （一）注重提高教育管理人员职业道德和业务能力

学校方面要切实意识到教育管理者在学校长远发展建设当中，扮演的角色和发挥的不可替代作用，有效培育其思想素质，使其树立事业心与责任心，始终秉持奉献精神。

首先，教育管理者所处位置非常关键，发挥承上启下的作用，担当上传下达的责任，不仅要贯彻落实上级部门给出的工作安排与文件精神，还必须协调组织教学管理活动，同时还要面对教师，处在和学生沟通互动的前沿，这样的工作定位与职责呼吁教育管理者要具备职业道德与高度责任意识。教育工作涉及范围广、内容多而复杂，很多事都要关注细节。有些事情看似很小，但实际上却关系深远，就拿传达上级文件精神来说，这样的工作年年重复，特别容易引起认知层面的麻痹大意。这件事情看似很小，但是如果在这样的事情上出现管理差错，会直接导致院部甚至全校教学秩序发生混乱，造成教育教学难以有效推进，危害极大，因此，教育管理者必须具备精诚合作的精神。高校教育管理的一个重要特征是层次化管理，既独立，又彼此团结配合。只有具备团队协作精神，懂得如何合作和协调，才能够全方位地处理好实际工作，做好分工，有条不紊地解决好诸多问题。其次，要有极强业务素质能力，教育管理者的业务水平与能力素质是独立开展教育管理工作、有效突破实际难题、完成各项管理任务的根本。学校方面要关注教育管理者业务素质水平的提升，使其能够熟练把握及运用好高等教育的专业化知识，把握教育管理基本理论与专业知识，有效评估教育教学的发展态势，协调不同部门与不同因素之间的关系，推动信息的顺畅流动，革新管理策略，全面提升管理水平；从实际出发开展教育科学研究和实验活动，有效推动教育管理现代化与科学化。

## （二）正确处理教育管理与教学质量的关系

教育管理是学校针对教学工作不同环节开展的管理活动，结合既定管理目标与原则对教育教学实施有效调控。教育管理各环节均与教学质量存在着密不可分的关联。教育管理涉及的内容非常广泛，从教学质量评价系统来看，包括培养方案、教学计划的制订、教学任务的安排、教学跟踪监测、信息收集、信息统计分析、质量评价等内容。与此同时，要特别注意结合反馈信息及评估获得的结果进行教学计划的革新调控。每一项具体工作又会包括很多不同的方面。教育管理一定要紧紧围绕全面提升教学质量这个中心工作实施，高校应该全面革新与健全教育管理体制，积极建立有助于新型人才培养的教育管理制度。

### （三）正确处理教育管理人员与教师教学任务的关系

教育管理者与教师共同担负着教育使命，前者以整合利用教育资源为主，后者以传播知识和启迪思想为主，管理育人与教书育人相辅相成，二者存在互相影响与作用的关联，属于同一个目的之下的不同层面，主要体现在以下四个方面。

第一，教育管理者是衔接教师和学生的纽带，负责协调处理二者之间的矛盾问题，有效营造优质的教学环境，确保教学和学习活动的有序开展。

第二，教育管理者通过整理分析教师教学质量信息，反馈教学和学习的实际情况，合理给出科学化评定。检查考核教师在教育教学当中体现出来的学术与教学水平，评估其敬业精神，归纳评估教师是否认真完成了教育任务、指标和规划，促使教师结合社会发展与市场需要，提升教学水平，培养高质量人才。

第三，教育管理者与教师共同参与学校各项事业的建设过程，如课程建设、教材建设等。利用对教学的调查研究与分析工作，提出改革和优化教学的方案计划。

第四，大学管理者给教师提供教育教学方面的帮助，营造优良教学环境，促使教师可以集中注意力投入教学活动当中。

### （四）注重教育管理与教学研究的关系

教育管理是一项系统性工程，需要长时间建设与积累。高校完成日常教育管理，维护教学秩序，只是完成了第一层次的工作，标志着拥有了良好工作基础与教学环境。要想真正提升人才培养质量与教育管理质量，还必须积极促进教育教学研究工作的开展。大量教育实践表明：关注教育教学研究的高校，其教学工作的指导思想明确、目标选择恰当，能审时度势，从国情和校情出发确立新思想、新思路、新措施和新制度，教学工作和管理工作处于高质量状态；教育管理和教学管理研究开展较差的学校，其教学改革往往比较落后，抓不住教学改革的重点与核心。结合这样的特征，要特别关注教育教学研究工作，把握好提升教育管理效益与质量的关键点。

## 第五节　高校教育管理的意义

教育管理是高校教育工作的重要组成部分，对培养高质量的人才起着重要的作用。高校实施先进有效的教育管理，离不开高素质的教学管理人员。只有具备一支业务能力强、创新意识强、实干精神强的教育管理队伍，高校的教育管理水平才能不断地提高。

### 一、教育管理人员具备的素质能力

现代教育要求高校教育管理必须适应时代的发展，对在第一线的教育管理者提出了更高的要求，要求他们具备多方面的综合能力和素质，具体表现在以下四个方面。

#### （一）具备高尚的道德素质

良好的道德素质是搞好教育管理工作的基本条件。高校教育管理人员的道德素质如何，直接关系到学校教书育人的成效。"学为人师，行为世范"，教育管理人员应以自身的思想、学识和言行及道德人格力量直接影响学生，做到管理育人。

### （二）具备强烈的责任心

教育管理工作既有较强的连续性，又会遇到新情况和新问题，工作头绪多、任务重。强烈的责任心能产生工作主动性，是教育管理人员必备的品德，例如，每学期的期末考试，从安排、组织考试，到上报各种考试报表，再到各科试卷、成绩单的整理归档，每个环节都必须认真负责，才能较好地完成工作。

### （三）具备扎实的业务知识素质

首先，要掌握系统的管理学知识。随着教育体制改革的深入，教育管理人员应掌握系统的管理学知识，按照管理规律办事。采用科学的管理方法，合理地分配人力、物力和财力，提高教育管理工作的效率。其次，要掌握相关学科知识，这是搞好教育管理工作的基础。院级教育管理人员应了解本院各专业的培养目标、课程体系及各教学环节的有关内容。最后，随着科学技术的飞速发展，办公自动化的程度越来越高，教育管理人员应学习和掌握相关的信息手段与技术，如掌握学籍管理系统、教材管理系统、教务管理系统、教学评估系统、毕业证书管理系统的应用、有关日常文书处理软件的使用等，促进教学管理方法的创新，保证教学管理工作的规范化、科学化和现代化。

### （四）具备较强的工作能力素质

能力是使教育管理活动顺利完成并获得预期效果的基础和保障，能力培养和提高甚为重要。一名优秀的教育管理人员应具备一定的组织管理能力，较强的协调应变能力，利用现代化设备获取信息、处理信息的能力，以及较强的调查研究能力、团队协作能力等。这些能力是教育管理人员准确评估教学的发展趋势、协调各教学单位之间相互关系、促进教学信息良性流动所应该具备的基本素质能力。

## 二、教育管理的重要性

从世界高等教育的发展趋势看，深化教育管理是当今世界高等教育发展趋势的客观要求。提高人才培养质量是世界各国面临的共同课题，高等学校都在思考 21 世纪的高等教育应该如何发展。严格规范的教育管理，特别是加强教学质量的控制，是提高高等教育质量的重要保证，向管理要质量是教学改革的重要任务之一。

从高等学校教育管理的实际需要来看，近年来，我国高等教育得到了快速发展，高等教育在学总规模居世界前列。

但教育大国不等于教育强国，有相当一批院校还没有形成健全、完善的科学管理制度。由于办学规模的不断扩大，师资队伍的结构发生了较大的变化，教学和管理的经验不足，对传统继承研究不够，教育管理队伍的建设还没得到充分的重视；且教学管理干部变更频繁，管理干部的素质结构和水平、教育思想的观念还不能适应现代化高等教育快速发展的要求，这在一定程度上制约了教育教学改革的深入和健康发展。

从高等学校教学和管理队伍的历史、发展和形成来看，目前绝大多数从事教育管理工作的人员在校学习期间缺乏系统的教育学、心理学、教育管理学等方面专业技术知识的学习。大部分人员是通过实际工作的不断探索而积累经验的，不能够从理论上、教学规律上更好地把握教育工作和教学改革的建设工作。

从高等教育科学的发展来看，许多学校没有把高等教育教学管理作为一门科学来对待。学校的教育教学管理不到位，没有形成必要的校内外教育研究信息沟通机制。学校缺乏教育教学研究的氛围，缺乏有组织、有计划、有目的的教育教学及管理研究，对学习、借鉴、继承、发展等一系列问题缺乏系统的思考和具体安排。

## 三、管理队伍建设的意义

建设一支综合素质过硬的教育管理团队，是有效提升高校核心竞争力的重要举措。随着社会的发展，高校间的竞争越来越激烈。"如何招到更多的优秀学生、如何培养出更多的高素质学生、如何使本校的学生在就业市场占据有利的地位"，成为各高校普遍关注的重要问题。从新生入学到过程培养再到毕业生离校的整个学习过程，任何一个环节都离不开教学管理的保障。教学管理队伍实力强，则贯穿于教学过程中的理念就先进，制度就健全，教与学的环境就更严谨和公正，学生掌握的知识和技能就更全面。加强管理队伍建设将使教学质量得到提高和保障。

加强教育管理队伍建设是提升学校教学工作水平的必由之路。2006年，教育部关于《普通高等学校本科教学工作水平评估方案》列出了19项二级指标，"管理队伍"是其中的考核项目之一；第二次全国本科教学工作会议后出台的《关于进一步加强高等学校本科教学工作的若干意见》中，教育部共提出16项具体要求，其中"强化教学管理……加强教学管理队伍建设"是其中之一。由此可见，在考查教育管理水平时，教育管理队伍的建设是重要的评价指标。实际工作中，教育管理队伍也确实为提升教学工作水平发挥了关键性的作用。无论是办学指导思想、师资队伍建设、教学条件的利用、专业建设和教学改革，还是教学管理、学风和教学效果，所有这些决定教育水平的项目，都与教育管理人员的工作息息相关。只有加强教育管理队伍建设，并将高素质的教师队伍与高质量的教育组织管理有机地结合起来，才能创造出良好的教育教学质量，不断地提升教育工作水平。

加强教育管理队伍建设是提高人才培养质量的重要手段，人才培养是高等学校的根本任务，质量是高等学校的生命线。为全面提高人才培养质量，必须强化教育管理、深化教育改革、积极推进教育创新，尤其要推进人才培养模式、课程体系、教学内容和教育管理的改革，促进传授知识、培养能力和提高素质的协调发展。教育管理人员是深化改革、推进创新的主要策划者、实施者和监督者。教育管理队伍的水平直接决定了学校教学改革的广度、深度和力度。所以，提高人才培养质量必须要加强教育管理队伍的建设。

## 第六节　高校大数据教育管理一般性分析

高校大数据教育管理是教育现代化的客观要求，具有科学性、及时性、互动性、差异性、权变性等特点，从而具有传统高校教育管理无法比拟的优势。在高校大数据教育管理实践中，相关关系和因果关系仍是高校事务之间最主要的两种关系，它们并不是相互排斥的，相关关系不仅不能取代因果关系，反而，快速清晰的相关关系分析能够为寻找因果关系提供指导和帮助作用。只不过，高校教育管理中的大数据与商业领域中的大数据运用有着根本区别：商业领域不太重视因果关系，比较重视相关关系；而高校大数据以相关关系为切入点，最终寻找特殊的相关关系——因果关系。

### 一、高校教育管理大数据的类型

大数据技术是高校教育管理由传统的科学管理向文化管理进化的重要力量，随着高校大数据平台建设，教育信息技术在校园的广泛运用，高校教育管理大数据呈现多样化、复杂化、动态化的趋势，从不同的角度划分，高校教育管理大数据具有不同类型。

## （一）按性质划分

按性质划分，我国高校教育管理大数据可分为结构化数据、半结构化数据和非结构化数据。结构化数据是工整的数据，它可以用二维表的结构来进行逻辑表达，属于关系型数据。非结构化数据包括所有格式的办公文档、文本、图片、智能硬件结合数据、标准通用标记语言下的子集XML、HTML、各类报表、GPS 数据、图像、音视频信息等教学资源，不适合用二维表存储。半结构化数据，顾名思义，既不属于结构工整数据，也不属于非结构工整数据，而是介于二者之间的数据，如 HTML 文档就属于半结构化数据。半结构化数据一般是自描述的，数据的结构和内容混在一起，是用树和图来表达的数据。目前，在我国高校大数据中，非结构化数据占主流，达到 80%左右。据相关研究预测，未来我国高校非结构化数据将占到95%。

## （二）按来源划分

按数据来源划分，我国高校教育管理大数据可分为两类：一类来自教育系统内部，与教育教学有关的数据，包括高校教学、科研、人事、学工、党团、后勤、图书等部门生产的大数据，这是教育管理大数据的主要来源；另一类是来自外部数据源的数据，特别是互联网和社交媒体产生的数据。随着腾讯 QQ、微信、微博等社交媒体的普及和移动 5G、宽带及局域网的发展，大学生网络化趋势加剧，24 小时挂网活动现象不断增加，与此同时产生的大数据也在不断增加。根据数据产生部门划分，也可把高校教育大数据分为四类：教学类数据、管理类数据、科研类数据及服务类数据。

## （三）按主体划分

按采集业务划分，我国高校教育管理大数据可分为学生教育管理类大数据、教师教育管理类大数据、综合教育管理类大数据和第三方应用类大数据四类。学生教育管理类大数据主要来源于学生的学习、生活及社交数据活动，如学生的基本信息、考勤、作业、成绩、评奖评优、参加的各级各类活动表现、学生网络轨迹及表现等。教师教育管理类大数据主要包括教师基本信息、备课教案、课堂教学、作业批改、答疑解惑、科研数据、评奖评优、进修培训、参加的各类活动数据、社交活动、网络活动数据等。综合教育管理类大数据包括学校基本信息数据、学校各项评比类数据、学校各项奖励等。第三方应用类大数据包括金融缴费、教学资源、生活服务、云课堂、微课、MOOC 资源等。

### （四）按数据结构划分

高校教育管理大数据的结构可分为四层，从内到外分别是：基础层（教育基础数据）、状态层（教育装备、环境与业务的运行状态数据）、资源层（各种形态的教学资源）和行为层（教育用户的行为数据）。一般而言，基础层和资源层数据属于结果性数据，状态层和行为层数据属于过程性数据。基础层大数据主要包括人事系统、学籍系统、资产系统数据等，主要供高校管理者宏观掌握高校发展状态，进行科学决策，一般是结构性数据；状态层数据在智慧校园中主要靠传感器获取，主要供高校管理者掌握各项教学业务运行状况，优化教育环境；资源层数据以非结构化数据为主，主要包括网络教学资源（以 MOOC、微课、App、电子书等形式存在），也包括上课过程中产生的笔记、试题等动态生成性资源；行为层数据包括教师行为和学生行为数据，教师行为数据占主体，主要服务于个性化学习、学习路径推送、行为预测和发展性评价。

## 二、高校大数据教育管理的特点

传统高校教育管理存在人文薄弱、形式单一、反馈不足等诸多弊端，这与教育管理现代化的发展要求相悖。高校大数据教育管理可成功破解以上难题，发挥及时性、互动性、差异性、科学性、权变性等特点和优势，彰显数据管理的魅力。

## （一）高校大数据教育管理的科学性

传统高校教育管理决策模式大致有四种：依靠决策者的理性认知来决策的"官僚主义"模式，通过"合意"过程来平衡大学内部多方群体利益的"学院型"模式，通过"扩散"程序表达不同利益群体的"政治型"模式，决策程序无章可循、随意性大的"有组织无政府型"模式。这四种模式的共同弱点就是决策者的有限理性，缺乏科学性。大数据的核心是预测规律，高校大数据克服了传统小数据的局限性和不能反映整体的弊端，通过全面的考量，洞察隐藏在师生复杂、混乱数据背后的行为规律，从而提高教育管理的科学性。马克·吐温说过，历史不会重演，却自有其韵律。预测人类的行为是一个经久不衰的梦想，科学家为之努力了上千年，大数据使这个梦想变为现实。人类行为的93%是可以预测的、是有规律的，"人类的大部分行为都受制于规律、模型及原理法则，而且它们的可重现性和可预测性与自然科学不相上下"。"人类和悬浮在水中的花粉微粒其实没有什么不同。受到某种跟花粉运动一样神秘的原因的驱动，人类大部分时间也是在运动不止。不同的是，人类不是受到微小而不可见的原子撞击，而是被转化为一系列任务、责任及动机的不可见的神经元的颤动所驱使"。利用大数据技术能增强高校教育管理的科学性。高校教师的科研数据、教学数据、评奖评优数据、参加各类大赛数据及其生活、作息、交友、娱乐等数据之间，以及它们与学校的管理机制、制度、投入等都有着诸多关联，这些数据背后都隐藏着规律。比如，可以通过对科研成绩斐然的教师的作息与科研之间的关系、兴趣爱好与科研之间的关系、教学成效与科研的关系等诸多维度进行数据关联分析，建立数据模型，寻找其中的规律，为科学决策提供依据，从而更好地制定学校科研政策、教学管理制度及评价制度。同时，高校教育管理大数据对于学生的学习与需求、舆情监控及科学决策都有重要意义。学生的学习成绩、能力素质、上网习惯、图书借阅、就餐情况等之间存在某种关联，通过数据分析，寻找这种关联和规律，增强教育管理的科学性，可以收到事半功倍的效果。

## （二）高校大数据教育管理的及时性

莎士比亚说过："凡是过往，皆为序曲。"大数据以运算的形式来诠释此道理。"智慧校园"的前提是教育管理信息化，大数据技术是高校教育管理智慧之道的依凭。"事后诸葛"空遗憾，而"兵贵神速"要求抢抓先机。高校教育管理大数据是即时的、当下的，具有预警性，这为教育管理者抓住关键时期开展工作提供了技术保障。在网络深度覆盖的校园里，师生活动处处有数据、有信息，合成空前的数据海。这其中的信息暂不考虑其现象是否与本质完全吻合，但是一些异常的信息和规律性的信息总是会在海量数据中涌现出来。对异常的信息，通过相应数据技术设立容忍度和临界点，使之达到界限后启动报警系统，最终起到防患于未然的作用。学生的交际问题、学业问题、就业问题、感情问题、经济问题等，都必然会通过各种媒介得到展示与宣泄，而高校利用大数据技术，可以做到因势利导、超前谋划，及时预防和处理危机事件，避免或减少相关损害。设想一下，如果南京某高校建立了基于大数据平台的师生行为预警机制，那么教师违反师德的行为就应早发现、早处理。学校贴吧、校长邮箱等都早有相关诉求的表达，学生的QQ、微博也早有消极无望情感的表达，如果及早引起重视，那么硕士生因与导师关系紧张而选择自杀身亡的悲剧也许就避免了。这也说明了高校建立基于大数据的预警机制尤为重要。

## （三）高校大数据教育管理的差异性

高校大数据教育管理的及时性、科学性是从宏观来讲的，而高校大数据教育管理的个性化，则是从微观来讲的。因材施教、个性化管理和多样化人才培养一直是教育的理想，高校教育管理对象具有差异性，尊重大学生的个性特点、兴趣爱好、能力差异、家庭背景差异等，是高校教育管理者做好教育教学管理和服务工作的前提。尊重是爱、尊重是方法、尊重是境界。受限于技术及精力，在小数据时代，高校教育管理者要做到察微知著是比较困难的，但是在大数据时代，这一切都变得更加容易。大数据教育教学资源，可以为学生量身定做适合个性特征的培养方案和课程清单，让学生突破时空限制，享受高质量的教育教学资源。大数据时代个性学习，不仅对个体有着显微镜的功能，同时也可以预测学生群体活动的轨迹和规律，为高校教师改进教学提供有效反馈，因此，大数据技术是高校精准教育、精准帮扶的重要保障。

## （四）高校大数据教育管理的互动性

　　基于大数据的高校教育管理克服了传统教育管理中的单向度缺陷，实现了师生的互动，从而产生互动效应。互动效应在心理学上指两个或两个以上的个体通过相互作用而彼此影响从而联合起来产生增力的现象，亦可称之为耦合效应或互动效应、联动效应，一般来讲，赋予积极的感情行动，将会收获积极的感情反应。高校单向传授和灌输式的传统教育教学方式，由于缺乏感情的耦合联动，导致教育教学缺乏实效性。在大数据教学平台上，高校教师与学生可以即时互动、答疑解惑和传道授业。对于学生做题的速度和学习的进度，教师都可以实时监控、做出处理，其他学习者也可以做出解释和指导。在这样的学习互动氛围中，信任、支持、谨慎、勤奋、求精等情感信息释放，从而在整个群体中产生积极互动效应。针对教育命题，鼓励大学生积极参与，充分发挥其主人翁精神，为问题的解决、为学校正能量的传播贡献计策；在学校社交平台或学习平台上，针对就业困惑、心理困惑、学习困惑等，充分发挥朋辈效应的作用，使学生自我教育和自我发展，从而实现教育的"润物无声"。

### （五）高校大数据教育管理的整合性

高校大数据的整合包括高校内部和高校外部资源的整合。只有整合资源，才能使资源的利用价值最大化。高校通过大数据技术可以很好地实现资源整合。初级层次的资源整合是学校内部各部门、各单位之间的数据资源整合。通过大数据平台的建设，可以打破部门数据分割的局面，实现数据共享，促进数据公开和流通。高校之间及区域之间的大数据平台建设是资源整合的高级层次，对于促进整个地区乃至国家的教育发展和资源节约具有重要的战略意义。在发达国家，利用大数据技术进行资源整合的步伐已走在前面。2012 年以来，美国的顶尖大学陆续设立网络学习平台。目前，世界上主要的 MOOC 平台有：课程时代（Coursera）、在线大学（Edacity）和哈佛大学与麻省理工学院共建的在线课程项目（edX）。这些 MOOC 平台的建立，不仅提高了这些高校的全球知名度和社会美誉度，而且对传播优质教育资源、促进教育发展都有着举足轻重的作用。美国科罗拉多州教育部开发全州纵向数据系统（SLDS），旨在将全州 178 个学区和 28 所公立高校的学生数据与福利、收入、劳动力等数据进行整合，用于进行州际学生表现的比较、各学段学业成绩关联、就业与学业关联等方面的分析。这对于我国具有重要的启发和借鉴意义。我国高校目前也在资源整合方面取得了一定的成绩，如清华大学、北京大学、上海交通大学、复旦大学等已建立起面向社会开放的大规模课程平台，中国大学 MOOC 受益面不断扩大。

### （六）高校大数据教育管理的权变性

没有绝对最好的东西，一切随条件而定。权变管理的核心思想就是"以变制变"。管理没有定法，只能根据外部环境和内部要素的变化采取不同的方法策略。对学生教育教学管理没有一劳永逸的万全之策，也没有放之四海而皆准的适用公理，更无适应一切学生的万能公式。学生的学习数据、教师的教学数据、管理人员的行为数据、监控中的安全数据等，都是动态的、实时的，形成一股股信息流，一切都是不断向前流动的过程，故而"变"是高校教育管理的永恒主题。这就要求高校教育管理人员要及时掌握管理对象、管理内外部环境的变化情况，研究各种变化的趋势和规律，并研究各种变化之间可能的相互作用及后果，从而提前采取科学、适宜的有效方式来应对。大数据技术为高校教育管理者及时获取管理对象各种信息提供了技术保障，大数据的海量、快速、动态和便捷的特点有利于高校教育管理权变性的实现。

# 第二章　高校学生教育管理信息化

## 第一节　教育信息化的概念

### 一、教育信息化的历史演进

教育信息化作为国家信息化在学校教育中的体现，是伴随着信息技术的快速发展与广泛普及而提出的。1993 年，美国政府首先提出了"国家信息基础设施"建设计划，即"信息高速公路"计划。该计划明确指出了美国信息基础设施建设的总体目标，标志着美国国家信息基础设施计划正式启动，同时强调了信息技术在教育中的应用。从此，信息技术进入美国学校教育的步伐迅速加快。美国的这一举措也引起了世界各地的积极响应，各国政府纷纷开始制订推进本国教育信息化的计划，美国"信息高速公路"计划也因此成为教育信息化的开端。到目前为止，教育信息化大概经历了以下四个阶段。

### （一）教育信息化的起步阶段：注重基础设施建设

20 世纪 90 年代初至 90 年代末是教育信息化发展的起步阶段。这一阶段的主要特点是关注教育信息化所需的软件、硬件基础设施建设，包括多媒体教室、校园网、区域教育网、国家教育网等。1995 年，英国政府提出了"教育高速公路：前进之路"计划。该计划尝试将全国 32 000 所中学、540 所大学、4 300 座图书馆和 360 家学术机构联网，并让每所中小学都拥有先进的计算机和各项教学软件。1996 年，美国克林顿政府制订了第一个国家教育技术计划，指出将信息时代的威力带进美国的所有学校，要求到 2000 年使每间教室和图书馆都能够联通国际互联网，确保每个儿童都能够用上现代多媒体计算机。我国国家教育委员会也在 1996 年发布了《中小学计算机教育五年发展纲要（1996—2000 年）》，其中指出了到 2000 年我国中小学计算机教育发展的目标，并分别对城市和县镇各级学校的计算机配置比例作出了具体规定。总体来说，这一阶段的教育信息化主要强调基础设施的建设，而对其在课堂教学中的应用研究还相对较少。

## （二）教育信息化的初步发展阶段：关注信息技术在教育中的应用

从 20 世纪 90 年代后期开始，人们关注的焦点逐渐从软件、硬件基础设施的建设转向对信息技术支持教育教学的探索，包括学校教育、教学、行政管理等平台的建立及各类教育资源的开发。在这一阶段的初步发展后，人们逐渐意识到要实现教育信息化的健康稳定快速发展，关键是要真正发挥其促进教学环境改进与教学质量提升的作用。因此，越来越多的人开始探索信息技术与课程整合的模式，以期为信息技术在教育中的应用提供理论支持。1995 年美国圣地亚哥州立大学的伯尼·道格和汤姆·马奇首先创立了 Web Quest 课程，并得到了大范围的推广。随后，又有学者提出了适时教学（JiTT）模式，以期发挥学习者的主体地位，并提高他们的自主学习能力。然而，这两者都属于信息技术在课前或课后的应用，属于课外教学模式，并没有给信息技术在课堂教学中的应用带来很大改观。可以说，这一阶段人们已经开始探索应用信息技术改善教学和学习效果的方法，但尚未实现其与课堂教学的有效整合。

## （三）教育信息化的快速推进阶段：信息技术与课程整合

进入 21 世纪以后，人们逐渐意识到，要深入推进教育信息化，充分发挥信息技术对教与学的促进作用，就应该将信息技术与教学的课外整合转变为课内整合，即实现信息技术与课堂教学和学科课程的有机整合。2003 年秋，美国国家科学基金会启动了"运用信息技术加强理科学习"（TELS）项目，目的是通过理科课程设计、教师培训、评估、信息技术支持等方面的努力来促进信息技术与理科教学的有机整合，以提高学生的理科学习成绩，最终达到利用信息技术促进理科教学的目的。以 TELS 项目为代表的信息技术与课程整合活动将 Web Quest 这种基于网络的探究性学习引入课堂教学，实现了学生学科基础知识学习与自主学习能力、创新能力和问题解决能力提升的有机结合，对提高课堂教学质量并促进学生全面发展具有重要的意义。这一阶段将关注的焦点从信息技术与课外学习的整合转向信息技术与课堂教学的整合，并实现了课外整合与课堂教学的有机结合，推动了教育信息化的快速发展。

## （四）教育信息化的未来发展趋势：深度有效融合与创新应用

目前，信息技术与课程的整合尚处于初级阶段，即信息技术在教育教学中流于一般的技术应用，并没有实现与教育教学的深度有效融合。然而，要体现信息技术对学校教育的革命性影响，不应该仅将其局限于为教育教学提供新的技术支持和资源拓展，更要推动教育模式与教育管理的变革，为教育发展带来新的理念和动力。联合国教科文组织将教育信息化的过程分为起步、应用、融合和创新四个阶段。目前，我们已经实现了信息技术在课堂教学中的应用及其与学科课程的初步整合，未来应该更加关注信息技术与学科课程的深度有效融合与创新发展。也就是说，未来教育信息化的发展趋势为将信息技术深度有效地融入教育教学的全过程，并利用现代信息技术构建新型学习环境、创新教学模式与方法，实现以知识传授为主的教学方式向以能力与素质培养为主的教学方式转变。

## 二、教育管理信息化的要素

科教兴国思想不断深入人心，信息技术在教育领域中的作用也日益凸显，教育信息化的发展关乎一国教育的成败。教育信息化包含教育信息化的技术基础（信息网络建设和信息技术应用）、数字化教育资源、信息化人才培养、信息技术和产业及信息化法规和标准五个主要方面。它们构成了教育信息化的五大要素，是一个有机的整体，共同构成符合我国国情的完整的教育信息化体系。当前我国教育信息化所面临的绝大部分问题都与这五大要素密切相关。本书认为，教育信息化技术的硬件建设是基础，数字化教育资源是核心，信息化人才培养是关键，信息化法规和标准是保障，信息技术和产业的发展是目的。下面就这五大要素分别进行阐述。

### （一）教育管理信息化技术基础

教育信息化技术基础主要包含两个方面的内容：信息网络建设和信息技术应用。

信息网络既是教育信息化建设的主体，又是实现教育信息化的物质基础和先决条件。我国目前已经建成并启用的中国教育与科研网、中国卫星宽带远程教育网络、中小学"校校通"工程、高校"数字校园"建设工程，以及应用于学校教学的多媒体综合教室、网络教室、语言实验室、电子阅览室、闭路电视系统等，都是教育信息化中信息网络基础设施建设的重要内容。这为我国教育信息化的进一步发展奠定了坚实的基础，同时为信息化教育的实施创造了必要的条件。

信息技术的教育应用是教育信息化建设的根本出发点。有了信息网络和信息资源这些基础条件后，信息技术的教育应用便成为教育信息化的主角。如何因地制宜地做好与教学手段密切相关的硬件及软件建设，并在教育信息化建设环境中建立与教育对象、教育内容相适应的信息化教育模式，同时在不同层次开展教学管理的理论研究与实践，是教育领域信息技术教育应用的主要任务。教育信息化建设的水平和效益主要体现在应用这一环节。

## （二）数字化教育管理资源

数字化教育资源是用于教育和教学过程的各种信息资源，它的开发和利用是教育信息化建设成功的关键。教育资源建设是实施教育信息化建设的核心内容，要努力丰富教育资源，才能使教育信息化建设落到实处。教育资源可以是与教学内容密切相关的文字、图片、声音、视频等。教育资源要用先进的数字化视、音频技术，实现文字、图形、图像和声音的同步传输，并要符合网络标准，有优良的交互控制功能。

数字化教育资源可以分为两大类：一类是以教育信息为主要内容的教育软件资源；另一类是以管理信息系统的基础数据为主要内容的教育管理信息资源。数字化教育资源在教育中的应用最直接，教育过程即是通过各种教育资源的应用予以展开和控制的。对各种教育信息资源的生成、整理、分析、处理、传递和应用，应根据教育信息的特点和教育过程的要求展开。

数字化教育资源建设从长期来看是一项艰苦而漫长的工程，完全可以本着"边开发、边应用"的原则，采用各种可能的方法，利用各方面的资金，全面地建设教育信息化数字资源库。我们要边开发、边应用，做好的就立刻投入使用，并且要在应用的过程中不断进行评价、修改和升级，以进一步完善教育数字资源。

## （三）信息化人才培养

如果将教育看作产业，那么其可以被称为超知识密集型产业，教育和教育信息化主要取决于教育人员的知识结构、创新精神和开拓能力，毫不夸张地说，人才是教育的生命，也是教育信息化的生命。然而，相关人才缺乏是信息科技时代一个普遍性的问题，在教育信息化过程中，这一问题显得特别突出。

为了实现教育信息化，人才要先行，我国现在需要培养大量掌握信息技术知识、具备信息技术应用能力的教育信息化人才。人才培养作为教育信息化的关键，主要是指两种类型的人才：一种是专业型的教育信息化人才，主要是指专门从事教育信息技术和信息化资源的研究与开发、教育信息化硬件建设、教育信息化软件应用和维护的专门人才。教育信息化发展对专业的教育信息化人才的要求高、分工细，可以是电子技术专业人才、硬件工程师、高级软件编程人才、网络工程师、微电子技术专业人才等。另一种是普通型的教育信息化人才，它是相对于专业型的教育信息化人才来说的，主要是指在教育领域从事具体教学、教育管理及其他教育服务的各类人员。信息化发展对该领域全体人员的信息技术知识、信息利用能力和信息素质都有共同的要求。特别是作为信息化人才培养重要基地的高等学校，既要关注教育行业的信息化，为教育信息化培养普通型的教育信息化人才和专业型的教育信息化人才，也要担负起为整个社会培养信息化人才的任务。

教育信息化的根本目的是实现教育现代化，培养创新人才。面向信息社会的创新人才应具备的一项基本素质就是信息能力，它是信息社会中每个人赖以生存、用于学习进步的一项基本能力。所以，教育信息化应将每位学生的信息能力培养作为教育本身最重要的一项内容，大力推进，以保证实现国家社会经济的发展。我国各级、各类学校中广泛开展的信息技术教育就是实现国家信息化、教育信息化的重要步骤和主要内容。

### （四）信息技术和产业

信息技术是指对信息的采集、加工、存储、交流、应用的手段和方法的体系，它的内涵包括两个方面：一方面指信息技术是一种手段，即各种信息媒体和工具，如印刷媒体、电子媒体、计算机网络、远程通信等，是一种物化形态的技术；另一方面指信息技术是一种方法，即运用信息媒体和技术对各种信息资源进行采集、加工、存储、交流和应用的方法，是一种智能形态的技术。信息技术就是由信息媒体本身和信息媒体应用的方法两个要素所组成的。信息技术的核心是信息的数字化、信息传输的网络化。信息技术是教育信息化的技术支柱，也是教育信息化的驱动力。在教育信息化过程中开展信息技术研究不仅可以丰富教育信息化的研究内容，更重要的是可以将新的更加有效的物态化技术和智能形态的技术应用于信息化教育中，提高信息化教育的质量和效果。

信息技术产业主要是指信息技术设备制造业和信息技术服务业。由于信息技术设备制造业的发展需要强大的技术和资金做后盾，因此，在我国的教育信息化过程中，信息技术产业的发展应由不同的社会部门分工协作来完成。其中，教育信息技术产品的制造业应动员教育系统、科研院所和相关企业等互补性较强的部门共同参与，以便将教育系统从教育信息技术产品的开发中解脱出来，集中精力做好以教育信息资源的开发和利用为主的服务业。

### （五）信息化法规和标准

教育信息化是一项系统工程，为确保我国教育信息化工作的顺利进行，国家政府及相关部门必须对教育信息资源开发、教育信息网络建设、教育信息技术应用、教育信息技术和产业等各个方面制定一系列政策、法规和标准，建立一套完善的促进信息化建设的政策、法规和标准体系，以规范和协调各要素之间的关系，这既是教育信息化健康发展的重要条件和保障，也是开展教育信息化的依据和蓝图。只有这样，才能使各级政府、各个单位和部门的教育信息化规范化、秩序化，也才能推动教育信息化健康顺利地向前发展。

从以上论述来看，教育信息化的五大要素对教育信息化建设起到决定性的作用。人才培养是教育信息化的关键要素，教育信息化技术的硬件建设是基础要素，数字化教育资源是教育信息化的核心要素，信息化法规和标准是重要的保障。只有充分全面抓住这些要素，充分认识到它们之间的关系及存在的问题，并在实践中认真分析和努力解决这些问题，才能促进信息技术和教育信息产业更快、更好地发展。

## 三、教育信息化的内涵

明确教育信息化的概念、全面把握教育信息化的五大要素为教育信息化建设奠定了理论基础，但是开展教育信息化建设必须进一步明确教育信息化的基本内涵，力求使教育信息化建设步入一个科学规划、全面发展的良性轨道。

张光慧认为，教育信息化建设的内涵一般包括三个方面：一是教育信息化环境建设；二是教育信息化资源建设；三是教育信息化组织建设。环境建设主要包括校园网、网络中心、多媒体教室、网络教室、电子阅览室、计算机终端等基础设施硬件系统的建设和办公自动化系统、教学管理自动化系统、财务、人事、档案、电话、一卡通等应用软件系统的建设；资源建设主要包括多媒体素材（包括文字、图片、图形、动画、音频、视频等）、多媒体课件、电子教案、教学案例、题库、电子文献（包括图书、期刊、报纸等）、网络课程及电子文档数据库的积累和建设；组织建设主要包括组织机构建设、管理队伍建设、技术队伍建设、教师队伍建设和教育信息化的制度建设。其中，环境建设是基础和前提，资源建设是核心和灵魂，组织建设是保障。

这种概括是从教育信息化广延的角度对其进行分析。从纵深的角度考虑，范以纲认为教育信息化的内涵可以从以下四个维度理解。

第一，从教育发展维度来看，现代化教育旨在建立适应现代社会、经济和科技发展的需要，以培养创新人才为目标的新型教育体系，并在这个以人为本的教育体系中，让每个学生都受到充分的教育，得到充分的发展，潜能得以开发，自由人格不断完善。显而易见，信息化是教育现代化的前提和必由之路，而现代教育学、心理学与信息科技的综合和相互渗透无疑将成为教育信息化的强大动力。

第二，从信息技术维度来看，由于通信技术和计算机网络技术不断突破，信息技术不仅成为了人类拓展能力的创造性工具，而且极大地拓展了教育的时空界限，提高了人们工作学习的效率和能动性。先进的技术极大地扩展了教育的广度和深度，使教育资源充分共享成了可能，学习的选择性和公平性大大提高。信息交互手段的使用，使教育愈加成为个体化的学习过程，因需学习、因材施教的教育原则得到真正意义上的贯彻。由此可见，信息化为教育理念的实现提供了技术保障。随着知识信息的生产、传播和应用的高速发展，远程教育、终身教育和学习化社会已成为教育信息化发展的方向。

第三，从人才培养维度来看，进入 21 世纪后，教育的外部环境和内部环境都发生了深刻的变化。例如，科学技术革命、社会技术化和信息化的发展；市场经济全面构建，全球经济一体化；信息技术渗透到每个角落，知识更新和知识激增速度的加快；文化、思想、道德的发展和交流；等等。这些变化势必对学生的培养产生影响。因此，在逐步迈向信息化社会的今天，培养学生乐于不断获取新知，主动迅速地获取、筛选信息，准确地鉴别信息的真伪，创造性地加工和处理信息的能力，变得越来越重要。不难看出，学生信息素养已成为科学素养的重要基础，教育信息化不仅符合时代的要求，也加快了教育现代化的进程。

第四，从政府行政维度来看，教育信息化不再是一句动员的口号，而是 21 世纪中国利用后发优势、实现教育跨越式发展的行动纲领。信息化作为一个庞大的系统工程，具有高科技、高投入和高风险的基本特征，这不得不使政府和校长在操作时慎之又慎。从国情出发，根据社会经济发展需要，突出重点、统一规划和统一组织，已成为教育信息化建设的基本策略。

我们认为教育信息化的内涵十分丰富，可以有多种理解，主要从以下三个方面解读。

第一，教育信息化是以现代信息化教育技术为主要推动力的。使用生产工具的水平是社会生产力发展水平的重要标志，这一点在教育发展的历史上同样如此。教育工具的创新总会引发教育各个方面的巨大进步和深刻变革。现代信息技术广泛应用于教育使教学工具进入信息时代。这种技术上的突飞猛进，使教育的时间和空间得到极大的拓展，使教育水平、方法、理念、体系、思想、内涵等方面都发生巨大的变革，使教育规模和教学效率得到全方位的提升。

第二，教育信息化的主要目的是全面提升学生的信息素养，以培养创新型人才。信息素养是指学生能够认识到何时需要信息、何处检索信息、如何评估和有效地利用信息的综合能力。国外的实践证明：信息素养是终身学习的基础，加强学生的信息素养教育和培养，对更好地实现终身教育具有重要的意义。教育信息化将为全面提高学生的信息素质奠定基础，使教育打破传统的时空限制，突破学校的围墙，超越国界、区域的樊篱，为创建与信息社会和知识经济相适应的新型教育形态、构建全球化终身教育体系奠定基础。

第三，教育信息化是实现教育现代化的一个渐进的复杂过程。任何技术的发明及知识的应用和发展都是一个由浅入深、由简单到复杂的动态过程。教育信息化也必将随着信息技术的进一步发展和应用而不断随之深化，也将随着人们对其知识的认识和接受程度而不断向前推进，其最重要的目标是建立与信息技术相适应的新型教育形态，实现教育的现代化。教育现代化是一个有着丰富内容和深刻内涵的历史范畴，也是整个社会现代化的一个重要有机组成部分。

综上所述，从教育与技术进步、经济和社会发展的密切关系来看，教育信息化其实是指以现代信息技术为动力、以培养创新型人才为目的、以实现教育现代化为目标、全面推进教育领域的创新和发展，使之成为与信息社会相适应的新型教育形态的一个动态过程。

# 第二节　教育管理信息化的特征

进入 21 世纪，信息化时代的主要特征便是数字化和网络化，教育作为社会系统的子系统，在信息技术和网络技术高速发展的推动下，教育系统既具有一些相类似于信息时代的特征，也具有一些自己的特点。关于教育信息化的基本特征，有多种不同的认识，南国农教授认为大致可以归纳概括为"五化三性"。"五化"是指教育信息显示多媒体化、教育信息处理数字化、教育信息存储光盘化、教育信息传输网络化和教育信息管理智能化。"三性"是指开放性、非线性和交互性。开放性，即它能超越时空，使教育向所有需要和愿意学习的人开放，并实现资源共享；非线性，即它的学习内容和方式都打破了传统的线性框框，在电子课本和网上教材中，知识间的联结不再是线性的，而是网状的、发散的和板块的，可以有多种组合和检索方式，它是一个因材施教的系统，照顾着每个学习者的需求；交互性，即它能实现人—机的双向沟通和人—人的远距离交互学习，促进教师与学生、学生与学生、学生与其他人之间的多向交流。

祝智庭教授则认为，对于教育信息化的特征，可以从技术层面和教育层面加以考察。信息时代的主要特征是数字化和网络化。教育作为社会系统的子系统，在信息化和网络技术高速发展的推动下，教育系统完全突破了国家的界限，实现了教育交流的无国界性，即教育资源全球化和网络化。与此同时，多样化和开放化也是教育信息化这一社会过程与生俱来的特征。我们认为，教育信息化究其本质就是在教育领域运用现代信息技术，所以，可以从教育层面和技术层面两个方面的特征来概括教育信息化的特征。从教育层面来看，教育信息化的基本特征是数字化、网络化、智能化、共享化、多媒体化、自动化和虚拟化；从技术层面来看，教育信息化的基本特征是开放性、共享性、交互性、协作性、自主性和多样性。

## 一、教育层面的特征

### （一）数字化

数字化是指教学手段、教学内容和教育管理更多地采用数字化的方法和内容。信息时代又被称为数字时代，电子计算机的发明彻底改造了生活的方方面面。各种传统信息传递方式及传统信息承载体已经越来越多地被数字信息方式和数字资源所替代，这在教育领域表现得越发明显。数字化使教育信息技术系统的设备简单、性能可靠、标准统一，这些都为构建学习型社会奠定了良好的基础。数字化的电子教科书、参考书、图书馆数字电子资源、教育数据库等广泛应用，使教育的内容日益丰富多彩，使用效益得到惊人的提高。

### （二）网络化

网络化是指传统的面对面教学模式越来越多地被网络教学模式所替代，信息资源可共享，活动时空更少受限制。信息网络是 21 世纪发展最迅猛的信息技术，也是对教育领域改变和影响最大的信息技术。网络化具体是指传统的面对面教学模式可以被网络教学、虚拟教学所替代，完全突破了时间和空间的限制，最大限度地调动一切可以利用的资源为教育服务。教育空间网络化的发展使全球通信在一瞬间完成，极大地拓展了教育的时间和空间，"多媒体大学""虚拟大学"迅速发展。

### （三）智能化

教育技术智能化是指为实现教育的功能和目标所采用的技能、手段和工具已经越来越发达，甚至接近人工智能。现代信息技术广泛应用于教育领域，工具的智能化能极大地促使教育效率和效果的双重优化，是加速信息化、提高其智能化水平的直接动力。教育领域的智能化，使各种先进系统能帮助人们实现教学行为人性化、人机通信自然化、繁杂任务代理化等。

### （四）共享化

共享化是指随着信息技术的发展，各种技术和资源在教育领域被越来越多地、越来越容易地分享和共享。利用已建成的各种通信基础设施，各种局域信息网络，特别是 Internet，全世界的教育资源已经连成一个信息海洋，供广大教育者和学习者随时随地共享使用，打破了过去教育资源各种形式的封闭和垄断，使全球教育资源的共享化程度大大提高，不仅有利于全球教育资源的充分利用与质量和效益的极大提高，而且有利于缩小国家和地区之间教育发展的差距。

### （五）多媒体化

多媒体化是指传统的教学手段日益被丰富多彩的多重感官共同刺激的新式教学手段所替代。从教学的各个环节来看，越来越多媒体化。更多地利用多媒体技术，可以使教学内容的展现更加动态化和形象化。已经有越来越多的教材和工具书多媒体化，它们不但包含文字和图形，还能呈现声音、动画和录像甚至模拟三维立体景象。

### （六）自动化

管理自动化就是利用计算机管理教学的过程，目前已经投入使用的功能包括计算机化测试与评分、学习问题诊断、学习任务分配等。通过为学生建立电子学档，其中包括学生身份信息、活动记录、评价信息、电子作品等，可以支持教学评价的改革，实现面向学习过程的评价。

### （七）虚拟化

教育环境虚拟化意味着教学活动可以在很大程度上脱离物理空间及时间的限制，这其实是网络化教育的重要特征。现代已经涌现出一系列虚拟化的教育环境，包括虚拟教室、虚拟实验室、虚拟校园、虚拟学社、虚拟图书馆等。虚拟教育可分为校内模式和校外模式：校内模式是指利用局域网开展网上教育；校外模式是指利用广域网，特别是利用互联网进行远程教育。

## 二、技术层面的特征

### （一）开放性

现代信息技术引进打破了以学校教育为中心的教育体系，使教育更具开放性。教育信息化的最重要手段是基于网络平台的，而计算机网络是当今最开放的面向对象的系统，这主要体现在内容开放、结构开放和功能开放上。

### （二）共享性

共享性使大量丰富的教育资源和各种先进的教学手段为全体学习者共享，而且取之不尽。从信息社会的本质来看，共享性就是信息化的本质特征和最终目的。

### （三）交互性

交互性能实现人—机的双向沟通和人—人的远距离交互学习，促进教师与学生、学生与学生、学生与其他人之间的多向交流。交互式教学软件的开发和应用，强调了师生之间思想、情感和文化的交流，学生独立思考和创造性学习得到鼓励和有力的技术支持，教学由单向灌输转为多向交流，师生之间建立起更加民主平等的关系。

## （四）协作性

协作性为教育者提供了更多的人与人、人与电脑协作完成任务的机会。通过相互协作的方式进行教学和学习活动也是当前教育的一个重要发展方向。信息技术在支持协作学习方面可以起到重要的作用，其形式包括通过计算机进行合作（如在网上合作进行学习）等。

## （五）自主性

学生学习日益具有自主性，由于以学生为主体的教育思想日益得到认同，教育信息化使学生学习的自主性、独立性及个性大大加强。这些个性体现在：通过计算机和网络，学生可以自主地选择教材和教师，自己安排课程和课时。例如，利用人工智能技术构建的智能教室系统能够根据学生的不同个性特点和需求进行教学和提供帮助。至此，学生才真正成为教学的中心，教育培养创新人才的目标得到更好的支持，学生将更具有自主性、个性和创造性。

## （六）多样性

教育服务的对象日益多样性，表现为允许和包容各种形式的教育，如学校教育、在职培训教育、社区教育、自学教育等，关键是教育服务对象不再局限于在校学生，这些变化为形成终身学习和终身教育的学习型社会提供了技术支持、网络平台和信息基础。教育信息化的进程及教育服务对象多样化的发展过程也是教育全民化的历史进程。多样性既依赖于信息技术、教育思想观念乃至整个社会的发展进步，又对教育和社会进步形成巨大的推动力。

# 第三节　高校教育管理信息化内容与过程

在开展高校信息化工作时，我们必须明确高校信息化的内容，遵循合理的高校信息化过程，力求信息化工作步入一个科学规划、全面发展和不断提高的良性轨道。

## 一、高校教育管理信息化的内容

环境的网络化、资源的数字化、应用的智能化和表现的多媒体化是高校信息化的基石；教学信息化、科研信息化、管理信息化和校园生活信息化是高校信息化的主要任务；全面提高办学质量和效率，实现教育现代化是高校信息化的总目标。没有高校信息化基石的支撑，其各个主要任务无法得以实现，从而总体目标也将无从谈起。

### （一）高校教育管理信息化的基石

#### 1. 环境的网络化

环境的网络化主要是通过建立校园网为高校的师生员工提供一个良好的工作、学习和生活的环境。校园网是高校基础设施的重要组成部分，由各种计算机、路由器、交换机、通信线路、防火墙、专用服务器等组成，并具备高速连入因特网的条件。没有相应的网络基础设施，信息不能流动，就不可能形成信息空间。环境的网络化为实现教学、科研、管理和校园生活信息化提供了基础环境。

#### 2. 资源的数字化

资源的数字化是实现教育信息化的基本支撑条件之一，在各个层次的系统建设中，始终贯穿着资源的数字化建设。资源数字化的程度反映了各个系统的应用水平，也代表了整个数字化校园的建设程度。高校的教学、科研、管理、校园生活等各方面都有自己的资源，如教学上有教学课件、教案、教学案例库、题库等资源，科研上有学科资源库、各种共享的知识、科研项目信息等资源，管理上有与业务系统相关的各种信息资源，校园生活方面也有各种公共服务的信息资源，这些资源都需要数字化才能进行信息化的应用。资源的数字化是高校开展信息化工作的核心。目前，资源数字化的重要性已得到各高校的认同，"重硬轻软"的现象正在逐步减少。

3. 应用的智能化

应用的智能化主要是在资源数字化已实现的基础上，建立各种应用系统，集成和分析各种数字化的资源，应用于学校的教学、科研、管理、校园生活等各方面。在教学方面，目前有的高校为学生提供在线测试系统，该测试系统不是简单地判断出各道题目做得正确与否，而是进一步告诉测试者哪些知识点还没有掌握，这样，既为学生更好地掌握各知识点指明了方向，提高学生学习的动力，同时也方便了学生进行更有针对性的复习。在科研方面，学校可以引入一些智能化的搜索工具，方便科研人员进行文献检索，以便科研人员更好地开展研究。在管理方面，主要是用现代化的管理理论和技术，代替传统的管理手段与技术，以提高管理效率和效能。目前，有些高校已开始使用决策支持系统来辅助管理层制定决策，系统把计算、判断、建设等重复性的、过去依靠经验、技巧才能完成的决策工作让计算机来实现，这样可以让学校的管理人员将时间更多地花在解决过去没有出现、没有遇到过的、需要创造新办法才能回答和解决的问题上，使得教职工的工作方式更科学化和现代化。在校园生活方面，将为全校师生和员工提供个性化的服务系统，使得校园生活变得智能化。

### 4. 表现的多媒体化

随着各种资源的数字化，各种媒体都能在网络上传输，因此，多媒体技术得以迅速地发展，这些技术已渗透到高校的教学、科研、管理和校园生活中，使得高校信息化在表现形式方面越来越多地实现了多媒体化。在教学方面，多媒体技术将图形、图像、动画、声音与教学内容有机地结合起来，使得教学观念、教学内容、教学手段、教学过程等都发生了重大的变化。在科研方面，多媒体技术应用得也非常广泛，科研人员协作交流的文件不再局限于 Word、PPT 等文档格式，还可以是各种图像、音像文件。在管理方面，业务部门使用的信息系统为中层管理人员提供的报告含有饼图、柱状图等，图文并茂，使得报告更直接和形象，方便管理人员理解和制定决策。在校园生活方面，各种多媒体技术使得师生和员工表达自己意愿的方式多样化，有些高校学生的生活园区里，大屏幕上经常滚动着生日祝福等信息。

环境、资源、应用、表现等方面的多媒体化，为教学信息化、科研信息化、管理信息化和校园生活信息化的实现提供了基础。

## （二）高校教育管理信息化的目标与任务

高校信息化的总体目标是全面提高办学效率与质量，实现高校教育现代化，具体包括以下主要任务。

### 1. 教学信息化

信息社会的高度发展要求教育必须改革，以满足培养面向信息化社会创新人才的要求。同时，信息社会的发展也为这种改革提供了环境和条件。教育信息化首先是教学信息化，校园网的第一职能是教学，失去了教学工作这块主阵地，教育信息化和校园网的建设将失去根本的和持久的动力。信息技术在教学中的整合应用会带来教学理念、教学模式、教学管理方式等的深层次的变革。学校可以利用多媒体、网络技术实现高质量教学资源、信息资源和智力资源的共享与传播，并通过建立教学信息管理系统用信息技术对教与学的全过程进行支持，为老师和学生提供全新的教学环境，为最终实现学校教学质量的全面提升打下基础。

2. 科研信息化

科研信息化是整个社会信息化的前卫，是下一代互联网络技术及信息基础设施在科研领域的率先应用。通过建立一种信息化的科研环境，科研信息化为科技工作人员提供信息化的手段。学术研究是高等学校提高竞争力的关键所在，科研信息化的建设水平同样将影响到学术研究的模式和机制。利用互联网促进科研资源和设备的共享，加快科研信息传播，促进国际性学术交流，可大大提高科研的创新水平和影响力，同时也可进一步促进高校教学水平的提高。

3. 管理信息化

管理信息化运用现代信息技术和科学管理方法取代手工操作和传统管理方式，实现工作流程的重组，达到高效率、高水平的现代化管理目标。具体来说，即利用信息技术在信息共享的基础上实现职能部门信息管理的自动化，实现上下级部门之间更迅速便捷地沟通，实现不同职能部门之间的数据共享与协调。基于校园网络的各种管理信息系统，不仅能满足学校日常行政办公、财务管理、人员管理、学生管理等方面的要求，同时也可以有效实现校内各管理部门与教学、科研部门之间的信息交流和共享，提高整个学校的管理效率。

4. 校园生活信息化

校园生活信息化方面，为适应后勤社会化改革的需要，开展各种网络化服务项目，包括电子商务、各种在线服务系统、公用设施设备维护管理等，为师生员工提供便捷、高效、集成、健康的生活和休闲娱乐服务，形成智能型的校园生活服务体系。

## 二、高校教育管理信息化实施框架

高校信息化的实施是一个漫长的过程，在这个过程中，需要有一个完善的体系进行保障，要从组织上、制度上、人员技能培训上、资金上及信息化标准和管理规范的制定上，来保证信息化工作的顺利开展。在高校信息化建设的整个过程中，信息化保障体系、信息化标准和管理规范的建立起到了贯穿始终的作用，没有健全的保障体系和完备的信息化标准、管理规范做后盾，高校信息化建设将很难顺利推进，从而很难健康地、可持续地发展。我国高校信息化工作只有10多年的历史，高校信息化建设还远没有达到成熟的阶段，还有很长的路要走。如何保证在以后的建设中更加高效、避免低水平重复，从学校战略上、组织上、信息化标准和管理规范上加以保证尤其重要。保障体系、信息化标准和管理规范是高校在实施信息化的过程中必不可少的内容（如图2-1所示）。

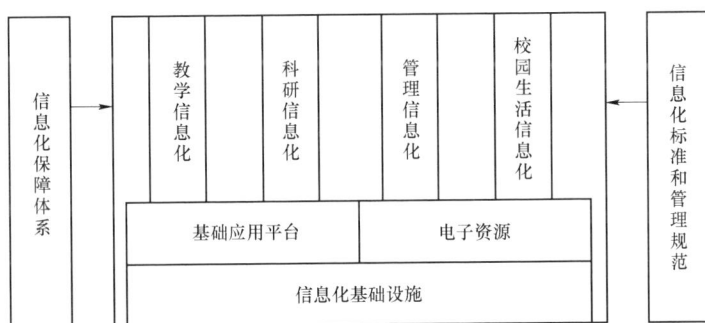

图2-1　高校信息化实施框架

信息化基础设施的建设、基础应用平台的搭建和电子资源的建设为高校的教学、科研、管理、校园社区服务等提供了一个良好的信息化环境。在此环境下，高校通过教学资源的建设、教学过程的信息化支持环境的建设开展教学信息化工作；通过科研协作交流平台等的建设开展科研信息化工作；通过各种管理系统的建设，实现管理信息化；通过信息化环境，为全校师生提供全面、便捷、高效的社区服务，实现社区服务信息化。

## 三、高校教育管理信息化的整体过程

高校的信息化工作是一项繁杂的、不断发展的、持续的系统工程。信息化工作一般需要经历由规划到实施再到不断完善的过程。规划指导实施，实施是信息化工作的主体，在对信息化工作进行评估的基础上，高校信息化的完善工作将更有方向性；同时，评估工作也为高校下一阶段的规划提供建设性指导意见。因此，高校信息化的过程主要可以由规划、实施和评估这三部分组成。

### （一）规划

信息化规划是信息化建设的指导思想和行动纲领，是高校有效开展信息化工作的基本保证。重视和加强信息化规划工作是做好信息化工作的先决条件，信息化规划工作做得好坏直接影响到信息化实施工作的统筹安排。因此，立足高校实际，合理进行信息化规划是高校信息化工作关键所在。好的规划对于指导高校信息化工作，促进信息化工作的有序、规范、健康发展有着重要的意义。

规划的过程离不了保障工作的支持，只有战略上的认识高，规划的指导性才能强。组织上的支持，也为规划能够顺利实现提供了保证。因此，从战略上和组织管理上保证信息化建设按照规划要求顺利实施是很重要的。

### （二）实施

在对高校信息化进行了总体规划后，就开始实施基础设施的建设、基础应用平台的建设及各种辅助教学科研的交流平台的建设，进而开展教学、科研、管理、社区服务等方面的信息化建设和应用。在实施的基础上，才能对信息化的建设、应用等情况进行评估，因此，信息化的实施是开展评估工作的前提。

在实施的过程中，保障工作不容忽视，保障体系建立得完备与否直接关系着高校信息化实施的好坏。要从资金上、制度上、组织上和人员培训上，从信息化标准和管理规范的制定上保证信息化实施工作少走弯路，顺利地向前推进。

## （三）评估

高校信息化评估的目的是要考察信息化建设是否能够真正帮助高校提高教学质量、科研水平和管理效率，并为高校信息化的进一步改进和提高提供具体指导。在对信息化现状等进行客观评估的基础上，根据评估的结果，为下一阶段的信息化规划指明具体的方向，从而进行修正，促进信息化规划的客观性和合理性。

现在，中国高校普遍比较重视信息化的应用，但是，鉴于国外高校信息化发展的历史教训，在评估工作中，对信息化保障体系的建设也应该给予足够的重视。国外高校在相当长一段时间内对信息化的整体规划，尤其是相应的财务计划并没有给予足够的关注，因此付出了不少代价。在评估工作中，从保证高校信息系统持续健康发展的角度出发，保障体系应该作为评估的重要内容之一。这样，就可以从制度、资金和组织上确保高校信息化建设更全面、更有效。

规划、实施和评估这三部分之间的关系如图 2-2 所示，高校信息化工作是一个持续性的、不断发展、不断完善的过程，信息化规划的好坏影响到信息化的实施工作，而在信息化实施的基础上，又需要对实施工作进行客观的评估，评估中的经验教训又影响着信息化的下一轮的规划。整个过程持续循环进行，不断推进信息化的进程，而保障工作贯穿始终，在整个信息化的过程中占有重要的地位。

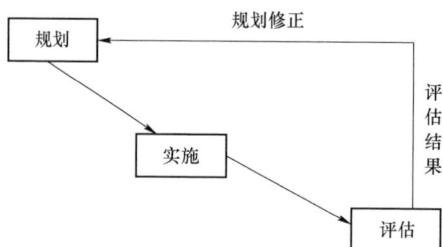

图 2-2　高校信息化过程

# 第四节　教育信息化的影响与意义

信息化变革重塑了人类社会生活的各个方面，教育信息化也重塑了教育领域的各个方面，教育信息化的出现和发展对于人类教育事业意义非凡。教育信息化的一个重要手段就是计算机和网络技术的运用，尤其是网络作为当今最开放的系统，具有公开性、快速性、广泛性等诸多特点。教育信息化的重要意义就在于通过信息技术和网络技术的运用，在国际层面上，使教育资源得以在全球范围内共享，弥补了发达国家与发展中国家在教育手段上的巨大差距，有利于发展中国家吸收借鉴先进的教育手段、掌握最新发展趋势、践行最先进的教学理念等；在国内层面上，使教育对全社会开放，特别是对那些无法接受高等教育和专业技术教育的人来讲，使他们同样能够接受各种教育，实现梦想。除此之外，教育信息化还在一国领域内，实现了学校之间、专业之间和师生之间的全方位交流。

## 一、教育管理信息化对教育内部的影响

信息技术在学校中的广泛应用，对学校产生了十分显著的影响。学校教育中，教师、学生和教学设施是其基本的构成要素和主体，教育信息化的深入展开，使教师的教学作用、学生的学习能力、教育设施的工作性能

等方面都发生了深刻的变革。教育信息化给教育带来的根本变革主要表现在以下六个方面。

### （一）教育思想和教育观念变革

传统的教育观念强调的是以知识的传授为中心，在专业设置、课程建设、教学组织、教育管理等方面的工作都围绕着这个中心展开。在现代信息社会，对人才的要求不仅是掌握知识的多少，更重要的是获取知识的能力，这就要求改变传统的教育思想和教育观念，在教育的"知识观""学习观"和"人才观"上进行根本性变革，将教育从传统的传授知识转到培养能力这个轨道上来。

### （二）教育目的变革

随着社会的发展，教育目标也随之发生变化。当今的教育信息化，使教育从封闭逐步走向开放化和大众化，增加了远程教育、网络大学等新式的教学模式，教学的内容也日益数字化和多媒体化，这些都极大地拓宽了教育的时空维度，扩大了教育对象的范围，使大众教育和终身教育成为可能，提高了人的个性素质，使高等教育的目的增加了人的自我发展和自我完善这一自然属性。

### （三）教育模式变革

教育信息化的发展使教育走向了社会、走向了平等，其方方面面已经融入人们的教育生活中，人们可以更自由地选择学校、教师和课程，充分体现了教育办学的开放化。现代信息技术的应用使教学的组织形式也更加灵活和方便，教学计划更加柔性，教学更加有针对性和可设计性。当今的信息社会，知识更新周期加快，竞争压力增加，这促使人们更加重视学习，接受高等教育和继续教育的需要已经成为社会性的需求，因此，学习将更加社会化和终身化。

### （四）教学内容和教育管理变革

在教学内容上，教师借助信息化时代的网络检索功能吸收本学科最新、最前沿的知识，运用到课堂教学中，使学生学到最新的知识。在教育管理上，通过应用网络、多媒体等现代信息技术改变了传统教学方式，创设了良好的学习情境，能够便捷、精练地表达教学内容，突出双向性、参与性和互动性，更好地培养学生的综合能力。

### （五）师生关系变革

传统的教学模式以教为主，是单向传输模式。教育信息化使教师的作用发生变化，从知识的传递者转变为学习的组织者和协调者；学生利用现代信息技术接受本学科最新、最前沿的知识，从被动学习者转为学习的主人，师生之间的角色因此发生了变化。

### （六）教育评价制度深刻变革

教育信息化使各级学校办学行为更具有透明性和开放性，社会机构对学校的关注也将更加紧密，最重要的是教育评价的主体也将由政府转向社会，这都有利于教育现代化的发展。教育评价的内容也随之发生变革，其中学生能力评价由过去只注重知识向更加注重能力方向转变、由过去单纯考试导向向考试与实践等多种方式相结合方向转变，这些变化都得益于信息化技术的飞快发展。在各级学校办学条件评价中，由过去只注重设备等硬件指标向侧重资源建设等软性指标转变。

## 二、教育信息化的深远意义

教育信息化给教育发展带来了以上众多深刻的转变，在过去、现在和未来，对教育的发展都有重要的意义，主要表现在以下五个方面。

## （一）教育信息化是教育现代化必由之路

根据国外成熟经验，一国的教育现代化至少包括教育思想现代化、教育内容现代化、教育方法现代化、教育技术手段现代化、教育设施现代化、教育管理现代化等。显而易见，在以上教育现代化的诸多要素中，哪一化都离不开教育信息化。教育信息化一方面为教育现代化提供了方法、途径和前提；另一方面，在教育信息化的过程中必然会出现许多新问题，需要我们利用教育信息化的理念去分析、认识和解决。教育信息化更是教育现代化的重要内容，是实现教育现代化的重要步骤，是教育现代化的根本目的。可以说，没有教育的信息化，就不可能实现教育的现代化。只有大力促进教育信息化的发展，才能极大地推动教育现代化的进程。

## （二）教育信息化有利于缩小地区之间的教育差距

几千年来，学校一直是教育实施的主要场所，在包括现阶段在内的相当长的一段时期内，我国各类人才的培养还是主要依赖于学校。但是由于我国幅员辽阔，经济发展不均衡，各地的教育规模和教育水平之间的差异很大，这使以学校教育为中心的教育体系无法从根本上消除地区之间的教育差距，现实情况还可能是差距越拉越大。这种现状导致无法实现"建设学习型社会、构建终身教育体系"的宏伟目标。

从 20 世纪末至今，教育信息化已经深刻改变了这种情况。随着教育信息化的实施、远程教育网络的实现，受教育者的学习可以不受时间、空间的限制，这种方式改变了以学校教育为中心的教育体系，人人都可以接受教育，体现了教育的平等性，非常有利于弥合地区之间的教育差距，有利于全民素质的提高。这种开放式的教育网络也为人们实现终身学习提供了保障，教育信息化对提高全民素质具有重要的意义。从现阶段来看，我国教育信息化的重点主要是学校和专门的教育机构，主要内容包括在中小学普及信息技术教育、中小学"校校通"工程、高校"数字校园"建设和现代远程教育。但是从长远来看，教育信息化必然会延伸到家庭和社会的各个方面，这种趋势已经显现。其中，家庭教育信息化和现代远程教育的实施，将为全体国民提供更多的接受教育的机会，使受教育者的学习不受时间、空间的限制，真正实现学习型社会和终身教育的内涵——人人学习、处处学习、时时学习，最大限度地保障每个国民接受教育的平等性。那时候教育的场所就不只限于学校，全社会已经成为一所大学校。这种发展有利于从根本上消除由于地区之间经济发展的不平衡所产生的教育水平的差距，使全体国民的综合素质普遍提高。

### （三）教育信息化有利于创新人才培养

我国教育的根本目标是培养创新人才，创新人才的培养主要依托于变应试教育为素质教育和创新教育，教育信息化为素质教育和创新教育提供了环境、条件和保障。学生利用教育信息化的环境，通过检索信息、收集信息、处理信息和创造信息，实现知识的探索和发现，这对创新人才的培养具有重要的意义，是我们必须坚持的发展方向。

什么是创新人才？创新人才就是具有自己鲜明的个性特色、善于独立思考、具有广博的知识、富有创新精神和创造能力、各方面素质全面发展与个性发展圆满结合的人。可以说，培养创新人才是教育的根本目标，教育信息化有利于素质教育的实施和创新人才的培养，主要原因有三个：一是教育信息化为素质教育的实施创造了良好的环境，使因材施教和个性化教学能够更好地实施。二是在信息技术环境下，一方面学生可以根据个人志趣与个性差异对所学的知识和学习进程在一定程度上进行自主选择；另一方面，学生可以对某一专题的相关内容通过信息检索、收集和处理，解决学习中的问题，有利于丰富学生的知识面，培养其独立思考的能力和创新能力。三是利用教育信息化提供的网络资源可将抽象的道理形象化，通过鲜明的形象感化和对比，帮助学生形成良好的思想品德、学会更多的贴近现实的知识。

## （四）教育信息化促进教育理论发展

教育信息化是教育的一场重要变革，在这个过程中必将出现许多问题，许多现象需要我们去解决和认识，这些问题的解决、认识将有效地推动教育理论的发展。教育信息化的过程是信息科学在教育中不断应用的过程，在这个过程中出现的许多问题、许多现象往往需要用信息科学的理论和方法才能进行解决，才能予以深刻的认识，在这个过程中孕育着一门新兴的学科——教育信息科学。教育信息科学是一门利用信息科学的理论、广泛研究学习过程的教育理论，也是一门关于教育的信息科学。

## （五）教育信息化有利于教育信息产业发展

教育信息化的发展过程是一种信息技术在教育领域中广泛应用的过程，这个过程必将极大地推动教育信息产业的发展。全国有60多万所各级学校、上亿名学生，还有数千家教育相关企业。在这些学校全面推进教育信息化，为我国的信息产业、经济发展孕育了一个极大的商机，提供了一个很大的发展机遇。

大力促进教育信息化发展就是为国家培养现代化所需的创新人才。教育信息化对于我国未来的经济发展、人民生活水平提高、居民素质提升等各方面都具有重要的意义。因为教育信息化不仅有利于提高教育质量和教育效率，也有利于培养学生的创新精神和实践能力，而且从主观和客观两个方面为学生的全面发展、整体发展与个性发展提供了条件和保障。

信息化是当今世界发展的大趋势，是我国经济加快发展和社会全面进步的重大战略机遇。我们必须坚持"以信息化带动工业化、以工业化促进信息化"，把教育信息化作为全面建设小康社会与构建社会主义和谐社会的重要举措。

教育信息化是未来发展的制高点，关系到科技、经济、社会、文化、政治、军事和国家安全的全局。教育信息化水平是衡量一个国家现代化程度、综合国力、国际竞争力和经济增长能力的重要标准。

# 第五节　教育管理信息化的发展趋势

国际经验证明，教育信息化的快速发展必须适应客观环境的教育思想，教育观念指导信息技术在教育的各个部门和各个领域中应用，必须紧紧抓住培养创新人才这个根本要求，全方位、多层次地利用先进的信息技术，探索更好的教育模式，才能最大限度地促进教育的现代化。我国以前的教育信息化发展往往陷入这样一个误区：认为把信息工具和信息技术引入教育过程即是教育信息化的发展，这是一种简单的线性思维。教育信息化的过程应该是教育思想、教育观念转变的过程，是把信息的理念灌输到教育系统的方方面面，对教学的各个环节进行分析的一个过程。只有在这样的理解的基础上，并基于此指导信息技术的教育应用，才是我们所需要的教育信息化。

教育信息化是全球教育领域的重点，各国在教育信息化方面有一些共同的发展趋势。第一，国家重视程度很高。尤其是在发达国家，政府高度重视教育信息化的发展，制订国家战略和行动计划，确保经费投入；在许多发展中国家，也把教育信息化作为摆脱贫困、振兴国家的重要举措，加大投入和建设力度。第二，基础设施建设日益完善。信息技术和基础设施融入了教育的各个层次和环节，主要包括资源建设，全社会都积极组织参与，在线资源日益丰富，为终身学习提供最好的服务。尤其是网络教育发展迅猛，高校之间课程交换和学分互认初见端倪，虚拟学校正在形成。第三，传统课程的信息化改造越演越烈。发达的信息技术应用于教学的形式日益多样，信息呈现多媒体化，多种技术促进了人机交互的发展。第四，人才培养受到最大重视。各国都非常重视师资培训、信息技术教育普及和初、中级信息化专业技术人才的培养，信息技术教育列入正式课程，开课年级有提前的趋势。

总之，在当今世界，最重要的教育信息化发展趋势就是虚拟数字化校园，通过虚拟数字化校园进一步拓展教育的时空维度，实现学校教育环境的数字化和网络化，并全面整合校内外教育资源，实现教育资源的网格化存储、获取、传输与共享，从而完成信息化协同教学，有效支持高等教育活动，大幅提高管理效率，提升大学生、研究生的培养质量，有力地支撑高等教育的改革创新。

我国教育信息化的发展趋势概括起来主要包括四个方面：传统教育模式变革、教育思想理念转变、数字教育资源共享和教育管理模式改革。

## 一、传统教育模式变革

基于现代信息技术产生了许多新的教育模式，传统的以课堂和教师为中心的面对面的教育模式受到全面挑战。这些新产生的教育模式大都秉持这样一种理念：更强调以学生为中心、更强调灵活性与方便性、更强调学习的主动性等。但它的缺点也显而易见：缺少面对面的交流、完全陌生的学习环境、容易造成学习上的困难等。因此，未来的教育应该是传统教育模式和应新信息技术而生的新教育模式并存的局面。目前已提出的并且在现实中已经运用的各式各样的基于网络的新教育模式主要有 e-学习、e-学院、e-大学、e-学位等。这些模式在现代教育中日益发挥更大的作用，但是这些模式如何相互结合，实现优势互补、相辅相成，是促进教育信息化发展的重要方面。

教育信息化使以教师为中心、面对面和以"黑板＋粉笔"为主导的传统教学模式受到很大的冲击。首先，信息技术进入传统的课堂，多媒体、网络等新技术手段取代了"黑板＋粉笔"，使课堂教学更加生动和有效。除此之外，信息化还带来大量网络教育的新模式，如网站教学、视频会议式互动教学、网络辅助教学、资源型学习、兴趣学习、互动学习等。这些新的教育模式与传统的模式相比，不仅形式新颖，还引进了许多新的教育理念，如强调以学生为中心、更加注重发挥学生的主动性等个性化的教育方式。信息化不仅从各个方面影响了学校的正规教育，而且使函授、业余教育等传统的远程教育，无论从内容上还是从形式上都发生了巨大的改变。基于网络的现代远程教育正在对普及各个层次教育、提高国民素质、实现终身学习等方面产生重大的影响。

## 二、教育思想理念转变

信息革命给传统教育思想带来巨大的冲击，那么未来学校的任务和功能是什么？我们需要对以下几个问题进行思考：如何消除教育界的"数字鸿沟"？高校信息化是否可以给落后地区、弱势群体带来更多的和同等的教育机会？教师在未来高校教育中的作用、新的教与学的关系是怎样的？学校的正规教育与面向社会的大众教育、精英教育与普及教育、学历教育与终身学习的关系是什么？理顺这些问题，就可明确未来高校的任务和功能。这些问题都指向教育思想观念的转变，现代信息技术的发展从思想层面重构着现实生活的各个方面，教育领域也不例外。

## 三、数字教育资源共享

教育信息化提供的另一个重要机遇是数字教育资源的共享与利用，这一点也将全面而深刻地改变我国整个教育的面貌。特别是20世纪末互联网出现后，教育资源共享已经国际化，我们更要顺应这个历史潮流。从教学的角度来看，通过网络的资源共享，我们有可能学习最先进的教学内容，享受最先进的教育管理，真正实现国际化的远程教学模式。通过网络技术发展促使教学资源共享，我国有望在较短的时间里缩短与先进国家的教育差距，同时能够缩短我国东西部地区之间的教育差距。对于高等教育来说，数字图书馆、虚拟实验室、电子资源库等多种方式的运用，各种资源的共享，将把高校和科研院所的科学研究结合起来，促进高层次人才的培养，可以较快地缩短我们与发达国家的教育差距。因此，我国数字（教育）资源的建设与利用是高校信息化面临的重要课题。

信息化不仅影响到学校的主要教学与科研活动，带来传统教学和科研的巨大变化，也会对学校现行的运行体系与管理机制提出挑战，推动它们的变革。推动这种变革的动力来自两个方面：一方面是信息化带来传统教学和科研模式的变化，需要新的管理机制；另一方面是以信息技术为手段的校务管理，也需要新的机制，即需要一个虚拟的数字化校园来支撑。虚拟数字校园的基础建设也将成为高校信息化建设的重要组成部分。

# 第三章　高校学生教育管理问题及策略

## 第一节　教育管理信息化中的问题

### 一、管理观念和体制滞后问题

高校教育管理信息化已实行多年，具体到实施过程的话，大多高校仍然把精力投入主要建筑和硬件平台上，而忽略了现代、高效和智能化的教育管理理念，教育管理严重滞后，还是习惯于传统的教育模式，管理模式没有与时俱进。以上问题主要是因为高校决策部门没有发挥作用，且有关制度不健全，没有设置专门的职能人员。

### 二、没有全面深入的认识

在教学信息管理方面，高校对它缺乏全面深入的认识。一是相应的规划和机制没有建立，且没有给予足够的重视。二是一些高校忽视教育管理的核心任务，重管理教学，在机构设置上面，人员配备问题没有得到解决，缺少信息和科学的专职人员，还不能有效地应用信息技术，管理方面也不健全。

## 三、信息资源建设跟不上时代发展的问题

教育管理信息化的基础主要是对信息资源的有力建设，然而信息资源建设在我国很落后。一是缺乏强有力的教育行政部门的指导和协调。二是高校之间没有沟通，也没有基本的出发点去统一，去相互支持建设。三是学校内部各部门之间很少进行沟通协作。管理的分离，使得教育管理的数据共享无法得到充分实现，导致各部分之间脱节，产生了很多不必要的行为，也使得数据的准确性大大降低；这样分散的部门各自对管理信息系统进行关于本部门的工作安排，使得数据被多次采集，增加了工作的负担，且使学校整体的工作没有得到有效改进，还浪费了人力。

## 四、信息资源的建设不够规范的问题

教育管理信息化最主要的还是发展信息资源，开发和建设信息资源是教育管理信息化建设的基础，需要不断地进行探索才能有所发展。信息资源的标准化在整个教育管理信息系统中至关重要。信息的编码规则是不是实用和直观，而是能被广泛应用，它的前瞻性能不能和现在及未来的教育管理模式相适应，这些都需要加以考虑。采集数据时，要把握数据的精确性，用科学的方法得到科学的数据结果。只有把信息技术和教学信息资源有机地结合起来，才能建立科学的教育管理信息系统。

## 五、教育管理信息系统的开发问题

教育管理信息系统是用来支撑和实行多校区远程教育管理的核心软件。它作为一个复杂的项目，需要投入大量资金，涵盖很多区域，功能很强大，同时对技术的要求很高，需要长期开发才能实现。在开发的过程中，软件编程和代码编写都需要有大量经验的专业人才，同时人才还

要了解教育管理、具备教育管理经验，还应具备软件开发的条件和机制。事实上，对于普通高校来说，宜采取引进与购买相结合的方式，这样可以缩短软件开发周期、降低成本。

## 六、教育管理制度的定位问题

作为一个普通高校，教育管理体制是学年制，如果完全实行学分制，教师和学生则不能完全适应现有的管理。因此，对于教育管理制度的定位，应逐步从学年制过渡到学分制。应对学分制教育管理制度的逐步过渡。

## 七、教育管理队伍的建设问题

教育管理信息化对教育管理团队的综合素质提出了更高的要求。教育管理人员必须知道当今教育理念，有丰富的管理知识，并且懂得去不断创新，由于教育管理信息系统全面依托于网络这个平台，所以网络技术也必须掌握，因此，教育管理者必然得是具备高素质的全面发展的人才。高校不仅要重视硬件和软件的管理人员，更应该注重教育管理各级人员的培训，提高实际应用能力、信息素养及信息技术方面知识的储备。此外，信息管理的制度要健全，特别是考核和奖惩制度，这些制度只有科学规范了，才可以激励和促进信息管理队伍的发展。

# 第二节　教育信息化管理问题影响因素

## 一、了解教育管理信息化不够全面

对于教学信息管理，高校缺乏全面深入的认识，规划和决策机制也不够健全，对相关人员的安排不够合理，并且无相应的信息和科学队伍，不能充分利用信息技术，成套的科学管理机制至今也没有开发出来。

## 二、引导及协调没有落到实处

在中国高校信息资源建设中，缺少有效的引导和协调。宏观层面上，教育行政部门在促进信息资源建设方面不作为，没有发挥引导作用；信息资源建设缺乏统一标准，在开发方面导致重复建设；在信息资源建设中缺少有效的协调，分散的人力和其他原因致使信息资源改建、信息资源建设严重滞后。

## 三、师资队伍建设跟不上信息化建设的脚步

一是因为传统教育观念对教师的影响根深蒂固。二是在新时代背景下，对老师的能力有了更多要求，包括知识结构，管理知识、技术知识等具体知识，以及融合书本内容与网络信息的能力，同时，在组织教学活动中有意识地使用信息技术手段也是必须的。然而，中国高校目前的教学人员，这些素质和能力都比较弱，所以在信息化与科学化背景下的教育管理工作的要求不容易实现。

## 四、用于教育管理信息化建设的资金有限

教育管理信息系统是一个复杂整体，由一系列软硬件组成。资金投入在开始必须足够，这样才能确保顺利进行。然而，现今在经费问题上，我国高校存在困难，很难保证有足够的资金，这也就影响了教育中信息化建设的进展。

# 第三节 高校教育管理信息化路径

## 一、创新高校教育管理体制

### （一）高校教育管理体制需要在信息化下进行改革

管理系统包括三个方面的内容：隶属关系的确立、组织结构的建立和管理权限的划分。高校教育管理系统是指对高校教育管理的组织结构和权力归属进行划分，划分的时候既要注重培养目标的特殊性，又要体现教学水平，更要能遵循教育教学规律，这隶属于大学的管理体制。传统的大学教育管理结构是金字塔结构，是由官僚式组织结构形成的垂直的自上而下模式，强调管理结构位于上层组织结构的责任和权威。教育家罗泰就曾经表示，在学校里面，管理权集中在最顶端，权力集中分配，按等级分配。

在当今信息时代，学校的环境变得更复杂、更多样，这要求学校的管理方式既要多样化，也要兼顾个性化。传统的教育管理体制不灵活，对于内外环境的变化应对不及时，过于僵化。新技术环境冲破了原有教育结构的刚性布局，使僵化的条理信息传达形成了灵活多变的结构和扁平化的信息传递渠道。因此，对传统校园教育管理体制进行改革是有必要的。在改革过程中，信息技术提供了强有力的支持，为教育管理体制改革注入了新的活力，在学校管理组织体系中应用广泛。

### （二）高校教育管理组织机构的变化

我们可以从五个方面对组织的结构进行评价：① 责任性，组织的每个成员都应该对组织负责；② 适应性，组织要经常随时间不断变化并进行革新；③ 及时性，要及时完成工作，速度要快；④ 响应性，对组织外部环境需求要及时响应；⑤ 效率，组织成员要可靠地完成任务，还要有最小的出错率，并且要考虑到资源的经济性，简单说就是又快又好。但是目前的教育管理组织结构是一种官僚主义，我们要改变目前的这种结构，这样才能提高高校教育管理的效率。根据以上几项的要求，需要一种扁平化的教育管理组织结构，对官僚制组织结构进行改革。高校教育管理是指要取消教学机构管理组织中的大部分中间管理层，加大管理组织的扁平化，以达到减少中层管理团队的目的。在大数据环境下，教育管理组织的扁平化是有可能的，也是必要的，原因有三点：① 对组织结构进行扁平化处理，有助于充分发挥基层管理人员的能动性，给他们以更广阔的发展空间；② 大量烦琐的、需要人来完成的工作，可以由计算机或者自动化设备完成；③ 由于网络交互的特性，决策层和执行层的信息传递更加方便快捷，一些中间层管理机构可以取消，使得提高管理效率成为可能。

### （三）高校教育管理权限的重新划分

高校教育管理的组织环境下大数据趋于简化，但组织关系更为复杂，这是因为缩减机构、减少管理人员的数量，导致机构之间、管理人员之间及机构和管理人员之间的关系更为复杂。系统经过发展后，会逐渐变得更加复杂。这时，如果日常管理权继续收归中央机构，它就变得难以维系，中央机构就必须把部分管理权下放到下层。

对于高校来说，高校层面是宏观层面的管理，教学质量与高校层面的有效协调与控制有着密切的关系。因此，高校应对整个学校的所有专业加强管理，具体内容包括领导学校招生和分配工作，对全校教育管理的重大问题作出决策，制定学校教育管理规章制度，建立科学合理的教学质量评价体系，制作合理的培训计划，制定或修订教学计划的要求，对实习进行安排、对公共选修课和文化素质课进行安排，对学生进行管理，推动教学科研所需的信息系统及教学基础设施的建立。当然，在这些管理活动中，老师和学生的意见不容忽视。学校管理系统的职能首先是宏观管理，其次是为教学工作提供方便，最后是决策。应该注意到，这些管理活动在不同部门的分工不同，赋给各部门的权限也不同，怎么分工和如何赋权，值得探讨。

传统的教育管理权主要归校长和负责教学工作的副校长所有，教学活动在教学部门的领导下开展，老师听从院长的安排，按照同一教学纲领对学生进行知识的传授。教育管理权掌握在学校的领导手中，教师和学生基本没有这方面的权力。为了能够让教学活动变得既有效又有趣，应该将更多的权力和更多的自由给予教师和学生。首先，教师和学生在涉及教学层面的重大决策和决议，要有评价权、提案权甚至决策权，而且这些权力应该设立具体的规章制度进行保障。其次，对于教师，他们可以选择教学对象和研究项目，并得出自己的结论；对于学生，在正确学习的前提下，要具有选择选修课程的自由、选择相关专业的自由、选择教师的自由和选择学习内容的自由，并且能够形成自己的自由思想，参与教育管理评价。

## 二、改革和完善高校教育管理

### （一）引入先进的管理思想

只有在先进管理理念的指导下，教育管理才能发展起来。在信息化时代，高校教育管理者除了要具备教育管理能力外，还应具备先进的管理思想。

第一，主动适应的思想。主动适应思想是指教育管理工作应主动适应社会发展需要，随时随地捕捉信息社会对人才的需求，及时调整教育管理思路，顺应时代潮流。主动适应性思想将成为高校教育管理的指导思想，教育管理的主动适应性思想是强调适度分权，针对内部要素和外部环境的变化采用灵活的态度来应对。

第二，以人为本的理念。学校管理的中心工作是教育教学管理。以人为本的管理理念，强调管理过程中人的主体地位，教师和学生在工作和学习的过程中，参与管理活动的同时，也要关注自己的身心、能力、知识等方面。因为学生是学习的主体，教师是教学的主体，他们的创造性和积极性，对于提高教育管理的质量起着举足轻重的作用。因此，在管理过程中要以充分发挥和调动教师和学生的创造性和主观能动性为根本，在所有的管理活动要注意到各个方面，这样才能提高教学质量。

第三，全面质量管理思想。从根源上说，全面质量管理的思想可以追溯到美国各公司的管理思想。全面质量管理，按国际化组织（ISO）的定义是指一个组织以质量为中心，以全员参与为基础，目的在于通过让顾客满意和本组织所有成员及社会受益而达到长期成功的途径。在高等院校的教育管理中实行全面质量管理，主要包括三个方面：① 全过程的质量管理。要保证以教育目标为中心，有序地开展教育教学活动，就要管理各个教育教学环节的质量，并对各环节的"接口"进行管理，抓住教育教学过程的各个环节，确定各个环节达到预先设定的质量标准。② 全方位的质量管理。要进行综合性的管理，只要是影响或涉及教学质量的环节和因素，就要考虑。比如，对后勤服务部门、管理部门自身等部门的工作质量进行管理，它们的工作都会影响到教学质量和教学工作。③ 全员的质量管理。学校的各个部门、每位成员（包括全体教师和学生）都应该主动积极地参与质量管理，努力提高自己的工作质量，以培养高素质的专门人才。

## （二）利用信息化手段改革教学计划的管理方式

要深化教学改革，第一步要做的是改革教学计划。只有好的教学计划才能保证好的教学质量。制订好教学计划，是建立教学体系、安排教学任务、组织教学过程的基础。教学计划一般是在国家相应教育部门的指导下，考虑全局效益，由教育学家或相关人员独立制定的。教学计划要符合教学规律，一段时间内稳定不变，但长远来看，也要不断及时调整和修正，能够适应社会的发展、经济和科学技术的进步。

教育管理者还要改变传统的教学观念，及时修改和调整教学计划，原因有三点：一是从社会对人才的要求来看，因为当今科学技术和社会经济人才发展的要求越来越接近，所以要综合社会对人才的要求来制订教学计划；二是从人才的成长来看，大学也只是学习的一个阶段，是终身学习的重要组成部分，而不是学习的终点，所以在大学阶段，既要学好专业知识，更要学会学习，还要学会生存、学会共同生活、学会做事，也要注意创新能力和创造能力的培养；三是从整个世界来看，经济全球化的趋势不可阻挡，中国的人才要走向世界，在整个世界上进行竞争，中国教育也要注意国际化人才的培养。

信息化时代要求我们紧跟时代潮流，准确预测社会对人才要求的变化，培养符合国家要求的人才。要达到这一目标，我们应该充分利用信息技术，制订教学计划，并对其进行实时监控和及时反馈，制定教学方案的评价标准，使高校毕业生尽量满足社会的要求。

## （三）大数据环境下高校教学计划的制订

第一，教学计划应该满足两点要求：① 客观性。要尽量按社会主义市场经济的要求，设计多种人才培养模式，也要尽可能多地考虑到未来环境的变化，设计多种智能结构。② 灵活性。学生要找到适合自己发展潜力的模式，学校要尽可能提供不同种类的多种模式。在学分制方面，可以采用完全学分制。随着信息技术的不断发展，远程高等教育也得到了长足发展，任何科目、任何内容，学生都可以借助网络进行学习，不限于时间和空间。在教学安排方面，信息技术应该被充分利用，学生有充分选择的空间，也要针对不同的学生的不同特点设计符合其个性的教学过程；应该将学生培养成整体素质高、基础知识扎实、专业能力强的人才，注重学生的全面发展，使学生能借助网络拓宽自己的知识面，具有终身学习的能力。

第二，制订教学计划的一般程序。进行更广泛的社会调查，了解经济和信息技术对人才的需求，对培养目标进行专业分析；了解有关文件精神和规定，了解部门的学校教学计划的要求；（所）主持制定教学纲领，系（院）教学委员会进行审议，由学校教学工作委员会复审核查，核查签字后由执行校长签字确认。

第三，大学教学计划的内容主要包括以下两个方面：确立合理的专业培养目标和设置合适的课程。专业培养目标的质量标准、课程的设置与人才的发展息息相关，本节主要研究专业培养目标的确立与课程的设置。在专业设置和专业培训目标的确立上，主要应用了调查的方法。调查的基本步骤包括：① 凭借经验或理论分析提出若干备用的选项；② 发放调查问卷，让被调查者在备用的选项中选择自己的意见或建议；③ 对调查结果进行统计分析，按照被选择次数的多少对各个选项进行由多到少排队；④ 制定一定的规则，看看哪个选项应该占较大比重。在整个过程中，要充分利用信息技术，借助网络收集信息，收集完后可以借助计算机对调查信息进行统计分析，得出结果。同时还应注意以下五个方面：一是要进行可靠的预测，对毕业生的就业情况有一定把握，毕业生只有满足社会的要求，高校才能有较高的就业率；二是引入更多的优秀教师，完备实验仪器和必要的书籍，生活设施也应该尽量完善；三是要有尽可能宽的口径，形成宽口径专业教育模式。目前的情况是教学信息越来越容易获取，学习知识也变得更加容易，但是要进行知识的重组和创新变得比较困难，所以我们要重点训练学生的综合素质；四是要有学校自身的特点，学科建设要结合学校的地域优势和学科优势；五是考虑到专业的冷热门问题，并及时调整、满足需求。

### （四）改革学生的培养方式与管理模式

信息时代要求人才具有更高的素质，改革人才的教育方式和管理模式是必要的，信息技术为这项改革提供了条件。大数据环境下改革学生的培养方式主要体现在以下三个方面。

一是在教学中促进"参与式"（也称合作教学或合作学习）的教育管理。这种教育管理以提问式教学和开放性内容为特征，问题无标准答案，作业、论文也很少甚至没有，能带给学生自由思考的充足时间和空间。学生利用网络技术和计算机技术收集相关信息来解答问题，通过对问题的解答过程来完成学习的过程。在这个过程中，学生不仅掌握了借助网络解答各种问题的能力，而且最后学会了与"问题"有关的知识。

二是努力培养学生的社会实践能力，加强实践教学。很多情况下实践和实验资源的不足会影响实践教学的水平。那么在资源不足的情况下，我们应该怎么做？我们可以利用计算机和网络编制软件，这个软件具有虚拟实验室的功能，学生可以模拟操作，如利用计算机软件在虚拟实验室中解剖青蛙（数码青蛙）等。虚拟实验室的优点是成本低，而且实验失败了也方便重来，学生可以反复练习，直到熟练掌握；它可以模拟实验现场肉眼不可见或实验过程非常危险或实验环境确实难以建立的情况，来尽量满足实验的要求。

三是鼓励学生跨学科学习，培养全面型人才。当今社会，随着信息技术的发展，新的学科不断涌现，这些学科大部分是由学科交叉形成的。因此，高等学校要建立交叉学科培养机制，培养学生跨学科背景。在基础学科和谐的高校中，打破不同专业教育壁垒，要创建跨学科教学的培养机制，可以借鉴国外成功的跨学科教学的经验。具体实现过程为：以培养计划为基础，为学生选定必修课程，这些课程是跨学科的，包括文学、理学、工学等多个领域，以此来培养学生的综合分析能力、激发学生的创新能力；要提供多种专业、多类课程、多个教师供学生选择，这样学生就能根据个人兴趣制定自己的培养目标，进行自主学习；高校应完善相关课程，抓住交叉的学科的新增长点，组织多学科的力量开展教学，配备必要的教师，形成跨学科的教学模式，培养学生的创新意识，引导学生探索新的领域，全面发展自己。

在学生培养模式改革的基础上，学生管理的方式也发生了很大变化。目前，大多数高校实行学分制，这是在计划经济时代就形成的管理模式，灵活性不够，刚性太强，共同约束力也太多。在当今大数据环境下，对学生的管理，我们更加提倡注重学生个性化的模式。教师管理系统以学生为中心、学生为主导、教师为辅助，建立学生服务中心，具体操作为：一是建立心理咨询、急救救援、工作研究和学习指导机制，建立相应的社区管理部门；二是以学生宿舍为基础，取消班级，由 8～15 名学生与老师形成一个整体；三是由研究生或高年级优秀学生协助管理学生，为学生提供指导。这种管理模式可以实现学生的自我教育、自我管理和自我服务，有利于培养学生的综合能力，帮助学生积极发展。

## （五）加强课程教学管理改革

从某种意义上讲，课程比专业更重要，因为课程体现了专业。我们要给学生制作一桌丰盛的"宴席"，不只要开出好的"菜单"，而且每种"菜"都至少得是爽口的。

在信息时代，知识变得越来越重要。高校课程体系优劣可以从以下四个方面进行评估：一是课程体系的整合，对不同学科之间的课程研究越深入，整合程度越高；二是课程体系的完整性，课程越多，内容越丰富，体系越完整；三是课程体系的可持续发展，是指课程体系要适应科学技术的变化和发展，要及时自我调整和自我更新；四是课程体系的平衡结构，是指层次结构和内部关系之间的配合度。根据这些指标，在优化课程体系时，我们应该注意以下四点。

首先，注重更新教学内容，教学内容要具有思想性、科学性、前沿性和创新性。课程内容要及时更新，可以将最新的科学研究成果引入课程，激发学生的学习兴趣，采取课堂教学和网络教学相结合的方式，积极开展网上教学。

其次，要重视跨学科课程建设，重视理工类和文学类学科的相互渗透，密切关注综合学科和交叉学科的建设，还应该注意到教材方面存在许多问题。目前的教材都是很久之前的老教材，教材的利用率不高，而且新教材很少。通过对教材展开调查，我们发现 5 年前写的在本科教育教学中的比例占到 50%，3 年前编写的教材占 30%，新教材占的比例太小。为解决这一问题，高校教育管理者应制定相关政策，指导和支持新教材的建设和使用。在师资培训方面，应加强师资队伍建设。

再次，要重视总结近年来课程体系改革的成果和经验，并从中吸收有用的成分，积极扩展教学内容，进行教学改革。此外，我们还应该增加课程的种类和数量。

最后，注重课程比例的合理设置。现如今高校基本都实行学分制管理，学生的课程分为必修课和选修课，必修课和选修课之间必须有合理的比例。目前选修课的占比比较低，有待提高。同时，也可以在必修课程加入选课系统，将选课义务机制引入课堂，使义务范围较大，学生可以根据专业方向和自己的兴趣选择相应的课程。

## （六）教学评价体系的科学化和规范化的建立

教育评价中教学评价至关重要，教学评价就是依据特定的教学的目标在特定的教学系统里搜集信息并精确理解，最后再科学而全面地分析，从而让评价更客观，并使教学质量的提升有所依托，也为改革提供一些凭据。因此，教学评价十分重要，它可以用来指导，也可以帮助决策，还能进行适当的反馈。基于提升教学品质的目的，中国多数高校进行了教学改革，并主动进行教学评价。

首先，依据高校教学的特点，教学评价的体系应当全面且多元。教学评价的对象和主体要最先弄清楚并确定。对于教学评价的对象，按对象分有三种：整体教学评价、专业教学评价和教学评价。对于教学评价主体，主体多样，教学评价才能更全面而深入，评价方式有自评和他评，还可以让学科专家、管理干部、领导和社会来进行评价。

其次，还应有不同的评价标准，施行多元的评价标准。就学生而言，情况不同标准也应不同，主要由以下三个方面决定。

第一，个别学生的多样性。个别学生差别甚大，不仅与先天遗传因素有关，后天的环境和教育因素也起作用，每个学生都有自己的意识，付出的努力也不同，形成了独特的个体。

第二，不同来源的学生。在中国高等教育大众化的过程中，特别是一些社会人士进入学校，和当前的学生时期就不再一致了，素质各异的学子，要求也是不同的。

第三，信息化所带来的信息获取途径的多样化。人类的教学信息的获取与交流已从报纸时代和广播电视时代发展到数字信息时代，人们可以自由地进行信息交流，就像宇航员在太空失重环境中身体可向任何方向移动一样容易。

最后，教学评价方法也应该多样化。现今，存在多种教学评价方法，如定性和定量评价、综合评价和专项评价、诊断性评价和总结性评价等。在进行教学评价时应注意：一是要将定性评价和定量评价相结合；二是要将自我评价和他人评价相结合；三是要将教学评价与毕业考核联系起来；四是要将评价结果与教学效果挂钩。

## 三、高校教育管理依托于大数据下的发展

### （一）完善教育管理制度

教育管理系统是根据国家教育法律、法规等，由上级领导部门决策并指示给以条例与规则，作为教育的一个重要手段，维护正常的教学秩序，是一个国家的教育政策和制度与思考部分。教育管理系统应编成一本书，另方面，它是合理的，可以找到规矩的。

高校的教育管理制度主要包括四个方面：一是关于教育材料的管理，如教学计划、课程安排、总结等；二是关于学校学业进程的，如考试、教学进度等；三是关于教师和教育管理人员的责任和奖惩制度；四是关于学生管理系统。

为了提高教学质量，不仅要有教育管理制度，立足各校实际，还应再设立新的制度。第一，应对教学工作多开会讨论，会议制度要详细确立，让教学校长办公室研讨会按期举行并进行会议指导，使教学可以制度化；第二，要对领导加以制度化和规范化；第三，应合理安排考试，重视管理考试程序并制度化；第四，建立和完善毕业生就业质量评价体系，不仅要分析评价结业论文，还要有后续的了解，对毕业生多加关注；第五，应找专门人员去进行监督；第六，研究革新教学工程体系；第七，职业教育的评价也要有标准；第八，是教学成果情况的结果传送制度。

## （二）校园网推动教育管理的作用要发挥好

环境是基础，教育管理的基础就是校园网络平台的建设，如今的教学离不开这个信息平台，所以，一要特别注重校园里网络的作用，尤其多考虑整体的发展，合理进行规划；二要统筹设计，充分考虑并进行网络的开拓，软件开发和校园网建设在实施中必须非常理性，做好网络接口，分阶段建设，要让有限的资金实现效益最大化；三要行动强硬，但说话要软。

现今网络由于缺乏管理，使得网络的应用出现问题，甚至难以使用。学校方面应该安排认真负责、技术过硬的老师去管理校园网，同时推动互联网的使用。校园网影响全部师生和教育管理人员，学校应重视对教师的管理和人员培训，使其更好地应用互联网，从而发挥校园网推动教育管理的作用。

# 第四章　高校教育管理与素质培养的相关理论

## 第一节　教育管理学及相关理论研究

### 一、核心概念界定

#### （一）教育管理

教育管理是指国家为贯彻教育方针，完成人才培养目的，对教育系统实施的计划、组织、控制等有较强目的性的连续性活动，它包含教育行政管理和学校管理两大部分。所以可以从两个方面来揭示教育管理的含义：一个是从国家或者地方政府的宏观层面出发，为了实现国家或地区教育事业的发展目标而进行的教育资源优化配置；另一个则是从各类学校出发，为了实现培养目的、达到教学目标而对校内以教学为主的各项事务进行的统一而有规划的管理活动。简单来说，教育管理就是为实现教育目标，针对不同层级的教育团体所组织的教学活动而进行的高效资源配置。

## （二）教育管理学

教育管理学是一门研究教育管理及教育管理规律的科学，它既具备科学的一般属性，同时具有多个学科的学科性质，其中包括科学性、人文社会性、交叉性、综合性及应用性，所以可以将教育管理学定义为一门独具个性的双栖型、交叉型和协同型的综合科学，其根本属性就是综合性。

从研究对象来看有广义和狭义之分，广义的教育管理学是指对整个国家的教育系统管理进行研究；而狭义的教育管理学是指对一定类型的学校组织进行研究。孙绵涛教授从学科体系的角度对教育管理学进行了阐述：一是著作体系；二是教材体系。著作体系是由教育管理概论、教育管理活动论、教育管理体制论、教育管理机制论、教育管理观念论等构成的；教材体系可进行进一步的细分，可分为作为一门学科的著作体系和作为一门学科群的著作体系。

## （三）教育管理学研究

顾名思义，就是对教育管理学进行研究，主要包括教育管理学学科体系的概念、教育管理学学科的历史发展与演变、教育管理学的学科性质与研究对象及教育管理学的研究范式、研究方法和教育管理学学科理论体系研究五个方面。

## （四）素质与管理素质的内涵

### 1. 素质的内涵

素质是反映人的内在的、本质的道德情操和心理特征的范畴。现代意义上的广义素质是指构成人的基本要素的内在规定性，即人的各种属性在现实个体或群体中的具体实现及它们达到的质量和水平，它超出了遗传特征的局限，强调人在先天禀赋的基础上通过教育与实践活动发展而来的人的主体性的基本品质，是人的智慧、道德等的系统整合。

### 2. 管理素质的内涵

管理素质是管理者在管理实践中所表现出来的对管理知识和管理技能的合理运用，以及管理者具备的管理理念和持有的管理态度，这种素质需要通过环境和教育培训获得。

## （五）素质培养理念下的教育教学创新

素质培养理念下的教育教学创新是我国教育改革的重要组成部分，也是教育改革的首要任务。只有彻底破除陈旧管理思想的禁锢，现代教育教学理念才能得以树立。

一方面，素质培养理念下的现代教育教学理念革新是建立在学术自由基础之上的。这种革新不仅体现在学校的教学工作中，还体现在学校的教学管理工作中。学校不仅要培育和保护学术自由的土壤，遵循学术发展的规律，尊重教师的地位，保障教师的民主管理权利，还要通过成立学术委员会，在人才培养、学科建设等方面加以塑造，如此才能保证教育教学工作的有序进行，让教育教学在自由、和谐的氛围中得到良好发展。

另一方面，素质培养理念下的现代教育教学理念革新应强调人本管理。不同于过去的客体管理理念，把教师和学生单纯地看作教学管理的客体和对象。人本管理是一种主体管理，它从人性的角度出发，凸显人的地位与价值。人本管理认为教师、学生同属教育教学的主体，教育管理者应平等地对待教师和学生，承认和尊重他们的主体地位。人本管理认识到教学是教育管理的中心，服务是教育管理的本质要求，教育管理者要强化服务职能、创造教学条件、优化教学环境、进行教学质量监控及提供教学反馈服务，让教育管理真正做到服务教学、服务教师和学生，实现教、学、管三者的相互促进。

总之，素质培养理念下的教育教学应通过理念更新带动教育管理的实践创新，从而实现素质教育与素质培养的目标。

## 二、教育教学理论创新的内涵

### （一）教育教学理论创新的含义及特征

教育教学理论是关于教育管理的一个知识体系，它的基本目标就是在不断急剧变化的社会中，建立一个充满活力的教育自适应系统。

在所有创新中，理论创新具有基础地位和先导作用，所以，在教育管理创新的过程中，也应该首推教育教学理论创新。笔者认为，教育教学管理理论创新就是对原有的教育管理思想、学说和理论进行扬弃，并在创造性思维活动中，不断提出新思想、新学说和新理论的过程。教育教学理论的创新之本，在于教育管理理念的创新。从人类发展史来看，理论创新常常表现出突破性、彻底性和实践性三个特征，教育教学理论的创新也不例外。

#### 1. 突破性

理论创新就是对原有的思想理论有突破性的见解和创新性的认识。教育管理创新要求教育教学理论要与原有思想有所不同，应发掘出新的具有创造性的思想。

#### 2. 彻底性

理论创新既然具备了突破性的特征，那它就必然是深刻而又彻底的改变。教育教学理论创新一方面要抓住典型的、带有根本性的案例本质，而不是细枝末节的东西；另一方面要揭示教育事务内部的本质联系，而不是停留在现象层面上，只有这样，才能保证教育教学理论创新的彻底性和深刻性。

### 3. 实践性

理论创新后，只有在实践层面得以运用，才能转化为实际的生产力，推动社会的发展。教育教学理论创新后，创新的理论不会仅停留在"本本主义"，而将在实践发展必然性的要求下，投入教育管理活动中，一方面指导教育管理实践；另一方面在实践的过程中总结缺点和不足，更好地指导理论的下一次创新。

## （二）教育教学理论创新的原则

当代管理理论创新是一项极为复杂的工作，基于中国现行教育教学管理理论的局限性，笔者认为，在进行教育教学理论创新时，必须明确以下原则。

### 1. 坚持马克思主义历史观与价值观相统一的原则

马克思主义哲学揭示了人类社会发展的一般规律和资本主义社会的特殊发展规律，唯物史观是关于现实的人及其历史发展的科学，马克思主义是关于无产阶级和人类解放的思想学说。科学性、阶级性和人类性的有机统一是马克思主义理论的本质特征。坚持以马克思主义历史观与价值观相统一的原则指导理论创新，保证了教育教学理论发展创新与运用的正确方向，确保了我国教育教学理论的先进性与正确性。

### 2. 批判与继承相结合的原则

中国现行教育教学理论中包含的马克思列宁主义的思想原则、认识论和方法论及中国传统文化思想中的教育思想和教育经验，都是我们应继承和发扬的。因此，要注意把握好批判与继承相结合的原则。对于中国过去一些行之有效的教育方法，在进行教育教学理论创新时不能将其全部否定，应结合现代教育发展的要求，认真进行提炼，吸收到新的理论中来。

3. 从当前中国教育实际出发，积极推进教育教学理论创新

因受开放性、后现代管理方法为特征的现代教育教学理论的影响，我国的社会主义教育管理理论和实践得到了巨大发展。新时期，我国的教育情况与以往相比已经在教育结构等方面发生了很大变化。在此情况下，我国教育界应从理论创新、理论与实践相结合的原则出发，积极探索适合我国当前实际的社会主义教育教学理论、教育教学模式、教学内容等，如此才能为我国经济社会的发展培养出更多的有用人才。在新时期发展的关键阶段，我国教育界切不可盲目照搬西方国家的教育教学理论，而应从我国实际国情出发，积极践行教育理论与当前我国教育实际相结合的原则、稳步推进我国的教育事业步入新的发展阶段。

# 第二节 素质培养前提下高校学生教育管理发展的趋势

## 一、从经验管理向全面综合性管理发展的趋势

经验管理是凭借学校教育教学者个人的经验而进行的管理，经验是学校教育教学者个人的感性认识。正确的经验能综合分析与处理学校管理中的问题，凭借经验能比较简便、迅速地处理曾经发生的类似问题。但是，经验往往受学校教育教学者个人情绪和记忆的影响，没有统一的标准与规范，容易造成不稳定，甚至造成严重失误；社会在发展，学校教育教学事业不会凝固在一个水平上，而经验仅是对学校过去的教育教学活动的认识，难以适应变化发展的客观形势；有时经验会导致思想保守，只相信经验有用，按经验办事，不积极主动也不虚心学习别人的先进经验，以致管理者老是停留在原有水平上。因此，只有把经验上升为理性认识，才具有普遍指导意义。

新时期，随着教育改革发展步伐的加快，学校教育教学科学化必将成为未来教育事业发展的主流。学校教育教学从经验管理向全面综合性管理发展的重要标志是：学校教育教学思想先进化、学校教育教学管理体制与组织合理化、学校教育教学队伍专家化、学校教育教学决策科学化和民主化、学校教育教学内容多元化、学校教育教学方式方法现代化、学校教育教学手段自动化、学校教育教学质量标准化、学校教育教学效益层次化和学校教育教学环境最优化。

## 二、从"以物为中心"向"以人为中心"的管理发展的趋势

丰厚的财源、充裕的物力和高质量的人员，是办好、管好教育的可靠基础，缺少人、财、物等资源的支持，教育活动就会受阻，将会影响教育事业的发展和学校教育教学成效的提高。近年来，一些学校在增加教育经费、更新教学设备的情况下，教育质量与教育效益却没有得到明显提高；而有些学校的教育经费、教学设备虽没有大的改善，但因教职员工士气旺盛、积极性高，新信息及时、准确，沟通迅速灵活，教育质量和教育效益不断步上新台阶。这些事实使人们深刻认识到，人是学校教育教学活动的主体，人的积极性、主动性和创造性的充分发挥，是学校教育教学活动成功的保证。进入 21 世纪，学校教育教学正从"以物为中心"向"以人为中心"转变，因此学校管理层应做到：第一，在指导思想上，学校要积极关心人、尊重人，视教职员工为学校教育教学的主体，最大限度地调动其积极性、主动性和创造性；第二，在管理方式上，学校应以科学的手段和措施引导、激励受教育者和教职员工，以教育教学质量的提高促进学校的发展；第三，学校应开展多种形式的教育，提高教职员工的素质，包括道德品质、政治思想观念、知识结构与水平、学习与工作能力等。

### 三、从纵向管理向网络化管理发展的趋势

在新时期经济结构调整的背景下，现代教育组织系统内部横向的联系在加强，普教、职教和成教之间的联系也越来越紧密，特别是教育系统与社会公众之间的联系越来越频繁。这使得现代各级教育组织系统不得不重视人际与公共关系的处理，以强化横向联系，改善组织系统的状态，树立良好的教育组织形象，争取公众的理解、支持与合作，达成内求团结、外求发展的目的。因此，从纵向管理向网络化管理发展必将是学校教育教学发展的新趋势和新特点。首先，它要求教育部门必须建立运转灵活的信息网络系统和双向沟通传播渠道，以有效地交流信息、沟通感情和转变态度。其次，要在法律允许的范围内开展公关活动，以塑造良好的教育组织形象，争取教育组织内部公众和外部公众的支持与合作。再次，要充分发挥现代学校教育教学活力的源泉——传播职能，即通过各种传播媒介，将教育部门的方针、政策、目标、任务、要求、经营决策等信息及学校教育教学哲学、教育组织文化向内外部公众传递，并吸取舆情民意，双向交流，增进感情，形成共识，发挥求团结、求发展的最佳效能。最后，要建立和完善学校教育和家庭教育、社会学校教育教学网络系统，以统一教育力量，形成教育合力。

### 四、从理性管理向情感管理发展的趋势

理性管理是学校教育教学者在教育活动中依靠已形成的概念、判断和推理来辨别是非、判断利害关系及控制行为的过程。理性管理在只有一种观点、一种舆论导向的情况下，对于全面贯彻方针政策、统一意志和行动、朝着预期目标前进具有十分重要的作用。然而，改革开放的浪

潮冲破了封锁与禁锢，各种流派、理论和观点蜂拥而至，使人们眼花缭乱、莫衷一是。对此，每个人无一不受到影响，思想活跃、自主性增强就是这种影响的重要特点之一。因此，现代学校教育教学者要实现有效地管人、用人和育人，仅靠理性管理是远远不够的，因为仅靠理性管理可能会导致学校教育教学者思想僵化，缺乏应有的创造性与灵活性，学校教育教学活动还会失去应有的活力。对此，一些教育部门在学校教育教学改革中，开始研究和运用情感管理，以培养学校教育教学主体良好的情感品质，从而有效地提高教育的效率和效果。

情感管理，指的是学校教育教学者在借助他人之力来完成既定任务的过程中，坚持以人治人、以情感人，强调从物质、精神、信息等方面满足人的需要，使教职员工及学生产生积极的情感与积极的行为，从而保证教育组织系统整体工作目标有效达成的活动和过程的总和。情感管理实质上是学校教育教学者增强情感意识，从培养自己与教职员工的感情入手，通过感情渗透和感情交流，达到深层次的情感认同，从而确保教育组织系统整体工作奋斗目标的最佳实现。因此，情感管理的基本内涵应当包括确立群众观点、确立以人为中心的观点和确立以情感人和赢得人心的观点，关心和尊重被管理者的人格并满足他们的正当需要，以调动其积极性，进而培养自己高尚的情操和稳定的情绪状态，以保证学校教育教学活动有序运行。

## 五、从静态性管理向能动性管理发展的趋势

静态性管理就是由学校教育教学者提出奋斗目标、制订计划，召开会议动员实施，听取汇报，分析情况，采取纠偏措施，最后总结评比的一种管理模式。这种静态性管理模式，在封闭式的社会中可以收到一定的管理成效，但是它容易产生高高在上、主观臆断、偏听偏信等主观错误，从而

导致决策失误。这种静态性管理在具有开放性特点的现代学校教育教学实践中是很难行得通的。许多事例证明，凡有知名度与美誉度的管理者，无不深入基层调查研究，走访学生及其家长和教师，和他们接触、谈心、聊天，即了解他们的工作质量情况、家庭和睦与生活状况，了解他们的困难与要求；传播有关教育方针、政策、规定、目标、任务和改革方案，以及人们急需知晓的信息，倾听意见、收集反应，通过语言、思想、感情等作用，彼此影响对方，同时受对方影响，以激励士气、协调关系，创造"人和"关系环境，从而保证了优势地位和特色。两者比较，结论是必须变静态性管理为能动性管理，才能有效地提高教育质量，多出人才，出好人才。

教育组织系统的能动性管理，指的是各级学校教育教学者和教育、教学、生产、科研、人事、财务与行政管理第一线的教职员工接触和交往，从而相互作用、相互影响和相互激励，在工作第一线实施预测、决策、计划、组织、控制和评估，以有效达成奋斗目标的连续活动过程。能动性管理的特点为：各级学校教育教学者都是以深入现场、广泛接触、双向沟通和情感交流为基础，以指导激励、协调控制、改革创新和追求效益为目的，创建成功的人际关系、和谐的人事气氛、扎实的领导作风和最佳的舆论导向，以充分调动人们的积极性，发挥创造性，保证以质高量多的人才产品为社会主义现代化建设服务。深入现场和广泛接触，就是各级管理者到群众中去，要和群众联系，要真正懂得群众的感情，要使群众的思想感情深入到我们的头脑中来。双向沟通和情感交流，就是各级学校教育教学者要通过交朋友和结良缘进行全方位的双向信息沟通和情感交流，在消除隔阂和心理障碍的基础上，实现心理互换和心理相容。指导激励和协调控制，就是各级学校教育教学者通过联系群众，形成将心比心的情感互动。在情感交融、互相依赖和乐于接访的良好氛围的基础上运用自身的非权力性影响力去指点、引导、指示和教导教职员工，使其心甘情愿地进行工作，朝着高效率、高质量、高效益的方向迈进。改革创新和追求效益，就是各级管理者要从静态性管理转变为变革现状和锐意创新，不断放大学校教育教学功效的能动性。一句话，能动性管理是以动态性为特征的。

从动态性特征出发来看，管理者应从五个方面来展开学校的教育教学管理：第一，必须管理教育思想，保证教育方针的全面落实；第二，必须强化全面质量管理，保证工作质量与产品质量的不断提高；第三，必须按学校教育教学过程规律进行有序管理，保证学校教育教学的科学化；第四，要有效处理例外事例，保证学校教育教学滚动发展；第五，要坚持群众路线，从群众中来到群众去，保证学校教育教学的民主性。

## 六、从信息化管理向智慧化管理发展的趋势

党的十九大报告明确指出要加快教育现代化，为当前我国教育注入新动力。在智能信息技术的推动下，教育正发生深刻变革，不断加速聚合裂变，"互联网＋"与教育的融合渗透不断深入，教育教学模式的系统与结构正在发生裂变，并引发新的教育形式。近几年教育研究的热点聚集在教育信息化方面，包括翻转课堂、互联网＋、慕课、微课、大数据、人工智能、云计算、虚拟现实和数字化校园，教育信息化在内涵、深度和质量上也在不断发展，并最终指向智慧化教育教学理念与模式的革新和转变。

### （一）智慧化教育教学有利于促进各种资源的整合

传统的教育教学实施过程中，管理者更多地是从工作绩效角度出发加以考量，因此，传统教育教学规则性强、灵活性不够，各教育教学部门间虽互有关联，但彼此间由于工作性质与重点不同，在一定范围内存在脱节现象。学校在建设智慧教育平台的同时可开放平台，开通与校外

的交流与沟通合作渠道，借鉴并引进校外优秀资源，实现教育信息化应用共享，提高教育教学质量；应加强与企业的联系，利用企业技术优势，与企业互联互通，借助各种教育资源有针对性地培养人才，为学生能力发展提供多元化发展的道路。

### （二）智慧化教育教学有利于调动学生学习积极性

传统教育教学模式中，师生之间更多表现为管理者与被管理者的关系，彼此之间的关系更多是对立的，以教师讲授为主，学生被动听课，学习主动性不高，学习效果不佳。通过利用现代信息技术，教学模式变得多样化，实现了现代信息技术与教育教学的完美结合。基于现代化教育理念，智慧教育模式从学生本位思想出发，强调学生不再是被教育者，而是教育的主体，教师不再是管理者，而是引导者；智慧教育模式拓宽了学生对于智慧教育的认知，通过线上与线下联动教学，打破传统教育形式的束缚，为学生营造多元学习情境；通过信息化技术提供的设备，帮助学生进行课前、课堂和课后的过程式学习；学生可以根据自身需求制订学习计划，学习更有针对性，实现了在教育教学方面的自适应，充分调动了学生学习的积极性。

### （三）智慧化教育教学有利于促进课堂教学互动

传统的课堂教学受教学资源有限、技术平台缺乏等因素制约，课程教学中互动性明显不足，教学效果打折。通过基于智慧教育理念的信息化技术支撑平台，直接实现了师生之间的无障碍交流，教师可以更好地丰富学习资料、构思教学设计、设计教学环节和活跃课堂氛围，智慧教育平台能积极引导学生参与到课堂活动中，激发学生的学习兴趣，既活跃了课堂中的学习氛围，又提高了课堂中学生的参与度，增加了课堂教学的互动性。

# 第三节 高校学生教育管理工作特性的相关概念

## 一、工作动机

动机指的是驱使个体完成一项任务的原因，这些原因包括物质报酬，来自上司、同事的认同，自我的兴趣，工作乐趣，等等。动机与创造力紧密相连，动机的功用在于使能，即驱使、激励一个有能力去创造的个体，愿意去从事某种创造性活动的主要因素。

如果动机缺位，即便个体拥有足够的专业知识和创造力技能，也可能因为不愿付诸行动，导致最终无法生成创造力。从创造力动机假说来看，动机可分为内在与外在两种。如果员工的工作动力来自好奇、兴趣、工作带来的挑战性等因素时，就是内部动机；如果员工的工作动力来自物质的奖酬或者他人的肯定，就是外部动机。

可见，工作动机就是：当人们追求对好奇的享受、兴趣、满足以及对工作的自我挑战时，可视为受到内部动机的驱使，当个人在工作中获得乐趣及快乐越多，便越倾向于接受新挑战，便显示出较多的内部动机驱使；而外部动机则可从实质（如金钱和物质激励）及非实质（如他人的肯定）的奖励两方面来观察，当个体越能受到金钱或其他形式的奖酬所激励时，显示个体越受到外部动机驱使。

## 二、工作特性

工作特性泛指与工作者有关的环境、薪酬、福利、学习、技能与安全感、满足感、成就感等内、外部因素的总和。工作特性可从技能变化性、工作完整性、工作重要性、工作自主性及工作反馈性五个方面来加以界定，这五项核心工作的特性会影响员工对工作意义的体验、对工作结果的责任体验及对实际工作结果的了解三个主要心理状态，并进一步影响个体的行为与工作表现，当上述三种心理状态同时具备时，自我内在的激励作用最高。本书认为，工作特性就是指工作的各种不同属性，这些属性影响个人对于工作意义的感受或工作结果责任体验的心理状态，最后使员工获得工作满足感。

## 三、素质培养的工作特性

### （一）教育教学中的思想教育作用

学校肩负着培养社会主义事业合格建设者和接班人的重任，要完成这一使命，高校就应做好思想教育、课堂教学等方面的工作。因此，思想教育工作处于头等重要的位置，对高校而言，在教育教学过程中应把基于学业的思想教育工作置于整个教育教学的全过程中，应贯穿教学的各个环节。课堂教学是达到这一目的十分重要的环节，教师在传授知识的同时，应帮助学生树立牢固的、正确的精神思想。对不同年级的学生，教师应有针对性地开展各种类型的、体现社会主义核心价值观的主题活动，同时还要注重对学生个体的教育工作，帮助所有学生形成良好的思想意识形态和心理状态。

### （二）培养学生艰苦奋斗的精神

奋斗精神的实质在于奋斗，是为了实现个人崇高理想和远大目标而不畏困难险阻、奋勇拼搏努力，是为了追求美好生活而具有的积极精神状态。学校要培养学生的奋斗精神，就应从立德树人的角度来塑造学生持久而执着向上的精神力量，从而对学生的个人成长、事业追求等产生积极的引导、促进和激励作用。

学校在整个教育教学过程中，应积极创造条件，努力培养学生这种精神。无论是在不同的教学过程中还是在日常生活环节中，学校和教师都要对学生提出明确的要求，培养学生独立完成学习任务及独立生活的能力和素质。学校和教师应特别重视实习和社会实践环节对学生艰苦奋斗精神和素质的锻造作用。通过社会实践，不仅能培养学生顽强的毅力，还有助于培养学生适应环境的能力。

### （三）组织能力的培养

素质培养中的组织能力培养是学校教育教学的重要内容之一。学校和教师除了要教育学生有好的思想方法外，还要给他们机会以形成这种能力。首先，教师应培养学生拥有良好的心理品质和行为习惯，这是组织能力形成的前提和条件。其次，学校和教师可通过具体艺术实践，来培养学生的组织协作能力。比如，学校可以举办各类活动，让学生自己参与活动的全部过程，学会分工协调，亲身感受协作在工作与生活中的重要性，从而练就一些基本组织能力。再次，教师可利用班干部强化学生自我管理能力的培养与塑造。最后，教师要帮助学生制订各类活动的计划，在执行过程中要加以指导，在工作结束时，还要帮助学生做好总结，并指出其长处和成功的经验，帮助他们提高认识，使学生在实践工作中真正得到收益。

## 第四节　高校学生教育管理与素质培养的不同视角适切性分析

### 一、高等教育价值理论：个人与社会的融合就是适切

教育以塑造人的身心素质为发展目标，具有沟通个体与社会的特殊功

能，可见，高等教育就是如何有效地发挥其在个体素质培养与社会发展中的作用的问题。

不同的价值取向，对高校个体素质培养实践的发展有着直接的影响。在一定时期内，它决定着个体素质培养活动发展的方向。人们按照一定的价值取向，通过主体的能动作用，创造出具有特定价值模式的个体素质培养方式。人们期望其发挥什么功效，希望被培养的人向什么方向发展，即创建什么类型的个体素质培养模式和培养什么类型的人，都直接受其价值观的影响。所以，人才素质培养的价值取向是人才素质培养工作的出发点和落脚点。

教育主体都是社会中现实的人，他们都会对教育抱有某种期望，产生某种需要，并把自己这样或那样的期望与需要诉诸教育活动，力图按自己的预期与需要去规范乃至建构教育活动，实现某种教育价值目标。因此，任何一种教育活动都包含教育主体对教育价值的追求，这种追求是教育存在和发展的基础，正是这种追求，教育的价值才会真正得到体现。

## （一）重视个体需求是教育取得成功的基础

### 1. 重视个体需求是教育者教育工作取得成功的前提和基础

（1）人的可发展性是教育应以个体素质培养为本的内在逻辑

文化造就完整的人，人又创造具有再生性的文化，教育的最高目的在于帮助人尽可能地表达、实现真正的自我及获得幸福。有力度的生活必须掌握属于自己的工具，这个工具通过接受适宜的教育获得。因此，高等教育和高等学校要从学生出发，强调学生主体地位的学科基础和价值合理性，树立"以生为本"的基本理念和思想基础。

美国早期著名的社会学家和社会心理学的创始人查尔斯·霍利·库顿提出，人类本性最基本的特点就是可塑造性。所谓"可塑造性"是指学生接受教育的能力和适应性并获得素质塑造的品质。教育人类学家在认同遗传因素的基础上，认为人的可塑造性表现为人的可要求性，指人能被激发出理性和非理性的各种可能，并达到某种要求，能被提升到一定的高度。高校人才素质培养的个体价值取向主张高校人才素质培养应以个体素质培育为中心，强调根据个体的需要、兴趣和特长，促使个体素质的个性化；在教育过程中，特别关注个体生存、角色地位、就业、创新创业、自身完善和发展的精神性需要，以此制定培养目标和建构培养活动；认为个体素质培育的价值高于社会价值，有利于个体素质发展的培养就一定有利于社会发展；首要目标不在于谋求国家利益和社会发展，而在于发展个体各方面的素质，使学生真正成为人。

（2）学生是高校存在的基础

人的可塑造性和需教育性是教育应"以人为本"的内在逻辑，大学生缴费上学是大学教育应"以学生为本"的外在逻辑。大学首先为大学生而设，没有学生就没有教育、没有学校，甚至可以说是因为有学生要上学，才办学校；没有学生的大学就失去存在的根据，没有学生，大学组织就没有存在的理由。如果大学对于学生来说没有价值，它就无法得到社会的充分支持。所以，学校必须提供适合学生素质成长的教育教学服务，把目标有针对性地指向学生。

**2. 重视个体需求是办学主体实现教育目的的重要保障**

我国教育目的规定的社会价值取向就是培养出富有社会主义核心价值观的人。"建设者"与"接班人"是我国当前教育目的对受教育者成长与发展的统一要求，是"两位一体"的两个方面，既是建设者，又是接班人。教育目的要求培养对象在道德、才智、体质、审美等方面全面发展。全面发展是我国当前教育目的中关于人的素质培养的规定。如果说教育目的的社会价值取向确定了受教育者的发展方向和社会性质，指明各级各类学校的培养目标和方向，那么，教育中关于人的素质结构的规定就确定了受教育者发展的内容。

　　为了实现国家的教育目的，必须承认受教育者的主体地位，以人为本，培养受教育者的独立个性和创新精神，以满足受教育者的需要。人是可以发展的，这是学校教育的基本依据。人不仅可以有生理上的发展，还可以有心理上的发展，人在发展中会变得越来越有力量。人力是由体力、智力、心力等基本成分构成，且各基本成分相互关联、相互作用。人力是可以发展的（或可开发的），教育的基本目标是使人力获得综合协调发展或整体和谐发展（或开发）。人的体力、智力、心力及其相互关联形成了人力的基本结构。关于智力，中国学者通常将其分解为五个方面：观察力、记忆力、思维力、想象力和操作（或实行）能力，这是五个基本的方面。在智力的诸要素中，思维力是核心。因为记忆不可能离开思维，而且思维参与的程度越高，记忆的效果越好；观察也离不开思维，离开了思维的观察，可说是无用观察；操作自然也离不开思维。想象通常被认为是非逻辑的思维。关于心力，它包含一些基本成分，即内驱力（或情动力）、注意力、意志力和自评力（自我评价的能力）。内驱力大体是人的情感、兴趣、需要等的心理力量。在心力的诸要素中，意志力是核心。兴趣没有意志的支撑难以持久，而不能持久的兴趣其作用有限。自信心之类的心力因素也在一定条件下与意志有关。有研究表明，智商对人一生的发展并不起决定作用；在中等智商的情况下，一个人可以发展得很好；良好的智商只有在良好的心力配合下才能取得成功。所以，人们越来越重视智力与心力的协同发展。

　　人力开发得好，国家未来的建设者和接班人就有力量，就能更好地实现国家的教育目的。教育目的与人们的社会理想有密切的关系，它反映了人们的主观愿望。这种愿望与客观状况在多大程度上相吻合，决定着教育目的实现的可能性。因此，以人为本，把人当作目的，改革传统的教育观念和教育方式，改革繁、难、窄、旧的课程结构和体系，建立民主、平等、和谐对话的师生关系，有利于促进人的创新等素质的发展与优化，从而更好地实现国家兴办教育的目的。

## （二）个人与社会相融合是个体素质培养教育目标的适切性体现

社会以人为本，人以社会为本。高校人才素质培养目标就是让个体的素质和价值得到塑造，并在价值观塑造的过程中，确立个体素质培养目标的定位——在兼顾社会需求的调适过程中，让学生个性化素质得到培育与发展。

首先，过度强调个人，就会忽视学生个体应遵守的共同社会规范及个人应担负的社会责任与社会使命，影响个体社会化的进程。这正是教育应该实现的目标——个体素质的培养与社会发展这两大诉求之间的协调，这也是素质教育的核心精神之一。高校应将素质培养作为核心的教育功能加以对待，应将个体素质的培养与社会发展这两大功能的发展以动态的形式整合起来，以最佳模式将它们结合起来。高校应尽可能地在教育实践操作过程中兼顾这两个功能和目标的发展，以科学的思维方法，让两大功能在教育过程中达到统一。

其次，从高等教育的视角来探讨个人与社会价值的问题，这些问题的探讨最终要通过互动性的社会实践来加以确认和修正。在知识经济时代，知识更新周期缩短，技术升级加快，社会职业岗位变换加快，大大增加了对个人在社会互动过程中的灵活性、综合性和适应的要求。应对这种要求，高校人才素质培养的目标应落实到个体的素质培养上面，只有这样才能将个体整个职业生涯发展中所需要的素质和能力都统摄进来。换言之，以人为本的人才素质培养不仅包括对个体的思维能力、解决问题能力、灵活适应能力、交际能力、学习能力等具有理智特征内容的培养，还要从素质培育的角度提升个体在与社会互动的过程中认识自我、认识环境的能力，实现对自我的发展、超越与创新。以学生为中心的价值观培养是学校教育的核心任务和目标，同时对学生社会主义核心价值观的塑造也是必不可少的，如此方能实现学校教育的社会服务功能，二者在学校教育（特别是高等教育阶段）中是能够加以统一的。

再次，高校在实施高等教育时，应当以学生素质培养和价值的充分实现为教育出发点，在制度安排、教育教学内容设置等方面体现出这些要求、原则和方法。在高校的教育活动中，学校和教师应有意识地以影响学生素质全面发展为目的，应从各方面拓展受教育者这方面的主观能动性。学校教育者在素质培养教育活动中起着主导作用，学习者也要在学习活动中发挥出主观能动性，只有这样，素质培养的内容和范式才能更好地内化为受教育者自身的素质。在此过程中，受教育者的主观能动性也是教育教学过程中"以人为本"精神的体现，这样才能让高校的素质培养工作取得最佳效果。

最后，高校应充分发挥其教育的导向和激励作用，引导学生个人素质培养目标的达成。从社会发展的内在逻辑来讲，越是坚持以人为本，让个体的素质得到全面培养和体现，就越能让个体才能得到彰显和实现，社会也就越能获得可持续发展。

总之，教育的个体培养诉求与社会需求都具有两面性，只有把这两者的需求整合起来加以发展，才能获得更好的效果，让个体与社会消极冲突的一面得到纾解，积极的一面得到发扬，从而促进个体与社的多元有益发展。社会为人的发展创造条件，人的发展可以反哺社会。社会需要人才，人才也需要社会，二者相互作用可以找到交集。高校应在素质培养的过程中，以培养适切社会需求的个体和社会价值综合取向为指引，使个体的发展与社会的发展相和相生、相互支持，从而达到互利共赢，实现"以人为本"发展模式的初衷。

## 二、教育规律与社会发展规律双向互动下的素质培养适切性分析

### （一）教育规律与社会发展规律密切联系下的素质培养适切性

第一，人是社会的人，人的一切活动都与社会密切相关。社会为个人

提供的发展条件越丰富，个人就越有可能根据自己的个性、爱好和特长实现自己的个体化的社会活动与目标。而且个体的发展水平和实现的目标也就会越来越高，同时还会进一步促进其他个体的发展，并促进社会向更高阶段发展。在教育活动中，个体与社会的相互依存性是绝对的，独立性是相对的。

第二，教育既要满足对人的素质的培育，又要实现社会的发展，任何一方面被忽视，教育的功能就不能得到真正的发挥。因此，教育活动的主体既要尊重社会要求，又要尊重学生的个性化需求教师要具有强烈的选择意识，在教育功能选择中，要在社会要求和个体素质培育取向的范围内加以综合判断，做出符合实际且有益于学生素质培育的教育模式和教学方式的抉择。

在教育活动的全过程中，教育过程的各个要素，如教育目的、教育内容、教育方法、组织形式及它们之间的相互关系，教育事业发展的规模、速度及它们的变化，都必然要受到这些基本规律的制约和影响。一方面，社会发展与个体素质培养发展之间，存在着颇为密切的联系。社会发展规律对个体的素质培养来说是一种来自外部制约，对素质培育教育活动的全过程起到了较强的规约性作用。另一方面，个体素质的发展和教育发展之间也存在着本质的内在联系，个体素质的发展规律对教育活动全过程起到了一定的限制和指引作用，这种指引是一种基于教育目标的限定和规约。

第三，素质教育规律揭示的是素质教育主题下相关诸因素之间的联系，素质教育政策主要是调节该教育主题下各要素与社会之间的关系。就教育规律来说，具有普遍性和永恒性，但素质教育的规律、政策等则是权宜性的体现，素质教育规律同样是对素质教育主体之间联系的本质性反映，素质教育政策必须适应教育主体（无论是教师还是学生）的内在潜能、主观意志等的多重要求，如此方能减少教育教学过程中的失误。因此，教育管理者在制定教育政策时，应加强对素质教育规律的研究，加强对教育政策的科学论证和可行性研究，力求使教育决策科学化，使素质教育政策与素质教育规律尽可能保持一致。素质教育将社会的要求内化为学生个体素质的过程，也是对学生个体各方面潜能的个性化塑造过程。素质教育既要适切学生个体心理和生理的规律，也要适切社会发展的规律。因此，高校应从教育理念、教学内容、教学方式等方面来适切学生个体素质的发展要求；教师所创设的教学活动应在符合社会发展要求的条件下尽可能地促进学生个体素质的发展。

**（二）教育规律与社会发展规律在素质培养中的关联性分析**

在教育与个体素质的发展和社会发展的联系中，社会发展规律对教育发展的制约和对个体素质发展的规范在教育活动中起主导作用。任何社会对个体素质的发展都进行了规范，其实质在于这种规范是否顺应了社会发展的历史趋势和现实要求。

（1）教育规律对素质培养育人的引导

社会对学生个体素质的发展或教育的规范，必须在个体素质发展和教育活动的实际进程之中才能得到实现。同时，在社会规范内化为人的身心素质的过程中，人的身心发展规律对教育的制约起决定作用。因此，教育对于学生个体素质的发展起到了巨大的引导作用，这就是教育必须承担的责任。

（2）教育规律与素质培养教育功能之间的多种选择

适应社会发展规律的教育功能不一定总能适应学生个体的素质培养功能，为此，高校管理者和教师应选择那些能促进和发展个体素质培养功能的教育教学策略、模式、内容等。这些要素能适切对个体素质培养这个功能和目标时，教育主体就要综合考虑如何进行恰当选择。

用辩证发展的观点看，素质教育必定会经过不断改造与重组，必将趋向于更高水平的辩证统一。对我国学校教育教学来说，管理者应根据我国实际，用科学的态度处理好社会教育与个体素质培养教育这两者之间的关系，应结合现实，正确抉择，使素质教育真正成为促进人和社会协调发展的教育形式。这也是我国当前素质教育功能理论研究必须关注的问题。对教育者和理论研究者而言，应创造条件，使学生个体素质培养过程成为将学生向符合社会发展所需人才转化的途径。

# 第五节　高校学生教育管理与素质培养 不同视角的实践性思考

## 一、运用价值理论指导高校的素质培养

### （一）教育价值理论的领会与解读

高校素质培养工作要实现创新和快速发展，必须认真领会高等教育的价值理论。

"价值"的根本含义是人们所利用的并表现了对人的需要关系的物的属性，是物对人的有用性、使人愉快等属性"，或是事物的用途或积极作用。也就是说，"价值"是客体内在的属性、功能等对主体的需要所具有的积极作用或有用性；"取向"就是选取的倾向性。

高等教育的价值，简单地说，就是高等教育的有用性。高等教育对谁有用？有什么用？这就是价值取向的问题。一般来说，高等教育个体价值取向认为个体的价值高于社会的价值，否认外界因素对个性形成的作用。高等教育社会价值取向认为，社会价值高于个人价值。强调从社会的需要出发来规范教育活动，要求教育培养出符合一定社会准则的人，个人必须服从社会的需要。虽然难以断定高校的素质培养就是个人至上，但是在个体素质培养活动中，忽视个人或社会任何一方面都是片面的，其素质培养工作都会受到阻碍。

首先，高校在素质培养中不能忽视"人"。高校素质培养的对象是人，忽视了人的地位和成长规律，教育的效果将无所依附。同样，高校素质培养也不能忽视社会的需要。脱离国家"元场域"的影响或"社会无涉"的教育从来都未曾有过。实际上，教育作为一项公共事业，国家的规训和引导是其得以发展的前提，政府举办教育是履行公共事务管理职责，高校素质培养则必须承担社会责任。

其次，高等教育的个体价值与社会价值既存在冲突，又相互统一。人们常常认为，教育实现个体素质培养与社会发展两大功能之间存在着绝对的对立与冲突，不能在教育过程中同时存在。因此，在选择教育功能时，通常不愿意根据具体的历史条件，考察教育两大功能状态的动态发展，选择二者最佳的结合模式。于是，常常确定一种功能，便排斥另一种功能。当执着于一种教育功能的选择而导致教育发展出现弊端和失误时，对另一种教育功能的选择便成为自然。这常常造成教育功能选择时的左右为难，教育实践操作时的步履维艰。因此，形成一种科学的思维方法，寻求在教育功能选择时达到两大功能的具体的、历史的统一是教育理论研究的历史责任。可以说，高校应主动研究，深入领会素质培养的价值取向思想，以便能更好地服务于素质培养工作，更好地服务于个人与社会的需要。

## （二）协调社会与个人发展需要，确定学校素质培养目标

### 1. 素质培养目标的概念

广义的素质培养目标是指主体对受教育者的期望或理想设计，即人们希望受教育者通过教育在身心诸方面发生什么样的变化，或者产生怎样的结果。素质培养目标总是主体对现实教育的一种设想。素质培养目标中主体教育理想只有在教育中找到现实的结合点才能得以实现。

我国现阶段的素质培养目标是要培养社会主义事业的建设者和接班人，反映了我国历史发展和社会现实的双重要求。素质培养目标的确定必

须考虑到社会需要与个人的自身发展需要的辩证统一。接受培养的人才是当下社会历史生活中的具体的人，离开了人自身的发展，素质培养本身就不会存在。同时，素质培养必须考虑社会的现实需求，离开了社会的需要，人才也找不到立足之地。

2. 素质培养目标的制定

素质培养目标有两种表现形态：第一种是以社会教育过程外部确定的目的为素质培养目标，通常是成文的教育目的；第二种是参与教育活动的当事人自己的培养目标，通常是不成文的教育目的。从主体来讲，有学生受教育的目的、教师从事教育工作的目的、国家等主体办教育的目的、各科课程教学的目的、家长送小孩接受教育的目的等。

随着知识经济时代的到来，创新型人才的培养就成为现代教育的一项重要内容。素质培养目标在同一文化传统中的演化体现出历史的继承性。演化发展到当代，各国、各地区的人才培养目标渐次体现出相互借鉴和相互渗透的客观趋势。高度合理地提出恰当的素质培养目标，必须综合考察我国的历史传统和当前社会的时代要求，找到它们的结合点。

素质培养目标中所设想的人的身心素质，既体现个体身心发展的需要，又反映时代社会现实的发展趋势对受教育者发展的客观需求；既为受教育者指明了一个发展的美好前景（方向），又提出了发展的要求（内容）。素质培养目标作为对教育结果的预期，可以作为评价教育结果和现实教育过程的依据。素质培养目标的评价功能关系到社会育才、选才和用才的科学标准问题。

3. 素质培养目标具有保持教育统一性与一贯性的作用

为了使多样的教育实践和教育理论研究能够依据明确的意图和计划统一协调进行，按赫尔巴特的话说就必须用唯一整体的素质培养目标贯穿其中，即在不同时间、不同地点进行的教育实践，具有师生双边性的教育活动，以及教育中起作用的众因素（如课程教材、学校环境等），要保证在促进受教育者的身心发展过程中前后连贯、横向联合，并协调整合到一个方向上来，素质培养目标在其中起统贯和导向作用。

课程教学目标和各项教育活动的目标，是学校素质培养目标在学科课程教学上和各具体教育活动上的具体化。当教育教学活动开始之后，被分解成的教学目的和要求又在教育者的工作过程与受教育者的学习和发展过程中逐渐整合起来。整合得好的教育教学活动能够使教育者的工作目的和学习者的内在学习目的及学科教学目的和要求统一起来，如此既能充分发挥教师的积极性，又能促使学生（受教育者）的个性获得健全、和谐的发展，使个体与社会的素质培养目标同时得到实现。

4. 协调社会与个人的需要，确定学校（个体性的）素质培养目标

高等教育是建立在基础教育之上的专业教育，它与社会的政治、经济和文化发展密切相关，理应担负起引领和促进社会全面发展的责任。高等教育促进社会发展的价值应得到有效体现，否则整个教育体系及社会发展必将是病态的。素质教育也就在这样的背景下应运而生，它的一个最基本的目的就是实现个体的全面发展，使个人在德、智、体、美、劳等多方面的综合素质和潜力得到充分开发，使学生成为全面发展的人。

## （三）以个体发展为主线，实现人的全面发展

### 1. 将人作为教育活动的基点，促进人的自由发展

人本主义的最基本假设是每个人都有优异的自我实现的潜能。那么，整个教育、学习的过程就是自我发展与实现的过程，这不仅是学习和教育的价值所在，也是生命的价值所在。基于这种观念，人本主义学习理论的重点，便是研究如何为学习者创造一个良好的环境，让学习者从他自己的角度来感知世界，达到自我实现的最高境界。

因此，高校在素质培养中应尊重人、爱护人、关心人、发展人和激励人，促进人的自由、全面、个性化发展，给人提供自我实现的舞台，满足

人自我实现的需要。

对高校教师而言，在课堂教学中，应尊重学生的主体地位，反对注入式和填鸭式教学，应注重培养学生探究性学习的能力，重视学生课堂参与，让课堂成为学生阐发自己研究性学习成果的舞台。

### 2. 科学与人文相结合，促进人的全面发展

个体素质的发展内容又称人的素质结构，是教育目的的核心内容。即在设想中指明受教育者在品德、知识、体质、智慧、能力、情趣等方面的发展。从素质结构来讲，个体素质的发展内容包括人的心理素质和生理素质。心理素质又包括一般心理素质、文化心理素质和个性心理素质。从教育构成来讲，个体素质的发展内容可以是德、智、体、美、劳及各种能力的全面发展。

高校在素质培养过程中，应始终坚持以人为本，重视人的主体价值，既关注人的科学技术的需要，也关注人的精神生活需求，防止培养出"工具人"，实现人的全面发展与个性化发展。可见，在高校素质培养中要以学生为本，应尊重差异，提供自由选择的机会。

## 二、按照教育规律实施素质教育育人战略，充分满足社会需要

### （一）按照社会要求和教育规律，构建素质培养体系

教育的内部构成要素，从静态的角度看，可以分为教育者、受教育者和教育中介（教育影响）三个基本要素；从动态角度分析，可以分为教育活动的目的、手段和结果三个要素。它们之间相互联系、相互依存。

#### 1. 根据社会的要求和学生的期望，确立高校素质培养目标

教育必须与社会发展相适应、必须与人的身心发展相适应，这是教育活动的两条最基本的规律。教育要促进个体社会化和社会个体化，就必须

遵循社会发展规律和人的身心发展规律，实现社会、人和教育在矛盾统一中的不断发展。社会发展规律对教育来说是一种来自外部的制约；个体素质的发展规律是一种教育内部的制约。教育影响个体素质的发展，将社会的要求内化为人的素质，也充分发展人的个性潜能。教育既要适应人的身心发展规律，也要适应社会发展的规律。

个体素质的发展与社会发展之间可能是一致的，也可能是不一致的。作为沟通个体素质发展与社会发展的中间环节的教育活动，要充分利用个体素质发展与社会发展之间的一致性，有效解决二者之间的矛盾和冲突。在教育过程中能否实现个体素质发展、教育发展和社会发展三者内在关系的历史统一。这是教育能否取得成效及成效大小的关键。在素质培养中出现的"成人"与"成才"的矛盾，是由于人们在教育价值选择上的"两难"思维导致在教育实践中左右摇摆，实际上，以人为中心、以知识和社会为两翼，人才能站立得稳、才能飞得高。

2. 根据素质培养目标，设计素质培养方案

素质培养主要通过课程教学来实现。在制定素质培养方案时，要围绕素质培养目标设置课程体系、优化课程结构。为了适应学生多样化的学习需求，要正确处理通识教育与专业教育、共性教育与个性教育及理论教育与实践教育的关系之间的关系，突出可选择性与开放性。在设计人才培养方案时，应允许学生自由选择自己感兴趣的专业，同时逐步扩大选修课的比例，允许学生自由选择感兴趣的课程与喜欢的教师。

3. 合理处理通识教育与专业教育的关系

从高等教育发展史来看，科学技术知识进入高校课程，促进了高校的现代化转型，但同时开始了现代科学技术与人文学科抢占课程地盘的斗争。因此，以克服人文危机为主要任务的课程改革在高等教育发展中一直占有重要地位，其目的是使政治论和认识论哲学在教学实践中实现统一。对此，高校既应重视通识教育，又应重视专业教育。合理认识结构的意义可以帮

助理解合理的知识结构对人的积极影响。高校既要培养合格的公民，又要培养一专多能的人；既要使学生学会做人，也要学会做事；既满足个体的社会化，又满足社会的个体化。

## （二）按照学生的身心发展规律来设计素质教育教学过程

大学的本性是一个求真、求自由的学术机构，是一个以大学问培育"大写的人"的文化组织。高校只有研究学生、了解学生，才能把握教学的尺度与分寸，增强教学的针对性与实效性。

### 1. 重视教学过程的为人性

高校在人才素质培养理念上，要合理处理个人、学科与社会的关系，合理处理学校、教师与学生的关系，牢固树立"以人为本"的理念。根据学生的基础与兴趣，确定教学的内容、教学的难度、教学的方法与手段。在课程教学活动中，必须要考虑以下问题：这些"知识与技能"是否是学生喜欢并能够学习的？学生在学习这些"知识与技能"时会形成什么样的情感与态度？学生的学习机制是什么？以什么样的结构和方式来组织这些"知识与技能"更能适合学生的学习？这样才能真正落实素质教育的目标，实现对学生个体潜能的开发。

### 2. 课程的内容与难度要适合学生

（1）课程内容要适合学生水平

在以高校素质培养为核心的教学活动中，选择什么样的教科书很重要，需要考虑学生的需要及学生的兴趣，并增加可读性与趣味性。选择了教科书以后，还需要对教材进行取舍与更新。一方面，由于讲授的对象不同，学生的基础与兴趣不一样，为了使教材的内容更有针对性，应对教材做一定取舍；另一方面，由于教材的出版与发行需要一段时间才能完成，在网络信息化社会，知识更新与传播的速度非常快，已经出版出来的教材内容并不完全代表最新的研究成果，还需要随时进行更新与添加，具体有以下三个原则。

①　教材的选择原则。自由教育重视经典，专业教育紧跟前沿。高等教育不仅要追随和适应社会发展，还要引领社会发展。因此，高校的专业教学内容应及时更新。如果高校采用的专业教材陈旧，落后于时代，那么，学生所学的知识将不能适应飞速发展的社会需求，更谈不上引领社会前进。

②　课程的先修后续关系。教科书的系列性和强逻辑性很强，它具有某种内在逻辑法则。它以系列和群体的形式引领读者往更深、更高和更广的境界一步一步前行。在确定课程的开设时间时，要考虑课程的先修后续关系，尤其是理工科课程和一些应用性课程。

③　课程内容难度原则。在学生最近发展区内，不宜过难也不宜过易，不宜过深也不宜过浅。

（2）课程的难度要适合学生

课程和教学是高等学校培养人的主要途径，也是把教育思想转变为教育结果的环节或中介，同时是实现教育目的的手段。课程是指学校按照一定的教育目的所构建的各学科和各种教育活动的系统。无论是从教育理论的论述中，还是从教育现实的实践中，我们都可以窥视课程在教育中的地位，人们形象地把课程称作是教育的"心脏"，这主要是因为课程关涉着教育的质量、人才的培养和社会的进步。一般来讲，当课程内容的适切性较高时，课程能顺利地完成其固有的使命；而当课程内容的适切性较低时，课程根本无法顺利地完成其固有的使命，将会影响教育目标的达成。

此外，高校在课程学习难度上，应该设置可选择性，让不同基础的学生都可以找到适合自己难度的学习方式，让每个学生都学得愉快，又能在挑战自己的过程中享受成功的快乐。

3. 教育管理与手段要适合学生

教育目标的"正确性"并不能确保教育过程和结果的合理性，教育目标不能靠教育内容的随意"组装"来实现，"怎么教"比"教什么"更重要。

从教育实践角度看，高校教育目标不仅包括"学生最需要学什么""什么知识最有价值"等哲学议题，还体现为学术共同体内外不同教育价值观的冲突和协调。

（1）教育管理要适合学生

高校要积极改革课堂教育管理，转变观念，由听话教学改为对话教学，由一人独白改为师生对话，由一言堂改为群言堂，实现"我"的课堂"我"做主，由"独唱"式到"KTV"式，引导学生群体参与。教师要积极采用参与式教学法、问答式教学法、案例式教学法和研讨式教学法，理论联系实践，尊重学生差异。

不要把所有学生当作一个学生看待，即不要把学生当作一个抽象的人来看待，在参与方法上可以给予学生更多的选择性，积极研究与个别对待有效教育管理的问题。学生逃课在很大程度上就是逃避无效课堂的表现。学问，就是既"学"又"问"，"学"了要"问"；要敢于让学生发问，鼓励学生大胆质疑，求证问题，引导学生的思维。学生们应该觉得，他们是在真正地进行学习，而不只是一种表演智力的因循性活动。

（2）教学手段要适合学生

在教学手段的运用上，多媒体课件辅助教学已在高校课堂教学中广泛开展起来。但是，由于部分教师对现代教育技术掌握得不够，多媒体课件制作水平不高，导致多媒体课件辅助教学效果较差。运用多媒体课件辅助教学的目的是提高教学效果，结果反而降低了教学效果，其主要表现是：有的教师制作的课件全是文字板书，形式单调，而且对教材内容没有进行合理取舍；有的课件过于简短，仅是抄袭教材上的各章节标题，连本节课要学习的重点、难点都没有提炼出来；有的课件过于冗长，连篇累牍，几乎是讲义的翻版，教师讲课基本上是照着课件上的文字照本宣科；有的课件文字部分序号混乱，没有体现层次关系；有的课件文字的字号设置太小，文字颜色与底色对比不明显，导致坐在教室后排的学生看不清楚，不知所云；很多课件没有根据本节课教学目的的需要，把文字、图片、声音、动画与录像等有机结合起来，更有甚者，有的理科课程运用多媒体课件辅助教学时，对于一些复杂的计算题或推理题，没有设计运算或推理过程，而是直接用课件打出运算或推理结果，这种做法大大削弱了对学生思维能力的培养。

高校应加强对教师多媒体课件制作技术的培训，使多媒体课件辅助教学变负绩效为正绩效。尤其是要避免用课件代替学生思考，防止省略推理过程，直接打出计算结果，要满足开发学生心智的需要。

## （三）既有综合素质的培养，也有实用技能的训练

### 1. 科学精神、人文素质与创新能力并重

高校在素质培养中，要坚持科学精神与人文素质并重的原则。科学精神和人文素质是人类在探索世界和发现自我的活动中形成的两种观念、方法与价值体系，是人类文化的同体两面，它们既让我们认识了"物性"，又使我们认识了人性。高等教育应是人文教育与科学教育的结合，是科学研究和技术开发的结合，是实用教育与职业教育的结合。

### 2. 推进多种途径的育人素质培养方式

首先，虽然高等教育还不能达到普通教育和职业教育携手并进的程度，但如果这两者能在某种程度上达到相互结合的水平，我们可能会发现两者对实现素质培养目标都是有所裨益的。通过这种教育教学模式，学生们既从实际工作经验中学习，又从学术课业中学习；既从课外兴趣活动中学习，又从学术课程本身中学习。其次，在高等教育中，高校应开设显性课程（包括理论课、实验实训课等）和隐性课程（包括校园文化与环境、课外活动等），不仅如此，高校管理者和教师还应积极创设各种主题活动，以增加课外研究性学习、创新性实验活动等方式来达到对素质教育教学的落实。

### 3. 加强第二课堂教学

以大学阶段为例，学生起码应有一半时间在课外，忽略或轻视课外教育，也就让大学生丧失了一半的教育机会。因此，组织好、利用好课外教育环节，是高校素质培养的重要任务。从我国实际来看，社会实践、课外科技活动和课外文体活动是主要的形式。从职责分工看，课内教育更多由任课教师主导，班集体建设等课外教育更多由班主任和学生工作系统引导。

## 三、高校素质培养战略具有全面的经济和社会价值

### （一）高校素质培养适应区域社会需求

高校学生素质培养活动要适应当前经济社会发展的需求，同时应强化学校在这方面的特色。比如，学校应重点发展区域社会所急需的专业。特色专业、特色学科、特色师资、特色课程与特色教材相互支撑、协调发展。同时，开发与利用所在地的区域性社会条件，整合社会教育资源为学习者的素质培养提供支持和服务。总之，高校应立足区域优势，将区域经济社会作为研究的重点对象，既为区域发展提供科技与智力支撑，又将科研成果与科研方法转化为教学内容，为本校的素质培养服务。

### （二）高校素质培养的国际化：内外动因

首先，高校在推动国际化策略时，必须先结合校内外的情况进行综合性国际化策略评估、调整和修正，并在此基础之上进行相应的强化。

其次，高校在实施国际化策略时，应以教师和学生流动性为主轴，让教师与学生获得良好的国际视野、国际性知识、多种语言能力等。这是高校素质培养策略的重要外部动因。

再次，在经济全球化背景下，高校应从开放经济的时代背景来调整自

己的教育教学思想和策略，要在融入国际化运作的教学范式下进行教学模式的规划和教学内容的选择，以便能获得最大的教育收益。对学生来说，无论是毕业后留在本地工作，还是出国进行更进一步的深造，必要的国际视野、语言知识及交际能力是要具备的，这是高校素质培养国际化的重要内部动因。

# 第五章　高校学生工作的管理研究

## 第一节　高校学生工作管理取得的成绩

高等学校的根本任务是培养德、智、体、美、劳各方面全面发展的社会主义事业的建设者和接班人。学生工作管理是高校工作的重要组成部分，它对于培育适应 21 世纪经济社会发展需要的"四有"大学生至关重要。几十年来，各高等学校对学生工作管理都十分重视，投入了大量的人力、物力和财力；学校的学生工作管理者认真贯彻党的教育方针，围绕学校培养目标，大胆实践、努力探索，形成了一套行之有效的工作方法。他们热爱学生、关心学生，爱岗敬业，为培养学生付出了大量的劳动和心血，为我国的社会主义建设培养了大批合格的专门人才。特别是近年来，高校学生工作管理队伍在学生工作管理的科学化和规范化上进行了有益的研究与探讨，取得了一定的成绩，归结起来主要有以下三点。

### 一、加强大学生思想教育，为大学生成才提供精神动力

大学生的日常思想教育工作是课堂教学、德育课、形势政策课等之外的重要补充，具有针对性、时效性等特点。高校学生工作管理注重大学生的日常思想教育工作，解放思想、更新观念、提高认识，树立"一切为了学生"的教育理念，增强服务的意识、强化服务的功能，自觉、主动地为

大学生成长和成才服务；既坚持教育学生、引导学生、鼓舞学生和鞭策学生，又做到尊重学生、理解学生、关心学生和帮助学生；对大学生的学习、生活进行规范管理，促进大学生向有道德、有纪律的方向发展；提高大学生的文明素养，促进大学生文明习惯的养成。思想教育工作要做到学生的心坎里，要被学生接受，要受学生欢迎，达到解疑释惑、化解矛盾、鼓舞士气和激发热情的作用，为大学生成才提供精神动力和舆论力量。

对大学生进行思想教育，一般采取集体、小组和个别教育的形式，运用大会、讨论、学习、讲评等方法，结合不同阶段学生的思想状况，有目的地对学生加强思想教育，引导大学生全面提高素质。例如，通过各项先进评奖，引导学生开展创优争先活动，努力学习，积极进取，在学习、品德、行为、身体锻炼等各方面追求进步，成为优秀人才；而对大学生不良行为的处罚，不仅对其本人的健康成长具有重要意义，对其他同学也具有重要的教育意义。另外，通过新生军训，培养学生适应环境的能力，提高学生的国家安全意识，培养学生坚忍不拔的意志和艰苦奋斗的精神，养成文明守纪的习惯；通过专业介绍，进行学习目的教育和理想教育，激发学生学习的热情，提高学生自我提升的积极性；通过校史校情教育，对学生进行学校光荣传统教育、艰苦奋斗教育和优良学风教育，为他们今后的学习和提高打下坚实而良好的思想基础；通过对毕业生的各项教育，引导学生正确看待和处理自我发展需要与社会的需要之间的关系，帮助学生树立正确的择业观；通过引导学生剖析自身素质与社会需要之间的差距，增强学生的忧患意识，进一步提高大学生道德修养的自觉性、主动性和积极性；同时，还要加强竞争意识教育、挫折教育、创业教育等，进一步促使学生养成不断提高自身素质，永不停步、永不言败的信心和习惯。

## 二、积极开展丰富多彩的活动，为全面提高大学生素质搭建舞台

### （一）积极组织社会实践，锻炼学生的社会适应能力

利用寒暑假开展社会实践是高校学生工作管理的常规内容。大学生利用寒暑假进行社会实践的形式是多种多样的，有环保调查、行业实践、公益实践、母校回访、勤工助学等。社会实践活动没有固定的模式，也没有固定的场地和对象，一般是在一个比较开放的环境下，面对着不断变化的情境，学生独立面对和解决各种问题。社会实践能充分调动学生的积极性，引导学生在实践中勇于开拓、敢于创新。

此外，大学生通过实践走向社会，亲身体验生活，看到城乡差别，感受贫富差距，在与人民群众的接触、了解和交流中受到真切的感染，从活生生的典型事例中受到深刻的教育和启发，这能使他们的思想得到升华、社会责任感和使命感得到加强。同时，参与社会实践也能使学生看到自身知识和能力上存在的不足，比较客观地去重新认识和评价自我，逐渐摆正个人与社会的位置，进而潜心思考自身的发展问题，不断地提高自身素质和能力，以适应社会发展的需要。

总之，社会实践可以训练学生独立生活和适应环境的能力；提高知识的实际应用能力和自身的组织管理能力；巩固和发展专业技能；了解国情民情，增强社会责任感；强化学生的社会服务精神，塑造他们吃苦耐劳的品德。大学生在积极参与实践活动的过程中，会逐渐养成坚忍、顽强的优良品性，养成务实的学习态度和生活作风，不断提高自己、完善自己。

### （二）组织社团活动，为大学生搭建开发潜能、展现自我的重要平台

社团活动是大学生校园文化活动的重要组成部分，是对大学德育的有效补充，也是大学生素质教育的重要载体，是高等院校中一道亮丽的风景

线。大学生社团是大学生立足校园、基于共同兴趣和爱好、依照法律、按照一定的章程，自愿结成的具有固定成员和特定活动内容的组织，大致可分为学术科技、文体娱乐、志愿服务和创业或综合四种类型。社团活动形式新颖、丰富多彩，在培养学生的想象力、创造力、批判能力和协作精神，充分调动社团协会的主体性、参与性等方面，起着桥梁和纽带的作用。它不仅丰富了大学生活，而且为大学生身心健康发展提供了课堂以外的学习机会，让他们在活动中锻炼自己的能力、发挥自己的特长、展现自己的才干，这无疑是大学生开发潜能、展示自我的舞台。

### （三）丰富校园文化，提高学生的人文艺术修养

文化素质是素质中的一个重要内容，它是指具有一定的文学修养、理论修养、音乐修养、艺术修养等。学生工作管理的重要内容之一就是校园文化建设。所谓校园文化具体表现在各种活动的组织与开展中，如元旦联欢会、歌手大赛、合唱比赛、社团嘉年华、科技文化节、校园辩论赛、纳雅大讲堂、假面舞会等。青年人思想活跃、吸收力强、可塑性大，比较容易接纳新的事物、观念、行为及生活方式，通过群体文化的规约和引导，形成良好的校园文化氛围，对学生素质的提高大有裨益。通过丰富多彩、形式多样的文化艺术活动，引进高雅艺术，如音乐会、芭蕾舞、话剧等，使学生的艺术修养和审美素质得以有效提高。

### （四）组织课外学术科技活动，锻炼学生的创新能力

大学生课外学术科技活动包含三个方面的内容：一是学术科技的学习；二是学术科技的创新；三是学术科技的应用。这是伴随着"科学技术是第一生产力"的论断逐步为社会接受并确立其在经济社会发展中的主导地位一步一步发展起来的。高校学生工作管理部门应高度重视，不断健全组织机构，形成有效管理的模式；建立评比表彰制度，营造学术气氛，并采取积极措施使这一活动不断发展和深化。

课外科技创新活动，激发了学生的学习积极性和创造能力，使学生从校园走向社会，从单纯受教育和知识传承的身份，逐渐成长为社会财富的创造者，打破课外与课内的界限，最终使学生树立终身学习的观念。

### 三、加强学生工作管理队伍建设，提高推进素质教育的能力和水平

辅导员是从事学生思想教育工作的基层干部，是思想教育工作第一线的组织者和教育者，也是和学生接触最多的老师之一。高素质的辅导员有利于国家的稳定和繁荣、学校的生存和发展及学生的健康成长。把那些政治素质硬、业务水平高、思想品德优、综合能力强和热爱辅导员工作的优秀毕业生党员选留到辅导员队伍中来，加强对辅导员的管理，以提高队伍整体素质。从发展趋势来看，我国高校学生工作管理开始强调教育性和发展性，在强调德育传统的同时，"以人为本"的管理理念基本上得到了认同；此外，管理制度也更为完善，管理干部队伍的层次日益改善，有的高校学生管理干部中硕士研究生已经占有一定比例，有的学校为博士研究生任专职书记。

## 第二节  高校学生工作管理面临的问题及其成因

### 一、高校学生工作管理面临的问题

高校是培养人才的重要场所，高校的学生工作管理直接影响着人才的培养质量、影响着高校和社会的稳定。因此，各高校都十分重视学生工作管理，结合新形势对学生工作管理进行了积极的、有益的研究和实践探索，取得了一定的成效，但目前仍面临很多挑战，存在一定的问题。

## （一）社会主义市场经济的深入发展使学生工作管理面临严峻的挑战

随着我国改革开放的不断深入，人民生活水平进一步提高，广大人民群众对接受高等教育的需求越发迫切。为了适应改革开放的形势、满足各行各业对人才的需求，国家及时做出了高校扩招的决策，高校招生人数连年增加，在校生人数持续增长。高校扩招、学生人数急剧增加，高校逐步实现了由精英化教育向大众化教育的过渡，但生源质量下降是一个不争的事实；交费上学，导致经济困难学生增多；高考取消年龄限制、学分制，弹性学制的实施，后勤社会化改革都给学生工作管理带来了相当大的挑战。很多高校对形势估计不足，也导致出现了很多问题，例如学生宿舍建设滞后，不得不推迟开学时间；食堂容量小，学生就餐拥挤；教室数量少，仅能满足学生上课之用，学生自修教室紧缺，导致学生宿舍成为学生的主要自修场所；文化体育场馆建设滞后，学生课外活动较少，学生的体育文化生活相对单调。此外，随着市场经济的发展，大学生的思想观念和价值取向发生了巨大的变化，大学生思想活动的独立性和差异性日益增强，原有的单一学生工作管理模式已无法达到预期的效果，学生工作管理面临着严峻的挑战。

## （二）传统管理模式的弊端使高校学生工作管理面临新的问题

传统的学生管理模式固然有其历史必然性及成功的做法和经验，但在新情况下存在着难以克服的弊端。从现状上看，有些高校的学生工作管理仍然停留在处理事务的阶段，常常重管理、轻服务，认为学生工作管理者在管理过程中起主导作用，学生只是起辅助作用；学生只是被管理者，在管理过程中，学生要服从学生工作管理者的管理、听从学生工作管理者的安排；停留于管好学生、管住学生的阶段；以满足学校的现实需要即学校的稳定和发展为重点，而不是以满足学生的发展需要为重点来开展工作。另外，有一些学生工作管理者认为学生性本恶，故往往喜欢采取"管、控、压"的方法来压制学生；也有些学生工作管理者认为学生本身是一张白纸，可以对其随意"刻画"，于是随意向学生发号施令，以显示权威。殊不知，这更加激发了大学生的逆反情绪，严重影响管理的效果。总的来看，学生工作管理者采用行政化的教育管理方式，对学生训导多，平等交流解决问题的机会少；充当长者和管理者的色彩浓，担当朋友和服务者的色彩淡；空洞的说教多，能真正满足大学生情感、生活等需求的有效工作少；消极被动解决问题的多，积极主动为学生综合素质的提高和发展创造广阔空间的工作少。面对新时代和新形势的需要，学生工作管理者应该转变思想和更新观念，树立以人为本和以学生全面发展为中心的理念，为学生的发展创造一个广阔的平台和空间。

## （三）网络普及的负面影响给学生工作管理模式带来冲击

信息化技术的发展和普及给传统学生工作管理带来新的问题。信息化的迅速发展，使互联网对学生的学习、生活乃至思想观念产生着广泛而深刻的影响。网络正极大地改变着学生的生活方式、学习方式甚至是语言习惯。对学生工作管理而言，网络是一把双刃剑。一方面，网络为高校学生工作管理提供了新的阵地和领域，给加强和改进高校学生思想教育工作带来了新的机遇；另一方面，网络也给传统学生工作管理带来了极大的冲击。首先，网络信息的快捷性、丰富性和开放性特点，使得学生从学校获取知识的权威性受到怀疑。在网络普及的社会条件下，大学生能够借助网络比以往任何时候都更快捷地获取信息，而思想教育工作部门和有关干部、教师在获取信息的渠道、时间、数量等方面已不占明显优势。数量巨大的网络信息，"淹没"了德育和思想教育信息，尤其是不健康信息的冲击，使学校所要传达给学生的信息很难在学生头脑中沉淀，严重影响了思想教育工作。其次，网络的虚拟性和隐蔽性使得网络成为有害信息的滋生地和传播地。一部分人利用信息技术参与社会政治，一些虚假、不健康甚至反动的信息污染了学生思想教育的环境，学生难以判别和抵御，有的上当受骗，还有的沉溺于网络虚拟世界不能自拔。

## （四）学分制和弹性学制的实施使学生工作管理面临新的变革

目前，全国各高校普遍实施了学分制。在学分制下，学生工作管理打破了学年制整齐划一的教学管理模式，学生专业班级观念淡化，形成了以课程为纽带的、多变的听课群；不同专业甚至不同学校的学生在一起学习，学生工作管理不仅局限于本专业学生，而且还要管理选修课程形成的其他专业或其他学校的学生。同时，学生工作管理除了对学生进行教学、思想和生活管理外，还需指导学生选课，帮助学生构造合理的学科知识结构，并要求学生在老师的指导下，由定向学习变为自主学习，学生工作管理由学年制下的指令性管理变为指导性管理。在这种现实情况下，学生工作管理必须寻找和构建新的平台。

## （五）学生工作管理队伍储备不足和不稳定制约着学生工作管理的成效

目前，高校学生工作管理面临的一个重大难题就是人员空缺和人员素质不高。辅导员分布也极不均衡，有的学校一名辅导员要负责 600 名或者更多学生。辅导员任务加重，无法在时间上和精力上对学生开展过细的思想教育工作，无法及时对他们进行心理疏导。再加上，高校中从事学生工作管理的人员主要来源于本校留校的本科生或研究生，他们中很少有人专门学习过管理学或心理学的知识，同时又缺乏进修以提高自身专业水平的机会。有很多高校的辅导员都比较年轻，看似容易与学生沟通却管理经验不足。这些问题的存在致使高校学生工作管理力度不足，管理效率低下。高校学生工作管理内容庞杂、事务琐细，全校凡涉及学生的各个部门的工作，最后的落脚点都在辅导员身上，"千条线一根针"，再加上现行工作体系的约束，学生工作管理者不可避免地陷入每日的事务中，疲于应付。这就使学生工作管理表面化、肤浅化，流于形式，难以对学生日常行为、生活、学习等方面进行高效、规范、科学地管理，严重影响着学生综合素质的提高。

### （六）高校新区建设和高校后勤社会化给学生工作管理带来新的问题

高校后勤社会化，实际上是建立一种教育成本分担机制。目前，我国大多数高校实现了高校后勤社会化。高校按市场经济规律运作，开放学校市场，允许社会上的人员、资金、技术和设备开发校内市场。这些经营者进入高校市场的主要目的是盈利，而学生在缴纳各种费用的同时也树立了投资意识，对学校教学、生活条件有了更多、更高的要求，这就容易产生矛盾。随着高校招生规模的扩大，许多高校原有的校园难以满足学生的学习和生活要求，各高校纷纷在原有校园外建设新校区，这造成同一专业的学生或者同一院系的学生分开接受教育，严重冲击了以前按院系管理的模式。在这种新的形势下，探索新的学生工作管理模式将是学生工作管理面临的新课题。

## 二、新形势下高校学生工作管理问题产生的原因分析

### （一）环境因素：社会转型加快与教育发展滞后

当前，我国社会正处于转型期。我国的社会转型是在中国的传统文化、社会主义制度文化和西方文化所构成的复杂的文化背景中展开的，其实质就是由传统农业社会向现代工业社会、传统封闭社会向现代开放社会、高度集中的计划经济体制向以竞争和利益导向为主要特征的社会主义市场经济体制转变，其中必然充斥着东西文化的交融与碰撞，而且这一过程必然带来社会体制及其运行机制的变化。马克思主义认为，物质生产活动是人类最基本的实践活动，它是一切其他社会活动的基础和决定因素，教育活动也概莫能外。教育不可能脱离社会物质生产的需要而发展。社会发展丰富了教育资源，改善了教育条件，提高了教育水平，顺应了时代发展的需要，高等教育进入由精英教育向大众教育转变的阶段。一方

面，急速扩招在满足大众接受高等教育的需要的同时，加重了高校自身的负担，造成师资的严重紧缺；另一方面，教育的时滞效应决定了教育改革从开始实施到完成是一个渐进的过程，人的成长成才也需要一定的时间，因此，不可避免地会出现社会物质生产的急剧变化与教育变革滞后之间的矛盾。

改革开放的深入发展和社会主义市场经济建设的全面展开，将中国带入了一个以现代化为根本特征的全面深刻的社会变革时期。现代化的实践要求现代化的价值观念和伦理精神的支撑，需要与之相适应的高校学生工作管理理念与操作体系。但是就方法而言，高校学生工作管理多坚持灌输的方法，以说教为主，忽视了社会转型所带来的教育环境、教育对象发生的巨大变化，这种机械呆板的方法抹杀了鲜明的个性思想。就目标而言，基于单一的、封闭的社会结构，在特定的教育教学环境中塑造的符合某种特定目标的学校角色，往往与社会转型期所要求的人才特质相脱节。从本质上说，在现代社会开放和价值多元的背景下，高校学生工作管理因为忽视了学生的主体性、自主性和创造性，而在解释现实问题和解决矛盾冲突方面显得苍白，不能发挥其应有的塑造学生人格、传承时代精神的历史使命，进而引发高校学生工作管理中的骨牌效应。

## （二）理念因素：科学主义的僭越与人文关怀的弱化

近代以来，在科技和教育的影响下，人类驾驭物质世界的知识和能力有了长足发展，科学的发展彰显了理性的威力，将人的精神也视为与物质无异的实在。在科学技术的激发下产生的各种哲学往往把人类以外的一切事物看成仅是有待加工的原材料，并在处理人与自然关系的过程中演绎为人类为控制自然而产生的一种工具理性，技术统治取代了一切，单纯重视机械化和技术化，试图借助对理性（逻辑）和技术的把握，通过一系列常规化和程序化的操作完成高校学生工作管理的全过程。

科学主义的盛行催生了教育观上的工具主义，着力于教会人们何以为生的知识和本领，其最基本的缺失就在于它放弃了"为何而生"的教育，不能让人们从人生的意义、生存的价值等根本问题上去认识和改变自己；也必然要抛弃人自由心灵的神圣尺度，把一切教育的无限目的都化解为谋取生存适应的有限目的，缺少以人为出发点的教育理念；人自身也成为由工具理性任意摆布和支配的工具，人为物所役成为一种理性程序化的存在物和机器，而失去各种精神的追求，丧失了否定性、批判性和超越性而成为单向度的人。可见，科学主义"可能以一种异化形态统治人、控制人，把人置于纯粹工具的地位，退化到物的境地，从而控制人，丧失其应然性"。用科学的物质性和实在性来说明人的丰富性是不恰当的，会造成人文关怀的旁落，而这恰恰是高校学生工作管理的核心和关键。

### （三）人的因素：学生思想多元化与不稳定性

随着改革开放的深入，特别是高新技术的迅猛发展，信息手段不断更新，信息传输速度日益快捷，学生对各种思想和文化的接收有了更快捷的方法，各种思想和价值观念随之汹涌而来，这势必对大学生产生巨大的影响，主要表现为学生思想逐步由单一趋于丰富、封闭僵化转向开放活跃，呈现多元化的发展趋势。

新一代大学生是在改革开放的环境中逐步成长起来的。他们是最积极、最活跃、最有生气的群体，其思想品德的形成、发展具有强烈的时代特征；主体意识不断增强，自主意识不断强化；思想活跃，具有强烈的进取心和好奇心，易于接受新鲜事物，能够通过各种方式和途径获取知识和信息，文化反哺生动说明了他们在获取信息方面的超前性；思维敏捷，具有极强的灵活性、批评性和独立性。特别是伴随网络技术的发展，处于数字化生存状态的大学生们有了更多自主选择的权利和空间，这为他们了解各种基于不同文化背景、政治主张和宗教信仰的多元价值观提供了平台，加剧了多元价值体系的相互碰撞。

这个年龄阶段的大学生，心理机能和道德判断能力均处于相对较低的水平，且缺乏社会经验，心理状态尚不稳固，情绪易于起伏，具有较大的随意性和可变性，这使得他们面对多元价值无法自如地评价和选择。事实上，面对价值观念的多元化，他们时常表现出自主与依赖的矛盾、自信与自卑的矛盾、感情与理智的矛盾、要求与满足的矛盾、冲动与压抑的矛盾等，从而产生价值评价及选择的迷茫和困顿，在思维方式和行为方式上出现偏颇，加大了高校学生工作管理的难度。

# 第六章 高校教育管理与学生素质培养路径

## 第一节 素质培养原则在信息化教学管理中的实现

### 一、加快观念更新和制度创新

#### （一）转变观念，树立人本管理理念

教育教学管理制度是教学思想、教学理论和教学观念的具体化，教学思想观念的转变是教育教学管理改革的先导，是教育教学管理制度更新的动力。高校学生教育管理与素养培养制度的改革和建设要体现"以学生为本"的原则，要以学生的需求为导向，以学生的发展为目标和根本；要一切为了学生、为了学生的一切、为了一切的学生，确立起学生的主体地位，充分尊重学生的选择，为学生提供越来越满意的高质量服务，把以往让学生和社会适应高校现有的管理制度转变成高校管理模式必须适应学生的意愿和社会的需要。

管理理念是学校发展的指南，是一个带有方向性和根本性的问题，它标志着高等学校发展进入了新的时期。管理理念是学校管理工作的基础和灵魂，是学校定位和管理思路的集中体现，它是一所学校中人员角色定位、管理特色等追求的理想和价值。管理理念具有导向性，起纲举目张的作用。管理理念不是抽象的、不能脱离高校的现实来谈高校管理理念。管理理念应该与树立正确的教育观、质量观、人才观和服务方向结合起来。从 20 世纪八九十年代以来到 21 世纪最近几年，我国高等教育的本质发生了根本性的变化，要求高校构建一种更加民主、自由和平等的管理模式，即树立"以人本思想为核心"的管理理念。

高校的人本理念包括以教师为本和以学生为本，也就是办任何事情都要以教师和学生的利益为出发点，把人放在相应的主体位置，以尊重人、关心人和依靠人的办学理念来推动高等教育的发展。

### （二）人性化教育教学管理制度的构建

教师和学生是教学的双重主体，要实现教育的目标，就要高度重视和认真研究学生的需要和选择。因为学生是学习的主体，只有尊重学习者的自主选择、尊重他们的个性化需求、尊重他们的自主学习，鼓励他们创新，才能培养出高素质的创新型、复合型人才。

教育教学管理改革的核心内容是制定出科学合理的符合本校实际的教育教学管理制度，为学生的个性发展和自主学习提供更多的空间。完善教育教学管理制度在于给教师和学生更多的选择权，以充分调动教师教学的积极性和主动性，较大程度上满足学生个性化发展的需要。建立科学人性化的教育教学管理制度，是为了给学生更大的空间和更多的选择权，但这并不意味着允许学生放任自流，而恰恰是为了保证人才素质培养的质量和选择的合理性，教育教学管理部门和教育教学管理工作者必须从制度上、服务上和管理上做更多的努力。因此，学校要积极推进教育教学管理制度改革，建立自主学习制度，具体措施包括以下五个方面。

（1）扩大学生专业选择性。目前许多学生在入学之后发现所学专业不适合自己，或者根本就不感兴趣，对此，各高校应努力创造条件逐步放宽转专业的条件和比例，给予学生选择专业的自由。目前，一些高校实行大学一二年级不分专业，三年级再定专业，这就是一种比较可行的做法。在这方面，一些高校已实行的按文理大类或学科大类招生的做法不失为一种好的办法，可为学生自主学习提供更加自由的选择空间，使学生根据自己的兴趣、爱好和特长自主选择专业，以满足学生个性充分发展的需要。随着基础教育的改革，大学阶段专业的范围将会更广、更自由。

（2）加大学生自主选课力度。每一名学生的兴趣、爱好和将来毕业后的打算各异，即使是同一门课他们的兴趣也各不相同。因此，在保证学生掌握基本专业知识的前提下，应给学生更多自由选择的空间。高校应改革培养方案，控制必修课比例，提高选修课尤其是任意选修课和公共选修课的比例，扩大选修课的数量，建立允许学生跨院系、跨年级和跨专业选修。

（3）自由选择教师。教师实行挂牌选课和授课。由于教师在授课上存在很大的差异，即使是知识水平相当的教师，在教学方式、教育管理和教学风格上也各具特色，学生可以自由选择其欣赏的教学风格教师的课程，扩大学生选择教师的权利。

（4）加大选择学习方式的灵活性。允许学生根据自己的能力和实际条件选择不同的学习方式。对于学生所选修的课程可以通过自学，也可以通过随堂听课等方式来完成本门课程的学习任务，没有必要硬性统一规定（时间、地点、媒体）学习方式，只要通过学校组织的正当考试，学校和教师就应该承认学生的成绩和学分。对于这种做法，有人持有异议，认为教学质量得不到保证，但只要我们建立科学的考试制度和严格的考试纪律，是可以保证教学质量的，而且这种做法有利于培养学生自我负责的精神和自主学习的能力。

（5）改革对教师的管理。在教育教学管理制度上除了给学生更多的选择权外，对教师的教学管理也要改革。没有教学创新的教师就不可能培养出具有创新能力的学生，高校对教师教学程序及教学评价规定过于呆板，为了适应创新人才素质培养和人性化管理，教师需要更宽松的环境，这样才能使教师的教学个性得以施展和发挥。不能用一个标准来衡量所有教师的教学。教学评价应该从传授和接受知识的效果评价转向培养学生创新精神、实践能力及综合素质的效果评价，从以学生为主的单一评价转向由学生、同行、教学管理干部等共同参与的多维评价，从必定评价转向期望评价，从静止性评价转向发展性评价。这种评价制度能使教师与学生间有效沟通、教师和管理人员之间有效协调配合，这种评价结果让教师更容易接受，这种激励式、发展式的评价将成为教师积极投身教学研究的原动力。

让学生参与教育教学管理和制度建设，扩大学生的知情权和参与权。学生参与教育教学管理是教育教学管理改革不可忽视的一个方面，传统的教育教学管理中学生是教育教学管理制度约束的对象，学校规定什么样的制度学生就服从什么样的管理。那么，人性化管理就是给学生更多的自主权，这并不是否认教育教学管理制度的权威性，或者是没有制度来约束，而是什么样的制度更合理一些。

让学生参与制度的制定和管理是尊重学生的主体性，把主动权交给学生，引导学生强化自我管理；同时还能促使学生积极关注教学改革，并能在师生之间和学生与管理者之间建立良好的沟通。教育教学管理是需要经常沟通和相互理解的，没有亲身参与便不能有切实的体会，处在成长期的青年学生可塑性很强，完全撇开他们自主意识的"刚"性管理容易使他们产生反感；同时来自学生的一些教育教学管理信息会更客观、更真实，让学生参与管理能体现出对学生的尊重，也是教学制度改革的需要。

## 二、构建素质培养原则的管理模式

教育教学管理中，传统模式主要表现为管制、指示和命令，在一定程度上束缚了学生个性和创造才能的发挥。以素质培养为原则的现代管理理念则强调尊重个体差异，顺应环境，充分调动教师、学生的自主性和创造性，逐步达到人性化管理。

## （一）树立教育管理服务至上的素质培养理念

高校学生教育管理与素养培养应当贯彻"以人为本"的素质培养思想与方法，以面向教学第一线、面向服务对象为原则。教育教学管理和素质培养的对象是教师和学生，教育教学管理和素质培养的目的是调动教师和学生的积极性、主动性和创造性。任何一项教育教学管理的政策、制度和措施的出台都应符合这一目的，更要体现差异化和人性化教育教学管理的目的是利于形成生动、严谨、活泼和宽松的人才素质培养环境，利于学生创造思维等方面的素质培养。在提倡教学主导和学生主体的今天，教育的最终成效不应仅以教师教了什么来衡量，还要以学生最终素质的提升来加以衡量，这是教育思想的重大转变，也是以人为本思想在教育教学管理和素质培养中的重要体现。因此，我们的教育教学管理服务部门，要按照创新教育的客观规律，主动适应新情况，在教育教学管理服务的观念和行为上要与当前教育教学改革相匹配。管理机构和服务机构应是精干、高效、求真和务实的，对教育教学进行宏观管理并提供优质的人性化服务。

### 1. 建立个性化与多样化的教育教学管理模式

随着高等教育规模的快速扩张，我国的高等教育开始转向大众化教育，而高等教育大众化的前提是多样化。因为受教育者众多，对高等教育的要求也必然呈现出多样化的特点。同时，根据因材施教的原则，高等教育个体素质培养模式也更趋多样化。由于传统的教育教学管理使用计划模式的教学计划，采用群体管理和单一模式培养，学生被动地使用教学资源，这样的教育教学管理不利于因材施教和个性发展。现在高等教育教学改革不断深化，更加注重人才素质培养的多样化、个性化和素质化。我国多数高校打破了几十年来的传统管理模式，教育教学管理理念由注重群体化、单一模式化管理向个体化、多样化管理模式转变。

### 2. 完善课程管理

高校的课程体系和课程改革是实施创新教育的一个重要环节，传统教育往往只看到专业决定课程，而忽视课程决定专业的一面。从实质上说应是课程构成专业，专业的方向和专业面是由课程来体现的，课程直接影响专业的生存和学科的发展。

传统的学年制教学计划课程设置是严格按照学科专业分设的，各专业的课程体系是相对封闭的，学科之间很难交叉，致使学生的知识结构单一、思维狭隘。在创新教育的理念下，课程设置应当体现综合化和多元化。联合国教科文组织高等教育与社会特别工作组的报告《发展中国家的高等教育：危机与出路》指出，通识教育适合发展中国家，高质量的通识教育为进一步学习和专业化提供了坚实的基础，从而加强了专业训练，也为不同专业的人们提供了一个相互交流的共同知识渠道。每个国家都要设计适合自己国家高等教育系统的结构和价值观的通识教育课程。

新的课程要体现出把现代科学、技术和文化成果完整、及时地反映到课程体系中，并坚持将人文教育融入科学教育中，把科学教育融入到人文艺术教育中。课程综合化并不是简单地相加，而是要通过综合引出新的跨学科课程。这就要求我们的教学计划要扩充和调整选修课，使选修课在数量和质量上都适应创新教育的要求。

（1）积极推进学籍管理制度改革，实行学分制和弹性学制管理制度

积极推进创新学籍制度改革是教育教学管理模式改革的支撑，它为人才的多样化培养提供了制度上的保证。学年学分制个体素质培养模式的主要特点是为学生提供了一体化的培养方案、课程计划和学习要求，不能实现多样化人才素质培养目标。而人性化管理就是多给学生一些学习的自由，因此必须建立相应的学籍管理制度，学籍管理应体现学生自主学习的内容。比如，允许学生根据自己的兴趣、爱好和特长转换专业的制度；允许学生

选择学习方式而制定的考试成绩合格的免听免考制度；允许自由选择学习进程和学习年限而确立的灵活的休学和退学制度；允许学生中途停学一段时间去创业或工作，把创业或工作也看成一种教育，待学生感到需要继续学习时或条件允许时再回学校继续接受教育。修满规定的学分，完成学业可以提前毕业或推迟毕业，学年以 3～6 年为宜，修满教学计划规定的学分，均可毕业。此外，根据学生的学习需求，实行双学位制或多学位制，鼓励学生学习相关的专业或不同的专业，加大辅修专业和第二专业的培养力度，从而扩大学生的知识面，满足人才素质培养多样化的需求。

针对学生在学业上的暂时失败，学校要采取宽容的态度，在学籍管理上体现为放宽重修规定和退学规定，在考试违纪上取消与学位挂钩，不轻易开除学生学籍。允许大学生学业上的暂时失败，不能将学生一棍子打死。因此，在学籍管理制度建设中应该允许学生学习上的失败，不然学生就会按部就班地被动学习，不敢于去尝试失败，进而也就没有勇气去探索和创新。

（2）建立学科评价制度

科学有效的本科教育质量监控和考核评价体系，成为教育教学管理模式的重要有机组成部分，是保证多样化人才素质培养质量的关键。

首先，应当建立发展性教师教学评价制度。传统的教学评价制度是以知识传授为衡量尺度的教学评价观，只关注教师课堂传授知识的多少和深浅，以此作为衡量教师有效教学的基本尺度，忽视了教师的个性发展。发展性教师教学评价是以促进教师个人发展和改进为根本目标，而创新教育则是要求着重评价教师在指导学生独立思考、启发学生创造性思维、培养学生创新能力和提升学生综合素质和人文素质方面的成效。

新的教师评价观是要尊重教师的教学权，鼓励教师在教学实践中创新。教师的评价体系主要包括教书育人、教学态度、教学内容的新颖性、教育管理的独特性、对学生创造性思维的启迪、培养学生学习能力的提高等方面的评价。教学评价能把教学引向格式化，教师评价体系不宜过细，评价方法主要采用学生评教和学校教学督导组评价相结合的方式。督导组评价不宜用统一规范的格式，而要发掘每个教师的教学特长和潜力，指出其不足之处，为教师的发展提出参考性意见。学生评教主要是从教书育人、教学态度、教学内容、教育管理、教学效果等方面来评价，这种教学评价应是民主商讨型，结论是分析型的。它的目的不在于监控教师教学活动，而是要促进教师教学成长，让教师在充满责任和使命感的教学活动中发挥积极性和创造性，使学生受到启迪，激发学生学习兴趣。

其次，应当建立创新型学生学习成绩考核评价机制。目前，对学生的学习评价最大的弊端是只重视终结性评价，不重视诊断性评价和过程性评价；评价方法单一，一般都是期末考试定终身。从深层次的评价观念来看，我们的教育只允许学生成功，不允许学生失败，缺乏灵活性、弹性和个性化。美国高校在这方面的一些做法是值得我们借鉴的。美国高校允许学生有一定程度的失败，有机会进行尝试学习，即使某一门课程学得不好或不感兴趣，也允许学生有改选的机会。学习前进行诊断性评价，师生双方可以准确把握各自学习、教学的深浅度和进度，明确哪些知识欠缺、哪些知识已经掌握、哪些知识应作为学习或教学的重点。过程性评价则是对学生学习过程的监控，是教师对教学过程的调节，这样终结性评价的压力就减少。

对学生学习的评价应采取发展特长的"多维评价"制度，要多角度、全方位地评价一个学生的发展状况。这个评价体系指标反映在评价内容上应该是多维度，我们不应该以学生单方面的发展作为评价的依据，而应考察学生多个方面的发展情况。

3. 正确处理严格与灵活的关系

在教育教学管理当中，实施素质培养原则与严格管理并不矛盾，人性化管理就是需要多一些管理的弹性，改变现有的教育教学管理制度，使之既严格又不"一刀切",既规范又有一定的柔性与弹性,既明确体现对学生的基本要求,又能为学生的个性发展创造条件。但是,弹性管理并不等于不要管理,从根本上说,弹性管理是一种更高层次的人性化管理,它对管理者的知识、能力、素质要求更高了。同时,高校人性化管理不能走极端,实行人性化管理不等于放任自流,尊重学生权利也不能成为拒绝任何约束和规范的挡箭牌。因此,我们要正确处理好严格与灵活的辩证关系,改革精英教育体制下形成的教育教学管理思路、模式与方法,逐步形成一套为培养个性化、创新型人才服务的教育教学管理制度与方法。

### (二)完善教育教学管理科学化过程

管理是为了实现预定的目标,即提高教学质量,培养科学、高素质和个性化的复合型人才。管理必须以教育为主线、以教师为主导、以学生为主体,有效调动双方积极性和创造性,从而实现管理现代化、制度化和民主化,最终达到科学化。

#### 1. 教学计划的管理

教学计划是学校保证教学质量和人才素质培养规格的重要文件,是组织教学过程、安排教学任务和确定教学编制的基本依据。教学计划是由各校组织专家自主制定的,它既要符合教学规律,保持一定的稳定性,又要不断根据社会、经济和科学技术的新发展,适时地进行调整和修订。

确立专业培养目标是制订教学计划的前提条件,管理者要根据所确立的目标,进行广泛社会调查,并结合本校的实际,由教务处提出制订本校教学计划的实施意见和要求;由院(系)主持制定教学计划方案,经教务处组织专家讨论评议后,由主管校长签发执行。教学计划的制订要体现对学生德、智、体等方面的全面要求,注重知识、能力和素质协调发展与共同提高的原则,根据经济时代人才素质培养的要求,体现最新的科学知识和科技成果,把素质教育、创新教育的理念和以学生为主体、教师为主导的思想体现在各个教学环节中；要整合基础课程和学科基础课程，构建高校学科基础平台，在本科培养后期实行宽口径的专业教育。在人才素质培养上，一是变单一的专业教学计划为由专业教学计划、人文素质教育计划和研究性实践及创新能力培养计划三部分组成的人才素质培养方案；二是按照拓宽基础、淡化专业意识、加强素质教育和创新能力培养的思路设计人才素质培养方案，改变长期以来注重专业需要和偏重知识传授的做法，综合考虑调整学生的知识、能力和素质结构。既要突出创新能力的培养和学生个性发展，同时还要体现出不同层次和不同学校的培养特色。教学计划一旦制订就要保持其相对稳定性，不得随意更改，如在执行过程中需要调整的，应严格按照审批程序执行。

2. 教学运行管理

在教育教学管理中，教学运行管理是按教学计划实施教学活动的最核心、最重要的管理。教学运行管理包含许多环节，如课程教学大纲管理、课堂教学环节的组织管理、实践性教学环节的组织管理、日常管理、学籍管理、教学资源管理、教学档案管理等，每个环节都与培养目标紧密相连，体现出与时代和经济同步发展的精神。在教学运行上，要改变个体素质培养模式，突破过窄的专业教育观念，转变单一传授知识和对学生统一培养的模式，要提倡因材施教，建立起多元化培养模式。

课堂教育教学管理是教学运行管理的关键环节。课堂是生命相遇、心灵相约的场域，是质疑的场所，是通过对话探索真理的地方。课堂教学是教学过程的主渠道，在课堂教学上要打破以往僵化的课堂教育教学管理制度，大学生正处在求知好奇、多动多问的阶段，但在教育教学管理制度上却没给学生提供这样的空间。在课堂教学过程中，人性化理念要求课堂形成一种师生之间、生生之间合作的氛围，把课堂还给学生，让学生参与课堂教学的全过程，要求教师以平等的对话和讨论方式来进行教学，课堂教学不是一个封闭系统，课堂师生互教互学，通过设疑、讨论、交流等形式，让学生学会学习、学会思考、学会解决问题，使学生的主观能动性得到充分的发挥。课堂教学是教学工作的中心环节，是决定教学质量的关键。采用的教育教学管理手段应能够培养学生发现问题、分析问题和解决问题的能力，给学生提出的问题具有一定的启发性和研究性，给学生课外留有一定的思考余地，这样，才能发挥学生的主体性，与我们的教学培养目标相符合。此外，还要积极发展计算机辅助教学、多媒体教学、网络课程等现代教育技术，扩大课堂信息量，为学生学习提供更多的空间，提高教学效果。

3. 教学质量管理与评价

教育教学管理的最终目的是保证和提高教学质量。要通过不断改善影响教学质量的内部因素（如教师、学生、条件、管理等）和外部因素（如方针、政策、体制等），通过科学的评价，分析教学质量，建立通畅的信息反馈网络，从而营造并维护良好的育人环境，达到最佳教学效果。在管理中要提高教学质量意识，树立正确全面的质量观，把握好全过程的质量管理。例如，招生过程质量管理主要是把好新生质量关，搞好招生宣传、招生录取、入学新生全面复审等工作；计划实施过程的质量管理，主要是教学计划的制订和分步实施；教学过程的质量管理主要是把好教学过程各个环节的质量关；教学辅助过程的质量管理主要是提供充足的、最新的图书资料，提高计算机辅助教学、电化教育、仪器设备、体育场馆、多功能教室的水平和教育教学管理人员的服务质量，实行科学化考试管理。

考试环节的管理是教学质量管理的重要环节，是检验教师的"教"与学生的"学"双重效果的重要手段。考试管理要现代化，试题按培养目标和大纲的要求，做到教考分离，实行一般、重点和过关三级考试制度。由于全校性的基础课一般采用试题库出题，减少了人为因素。考试的形式应多样化，除采取闭卷考试外，还可以根据课程的性质采取口试、开卷、提交论文等形式，注重平时成绩的比例，重视过程评价以减少终结性评价的压力。

在把握好教学质量过程管理之外，还要进行教学质量检查，了解教学情况，加强教学信息的反馈，利用科学的评价体系，通过对信息的采集、整理、统计和分析对教学质量给予客观公正的评价。

此外，还有教学基本建设管理、教育教学管理组织系统、教育教学管理、教育研究等方面的管理，这都要求我们的管理者用现代管理的理念，以开拓进取的精神，最终达到科学化管理。

### 4. 教育教学管理网络化和信息化

教育教学管理信息化和网络化是时代发展的要求，是保证教育教学管理高效运行的必然选择。高校学生教育管理部门承担了大量繁重的教育教学管理工作，尤其是实施弹性学制和办学规模的扩大，高校的教育教学管理工作日趋繁杂、多样和综合化，靠人工完成相同的行政管理工作已日显困难，而且效率很低，远不能适应高校发展的需要。因此，应充分利用现代化教育教学管理手段（如计算机、校园网络等）进行教育教学管理，通过利用计算机开发或引进教务系统管理软件，将教育教学管理的全过程纳入计算机管理。教育教学管理信息化和网络化实现了学生网上选课、排课、教师网上录入成绩及一些大型的等级考试网上报名，能够对教学活动中各个环节的信息及时地进行统计、分析处理和贮存，提高了管理效率和水平，真正实现了教育教学管理现代化、规范化和科学化。

### 5. 建立一支高素质的专业化管理队伍

教育教学管理是靠人来组织完成的，人是教育教学管理改革的第一要素，前面所谈到的教育教学管理存在的问题归根到底还是人的素质问题。因此，教育教学管理改革首先要从提升人的素质做起。

现代化的教育教学管理离不开现代化的管理人才，它所完成的任务不仅是简单的行政管理事务，还是具有较高的技术水平和较强的创造性的专业管理事务，如前面谈到的教育教学管理模式的改革、教学计划的管理与修订、教育教学管理制度的改革、课堂教学的改革、考试方法与课程结构体系内容的改革等，都需要现代化的管理人才来实行。在世界一些国家的高校学生教育管理中，学术管理是由教授学术委员会来行使，教务管理部门主要是行使行政管理功能，而我国高校学生教育管理部门担负着行政管理和学术管理的双重职能。因此，我国只有建立一支高素质的学术管理队伍，不断强化学术管理功能，才能推进教育教学管理现代化。

提高对教育教学管理人员重要性的认识，是搞好教育教学管理工作的前提。学校领导应该像重视教师队伍建设那样重视教育教学管理队伍建设，管理是科学，教育教学管理兼有教育与研究的属性，教育教学管理人员不仅要懂得管理的一般规律，还要懂得教育理论和教育规律，要有一定的学科专业知识。管理出效益，任何一所高校的教学工作如果没有好的组织与管理，无论师资队伍和教学条件有多么优越，也很难保证高质量的教学。

针对目前教育教学管理队伍存在的问题及原因分析，加强和改善教育教学管理队伍建设，首先要从对教育教学管理人员的教育、培养和稳定入手。学校领导要重视对教育教学管理人员的培训和管理素质的提高，要定期组织培训，参加国家和省里组织的教育管理干部培训班学习，同时要有计划地选拔一批有培养前途的教育教学管理人员进行系统教育理论学习，经常针对教育教学管理中一些热点问题举行研讨会，到一些兄弟院校参观学习，提高教育教学管理干部的科学文化素质，掌握教育教学管理基本规律，提高分析问题和解决问题的能力，使教育教学管理队伍的管理水平整体得到提高。

此外，还要提高教育教学管理队伍待遇，学校要从实际考虑教育教学管理人员的待遇和前途，并用相应的政策予以保障。如在专业技术职称评定方面，对多年从事教育教学管理工作并对教育教学管理有研究的，取得一定研究成果并在具体实践中做出成绩的人，应给予一定政策倾斜。同时还要建立激励机制竞争上岗，努力增强管理干部不断学习新知识的热情，使管理干部保持积极工作的态度。通过评估、奖惩等手段来充分发挥教育教学管理人员的积极性和创造性。

# 第二节 高校学生教育管理与素质培养的信息化建设体系设计

## 一、高校教学管理信息化功能需求分析

### （一）高校学生教育管理与素质培养信息系统结构的需求

高校校园在建设教育教学管理信息系统时不能只根据现在的使用需求建设，而应该根据校园信息系统未来的使用需求建设，应建设一个适用范围广、使用功能全、便于学生掌握、内部网络安全的适用于高校内部的信息管理系统。

高校在建设教育教学管理信息系统时要根据学校教务系统设计独特的网络系统结构，设计一个整体，整体中应包含多个侧重不同的管理模块，如对学生学籍的管理、对教师信息的管理、对系统的管理等。不同的教职员工在进入高校学生教育管理信息系统时应选择相对应的功能模块，同时赋予相应权限。

### （二）高校学生教育管理与素质培养信息化各功能模块的需求

高校学生教育管理与素质培养信息系统每个模块都有不同的需求，教育教学管理模块是整个管理系统中最重要的部分，与其他管理模块关联性较强。教育教学管理系统管理着整个学校教学系统的运营，系统内部各部

门之间的联系较为紧密，要求工作人员必须掌握基础的数据、规范掌握操作方式、严格按照流程进行操作。教育教学管理信息系统能够根据教室资源、师资配置、学生分班等信息智能安排学生的课程，合理分配和利用教学资源。

高校内部的教育教学管理信息系统模块设计应考虑人性化需求，遵循以学生为本，为师生服务的理念，使高校能够更加科学规范地对教学进程的各阶段展开有效管理。

1. 维护管理系统模块

维护系统指的是对系统权限、代码和口令的维护，包括及时更新系统数据、对系统进行备份、设置系统等日常管理系统的工作。

2. 管理学生信息的模块

对学生的管理模块指管理学生的注册信息、交费信息、数据信息、档案信息、学生证明信息、学籍信息等学生的基本信息。

3. 管理教师信息的模块

对教师的管理模块包括管理教师的密码信息、教师个人信息、课程信息、薪资信息、综合信息等教师的基本信息。

4. 管理教学计划模块

对教师教学计划管理的模块指管理教师的课程信息、专业教学计划信息、计划实施情况、学校日历信息、统计信息等教学计划信息。教学计划管理中最重要的部分是教师专业教学计划的信息，教学计划是智能排课的核心。

5. 智能安排课程模块

智能安排课程模块是指系统根据教学的教室场地、设备台套数、教师的师资力量、班级的人数等信息智能安排课程。其中应包括选课信息、排课信息、上课地点安排信息、上课时间安排信息、教师信息、课程具体信息等。

6. 管理考试模块

管理考试模块指系统根据考试课程、考试人数、考试场地、考试方式等智能安排学生考试与监考。考试模块主要管理学生的考试信息，根据教师的人数、考试场地的空闲信息和学生的时间，智能安排学生的考试，并记录学生的考试情况。

7. 管理选课模块

管理选课模块主要负责学生选修课程的安排，在特定的时间段对学生开放，供学生选择相关的课程，管理选课模块同时应为学生提供随时查询、智能打印等功能。

8. 管理成绩模块

成绩管理模块主要负责学生成绩的记录、学生成绩的管理、学生考试信息的记录等，随时供学生查询成绩。

9. 管理学生实践模块

管理学生实践模块主要负责管理学生实践的安排、实践的计划、学生实践的表现、学生的时间成绩等学生的时间信息。

10. 评教模块

评教模块主要负责学生对教师的评价，模块中应包含教师的个人信息、教师的授课信息、专家互评板块、学生对教师的评价反馈、各层级的评教排名等信息。

11. 管理毕业生模块

毕业生管理模块主要负责毕业生毕业资格审查，应包括毕业生的毕业资格审查数据设置、毕业生的学业资格审查、毕业生的档案等信息。

12. 自主发展模块

学生可通过自主发展模块申请自主发展计划学分，各学院教务管理人员对学生自主发展计划学分进行审核、评定和统计。

## 二、高校学生教育管理与素质培养信息化建设体系框架

### （一）高校学生教育管理与素质培养信息化软件平台建设

高校学生教育管理与素质培养信息化建设软件平台的主要服务对象是教师和学生，是以提高教育教学管理可行性为目的信息化系统。高校学生教育管理与素质培养信息化在系统的选取过程中，应该充分考虑系统的可操作性，系统应更多倾向于服务性和简洁性，为教师和学生提供更加舒适的使用体验；体系架构以其突出的服务性能在众多的系统中脱颖而出，被应用为本系统的基础系统。

体系架构系统可以作为软件的载体，具有很好的整合作用，它可以承载很多相同的硬件平台，通过平台间的相互协作最终实现教育教学管理信息化的目的。系统本身并不是与硬件平台融合，而是以媒介的方式加强硬件平台之间的交互，是独立于平台存在的，这也是体系架构系统架构松耦性的具体表现。为增加高校学生教育管理与素质培养信息化建设软件的简便性，须将各硬件平台接口整合为统一的服务接口，这样可以提高资源的利用率，也可以实现最大程度的管理。

### （二）高校学生教育管理与素质培养信息化数据流程体系构建

由于高校不具备开发高校学生教育管理与素质培养信息系统的能力，所以应由高校出资寻找具有开发能力的软件开发商，开发商应该以高校的要求作为系统开发的目标，追求最高的技术性与经济性。以下是对开发原

则的具体阐述。

### 1. 服务良好, 实用性强

实用性是评价系统的重要标准, 而实用性不仅表现在系统操作的难易上, 还应该包括系统能够解决实际当中的哪些管理问题。操作性是良好系统的基础, 也是系统实用性的重要评估方面; 除此之外, 系统对教育教学管理过程中的问题应具备很强的针对性, 并且具有良好的解决方式。目前, 高校以 Web 作为统一的网络基础, 对于一些较为基础的教学信息可以通过互联网查询。开发的系统也应具备以上功能, 使得师生可以快速通过系统网络来查询教学信息, 系统管理用户也可以更加快速便捷地完成教学任务安排、学生分层分类、教学归类等相关管理实务的操作。

### 2. 系统的安全性

系统集中了高校校内的许多重要信息, 所以必须保证系统的安全性。当系统受到外界侵入时, 应该具备较强的抵御能力, 以防止重要信息泄露或者篡改系统内部信息。为提高系统的安全性能, 应该采用身份验证与权限管理相结合的方式。系统应该对使用者在系统中的行为进行记录, 识别恶意侵犯行为。系统应该对内部数据进行实时备份, 减少系统内部数据丢失的影响。

### 3. 兼容性和可扩展性

随着使用者对系统的要求日益增多, 系统所具备的功能也应该更加多样化, 丰富的系统功能是通过系统更新实现的, 但是系统更新过程中新增数据会对原始数据有一定影响, 系统应该在保护原有数据基础之上再引入新功能, 从而保证系统的安全性和稳定性。系统中所包含的数据种类繁多, 对于数据的格式应该采用统一的标准, 从而方便系统管理内部数据。

### 4. 维护便捷和操作简单

系统所面对的使用群体十分庞大, 当遇到操作高峰期时, 系统的浏览量非常大，所以在设计系统时，应该考虑系统的负载能力，以确保系统在使用高峰期能够正常使用，而不出现延迟和崩溃。系统的使用群体对计算机知识了解程度也不尽相同，所以在设计系统的过程中，为了让大多数人能够正确地使用系统，应尽量保证系统的简洁性，应多以鼠标操作完成，减少界面中的输入操作。系统内部的各个操作界面应该基本保持一致，对于较为复杂的操作应该给出相应的操作说明。

综合以上设计原则，高校学生教育管理与素质培养信息化的实现需要一个具有全面功能的系统和数据流程体系加以支持，之所以要促进高校学生教育管理与素质培养信息化，是为了优化使用群体的体验，使其以更加方便的方式获得所需要的准确信息。

## 三、基于 WBS 分解的高校学生教育管理与素质培养信息化建设体系构成

高校管理信息化的实现需要一个过程，要想加快其实现的速度，需要充实的理论基础，最为重要的是要遵循相应的政策及制度，本书所涉及的高校学生教育管理与素质培养信息化采用自上而下的工作分解理论，根据高校管理信息化建设的特点，对其采用由上而下的方法，将该项目所涉及的所有机关部门及人员都考虑在内，其中最为重要的问题是对人员进行分类，这是项目实行的重中之重。

在分解过程中应该结合学校原有机构的特点，不能盲目分解学校的职能部门，在分解及整合项目时，必须先了解分解部门，明确部门设置原因，同时结合其功能，再决定是否进行分解。

各职能部门的存在都具有重要意义，同时各个部门之间的工作目的相同，通过长时间的工作，各职能部门都会积累属于自身的经验。所以在分解过程中不能以偏概全，对分解对象应该充分考虑其价值，不能全部否定，而是要充分考虑该部门所积累的工作经验，对建设具有积极意义的意见应予以采纳，将工作分解理论与高校各职能部门的工作经验相结合，这样会

更有利于高校学生教育管理与素质培养信息化的进行。

## （一）高校学生教育管理与素质培养信息化建设功能模块

高校管理信息化系统应该具有多演化功能，而错综复杂的系统功能可能会影响到系统的正常运行，所以将系统按照功能不同分为不同的功能模块，以促进系统功能的正常运行。具体分为五种模块：系统维护模块、人员管理模块、教学模块、教务模块和自主发展模块，这些模块包含系统维护功能、学生管理功能、师资管理功能等系统功能。

第一，系统维护功能。系统管理员具有最高权限，可以根据教育教学管理人员负责的事务分工不同来分别赋予其不同模块的操作权限。

第二，学生管理功能。该功能所针对的对象是学生的基本信息和今后学生的学籍异动信息，将学生的基本信息以数据的形式存储在独立的数据库之中，以便于查询和应用。

第三，师资管理功能，师资管理功能所涉及的方面较为复杂，除了教师的基本信息，教师每学期上课工作量随着教学任务需求量的变化而变化，我们需要在该模块中设置各类工作量系数，这样系统就会根据实际教师上课学时乘以相对应的系数从而得出教师的工作量，为考核业绩和核算各学院工作量提供标准，同时能为教师薪酬的界定提供依据。

第四，教学计划管理功能。相较于传统的排课方式，高校学生教育管理与素质培养信息化以后排课会更加方便、更加简单。传统的排课方式是由教务管理人员统一排课，当确定正确无误以后，由教务管理相应人员打印，并分发给相应的任课教师，这种方式相对较慢。教育教学管理系统可以综合本身的数据，为排课提供数据支持，系统还可以自动识别安排课程过程中的错误，比如，重复、上课时间冲突等常见的错误。系统完成排课后，教师可以通过网络了解自己的课程和全部课程，在需要时也可以了解其他教师的任教课程，以满足特殊情况下教师的调课需求，教育教学管理系统还可以根据教师上课需求合理地选取任课教材、安排教学场地等。

第五，考试管理功能。考试安排由系统通过自身掌握的数据信息，合理地安排考试地点及监考教师，学生和教师可以通过网络了解自己所涉及的考试信息。

第六，选课管理功能。选课管理应当参照排课结果和教学规模，结合学生的选课结果，综合对课程的地点及时间进行安排。对于教学过程中需要参加的诸如计算机等级考试等各种级别考试，学生可以根据自身情况进行报名。

第七，成绩管理功能。学习成绩也可以作为学生的基础信息，在考试结束后，系统要将学生的成绩进行录入，方便对学生进行评估，分析成绩分布。而成绩的录入是由人工完成的，主要是由教师进行录入。

第八，教学质量评价功能。这项功能所面向的群体主要是学生，在一学期教学即将结束前，学生应该结合自己的上课体验，对教师的教学效果进行评价，这些评价会反映给教师本人和相关部门，以促进教师教育管理的改进、教学内容的完善和教学质量的提高。

第九，毕业生管理。在临近毕业时，系统可以将学生课程修读、学分取得等情况通过设置的资格审查数据与专业培养方案进行比对，判断是否能够毕业，并统计出未取得学分的课程和相关信息，从而加快对毕业生学生的审核进程。

第十，自主发展模块。学生可申请自主发展计划学分，各学院教务管理人员对学生自主发展计划学分加以审核、评定和统计，毕业时审查是否达到自主计划学分要求。

## （二）高校学生教育管理与素质培养信息化建设组织模块

组织模块的划分和设置是对项目管理功能的进一步优化，可使项目管理的功能得到进一步地发挥，信息化建设管理效率得到进一步提高。项目实施是一个复杂的过程，对项目进行管理至关重要，为强化对项目的管理，使得项目能够达到预期结果，设立组织模块是十分有必要的，但是如何合理地设立组织模块又是一个重要问题，建立科学、合理且简洁高效的组织体系和机构可以为项目的成功奠定坚实的基础，为项目成功提供保证。

本书所涉及的高校学生教育管理与素质培养信息建设项目中的组织规划与传统的规划方式不同，传统的规划方式是由部门职能及在项目中起到的作用决定的，本书所涉及的项目是将组织规划分成三个部分，形成纵向的组织形式，包括业务流程分析、系统构建顾问和数据库开发顾问三个方面。其中系统构建顾问及数据库顾问两个方面具有较高的独立性，不受相应的职能部门的管理，由教务处负责人对其直接进行管理。随着组织机构的规划转变，相应的职能部门也应有相应的变化，对部门的管理事务及所具有的权力和责任进行合理调整，对内部的规范制度也应该不断完善，形成新型的管理系统，最大程度上促进管理工作的实施。

根据上述的矩阵式组织规划，其中业务流程分析由学校的各职能部门组成，其主要负责项目执行过程的监控与实施，对于项目执行过程中的信息变化进行及时总结分析，并实时监控项目阶段任务的完成程度。

系统构建顾问则由网络管理人员组成，网络管理人员既可以是学校原有的管理人员，也可以是为完成项目而新招的网络工作人员。这些人员所组成的集体并不受职能部门的管理，而是单独的一个整体，这样有利于保证系统构建的效率。数据库开发顾问的主要职能就是录入数据，高校在实行管理的过程中会生成许多数据，而这些数据的录入工作就是数据库开发人员的工作，为提高数据的准确性，可将参与人员分成具有不同职能的小组。

在高校学生教育管理与素质培养信息化建设具体过程中，应该由高校教学副校长担任项目的总指挥，由教务处长担任项目经理，网络中心和各学院配合实施。由于高校学生教育管理与素质培养信息化建设是一个对计算机技术要求较高的项目，需要学校的网络中心作为信息总体架构搭建的技术支持，对于需要实现的功能，由教务处长负责，各学院分别提议。在不同的实施阶段，各学院应对相应的功能进行测试，教务处长统筹规划进行完善。功能需求提出、系统架构搭建、程序开发等各个阶段的任务均需要进行反复测试和修正，整个过程的业务部分由网络中心和各学院职能小组人员具体实施，教务处长总体负责，教学副校长实施决策，建立纵向职能分明和横向充分沟通的矩阵式组织架构。

# 第三节  高校学生教育管理与素质培养的信息化建设实施方案

## 一、基于项目管理的高校学生教育管理与素质培养信息化建设的实施规划

### （一）高校学生教育管理与素质培养信息化建设实施内容

实施内容主要包括以下三个方面。

1. 业务流程分析

业务流程分析是项目进行的一条主线，其要求是对项目整体具有宏观的了解，并以高校学生教育管理与素质培养信息化建设需求为根据设立项目所应达到的目标。从全局出发设定各个阶段的任务目标，并实时了解项目进度信息，针对项目实施过程中出现的问题和未完成部分提出相应合理的要求。为确保项目顺利完成，业务流程分析还应该包括对参与项目人员进行程序功能和教育教学管理方面的培训。

2. 建立信息化系统

建立信息化系统首先需要对现阶段高校学生教育管理与素质培养模式进行全面了解，将高校学生教育管理与素质培养信息化建设的需求作为最终目标，综合两方面提出项目的实行方向和脉络，综合考虑系统所应该具

备的主要功能和各项功能模块所应实现的业务功能，最终达到项目的需求。在确定项目实行方案之前可以根据高校的具体情况确定是否沿用原有的管理系统，并以原有管理系统为载体进行优化，最终达到项目要求。倘若不沿用原有的管理系统，可以开发全新的管理系统。当确定开发方向以后应该形成相应的实体方案和设计任务书；形成项目建设中的行为规范，以此对项目进行规范；确定业务的运行环境，与项目未来的实行环境相结合，形成真正适合高校实施的教育教学管理信息系统。

### 3. 运行维护

在系统完成设计以后，对系统进行试运行，经过一段时间的检验，分析系统运行状况，记录并生成运行报告，待确定没有问题以后，再交给校方验收。在系统被校方使用以后，系统所涉及的使用群体对系统进行正常的教育教学管理操作，以检验系统的运行情况，对使用过程中暴露出的问题进行及时反馈，以便于及时维护。

### （二）高校学生教育管理与素质培养信息化建设实施步骤

教育教学管理信息系统从设计到投入使用是一个较为长期的过程，在实施项目期间必须保证各个阶段有序进行，所以建立切实可行的实施计划变得至关重要。在项目开始之前，教育教学管理信息系统项目的参与双方首先必须拟定并签署合同，合同中应对各方所该承担的责任和所具备的权利做出明确规定，然后将项目分为不同的阶段，并规定各个时期的任务内容，保证任务的顺利完成。以下是高校学生教育管理与素质培养信息系统建设各阶段的主要工作。

### 1. 确定详细的建设范围

管理项目范围是一个整体概念，它会根据对象的不同而调整其包含的具体内容。管理项目范围所包含的内容也较为复杂，为使得建立的范围更加清晰，将其分为产品范围和项目范围两个方面。产品范围即教育教学管理系统所包含的具体内容，产品范围管理可以将系统的人力需求最小化，规范系统的使用及功能，可以使系统各项功能得到充分的实现和应用。项目范围是针对整个工程项目，它对项目的实施具有较强的监管能力，具体项目范围的确定包括三个步骤：① 搜集需求。搜集项目最终要满足的需求，作为项目规划的基本依据，可以通过与教育教学管理人员和师生之间的相互交流，也可以通过开会研讨和调查问卷的形式确定项目的最终目标。② 定义范围。明确区分项目的不同阶段，并对各个阶段所应该完成的任务给予严格的规定。创建 WBS，将项目所包含的工作按照自上而下的方法进行分解。③ 确定范围。对教育教学管理信息系统进行验收，也是成果交付的过程。项目最终的审查一般由高校校方进行，并由校方签字以确定验收。

2. 递交的工作成果

所谓工作成果即项目完成后产生的最终结果，其中包括项目实施过程中的业务流程信息、实施过程中的实施信息、各阶段的工作成果、项目开发的相关文档及教育教学管理信息系统。待学校验收以后，还应该包含项目的技术支持、相关的维护协议等数据和资料。

3. 时间进度控制

在项目开始之前，项目的参与方就应该确定相应的时间期限。根据项目不同阶段的难易、经济支持等多方面原因设立相对合理的时间计划，可以提高项目的完成效率和经济效益。在制订出合理的时间进度计划以后，可以通过参照回执里程碑表等资料，按照项目管理计划、进度计划等，尽可能在预期的时间范围之内完成相应的工作，如果遇到特殊情况，实施计划有所偏离，应该针对问题及时采取应对措施，以减少损失。

4. 制订人力资源计划

人力是项目实施的基本单位，而项目所涉及的人员种类也很多，包括开发公司的技术人员、工程师和管理人员，同时还包括学校的领导、教务处各科室职员、各个院系的教务管理人员等。既然项目涉及的人员包括高校校方的重要人员，就要考虑工作与时间的冲突，高校校方人员应该将工作时间和参与项目时间协调好，从而为项目实施提供人力支持。项目的参与人员应该相互协作，并且分为三个层次，由高到低负责下一层的管理工作，其中下一层的管理人员应该是上一层的工作人员，这样可以加快信息的上传下达传递速度。

在实施过程中，高校校方需要按照项目管理的步骤进行，首先确定高校学生教育管理与素质培养信息化建设的范围，其次在范围界定的基础上，制定高校学生教育管理与素质培养信息化建设的进度、质量和成本三大目标与计划，并通过人才素质培养、风险管控、采购管理等措施保障高校学生教育管理与素质培养信息化建设的顺利进行。

## 二、基于项目管理的高校学生教育管理与素质培养信息化建设的控制

### （一）高校学生教育管理与素质培养信息化建设控制要点

项目管理的核心之一是项目控制，包括项目的风险、质量等一系列控制要点。当应用项目管理理论来建设高校教学信息化平台时，在高校学生教育管理与素质培养信息化平台实施规划的基础上，还需要对实施内容进行全过程动态控制，一方面检验实施规划的及时性，另一方面避免风险要素的发生。对高校学生教育管理与素质培养信息化建设项目应该从以下六个方面进行控制，以保证项目的正常实施和如期完工。

1. 变更控制

项目在实施的过程中多数会出现计划之外的问题，从而影响项目的实施效果，当出现这些问题时应快速地提出解决方案，这就是所谓的变更。例如，教务管理系统输出数据重复或为尽量减少变更对系统的质量影响，

在不同阶段的项目实施之前，应尽量考虑到影响项目实施的潜在因素，并及时寻找规避这些问题出现的方法。但如果出现项目变更，就要遵循以下原则：第一，应该寻找影响最小的解决方式，充分考虑变更后还会出现的问题，防止出现二次变更；第二，在项目进行变更之前必须通知校方，并且必须与校方进行协调、商议之后才能执行；第三，当确定变更以后，应当及时、快速地公布变更信息。

2. 信息系统项目人员职责分配

系统中所包含的人员可以分为三种：第一种是承办公司内部人员，包括项目开发的技术人员、项目的管理人员及项目实施的工程师；第二种是高校校方的人员，包括高校校方相应的负责人员、教务处各科室的负责人员、各院系教务管理人员和教师等；第三种是聘请的监管人员。不同种类的参与人员应该明确自身承担的责任，这样才能保证项目的有序进行。项目的参与人员应该将工作时间与项目时间协调好，从而为项目的实施提供足够的人员支持。

3. 评估实施的主要风险

对于项目的评估需要专业的人员，其中包括开发公司相应的软件工作人员、高校校方具有较高软件技术水平的人员、学校各层级的教务管理人员、师生代表等。可以将系统的使用情况、应用范围结合具体功能对系统可能存在的风险进行客观评估，并采取有效的措施应对可能出现的各种风险。信息系统的最大风险一般来自网络，因此，高校在教育教学管理信息化建设方面需要充分考虑到系统的稳定性及受到黑客攻击时的抵抗能力。在安全风险评估的基础上，制定合理的信息系统网络安全应急处理措施，一旦信息系统受到网络攻击，需要立刻停止系统运行，避免数据和信息丢失；此外，开启备用系统，防止由于系统停用而导致教学受到影响。

### 4. 数据准备

系统在投入使用后会集中很多数据，一部分数据可采用原始基础数据，如教师、学生基本信息、课程基本信息等，为系统投入使用后大量录入数据奠定基础；另一部分数据应通过填表的方式进行采集，如课程建设信息、新制定的培养方案等信息数据，但是这部分数据并不能直接应用于系统之中，而是对这些数据进行分析，了解高校校方所需要输入的数据类型，采用统一的排序标准和列表方式录入数据库。由于数据作用的特殊性，所以应该尽最大可能保证数据的准确性、完整性和实效性，数据分类是数据准备过程中所采用的重要方式。

### 5. 项目培训

项目的最终成果将会在高校中加以运用，因此凡是参与项目的人，都必须参与培训，将学校学分制、学籍管理规定、学分预警等相应的规章制度与规定、管理模式和系统运行操作作为培训的主要内容，这样，开发人员将技术与学校需求完美结合，可使教务管理人员和师生更好地了解系统运行和操作方式。

### 6. 质量管理

质量是对项目结果的一种评定。质量管理包含诸多方面，不仅表现为满足用户需求，还表现为项目整体的功能。质量管理贯穿项目的全过程，这是为了更好地完成项目，使得项目的成果能够被采用。质量管理应该监督教育教学管理信息系统建设项目每个阶段的完成情况，可以在每个阶段的产出中提出相应的质量问题，如数据显示较慢、录入数据更新延迟等问题，从而为项目的开发人员提供变更的合理依据，以完善教育教学管理信息系统，另外还可以保证系统的后续开发。整个教育教学管理信息系统项目完成后，若质量达到相应的管理标准，质量检验也随之完成。

## （二）高校学生教育管理与素质培养信息化建设控制措施

### 1. 建立报告和决策机制

项目在实施过程中会遇到各种各样计划之外的问题，例如，教学任务中任课教师会因特殊情况出现调换的情况；不对系统作出相应设计将会影响学生对任课教师的教学评价；出现评价教师和上课教师不一致的情况；等等。当遇到问题时应该及时向上级反映，并且及时找到解决方法。但并不是只有遇到问题时，才会向上级反映，而是在每一个阶段结束以后都要向上级汇报，通过汇报总结本阶段的工作完成情况、形成的工作经验、出现的工作错误、对下一步工作的设想等。另外，为保证项目的质量，应该将某一方面作为重点进行深入调查，并形成相应的报告。在工作的关键时刻遇见的关键问题，工作人员应该具有决策能力，而这种决策能力并不是盲目地进行决策，而是与实际工作相结合，进行深入分析，从而作出具有说服力的决策，这样才能够推进项目的进程。

### 2. 系统测试管理

在检验项目质量时不能盲目进行，而应当由浅入深逐层检验。第一步是对基本单元功能模块的检验，测试功能块是否能够正常工作，如录入数据、查询信息等。第二步是将各个功能块结合起来，对功能块之间的组合功能进行测试。例如，变动学生的学籍信息，相应的教学课程信息是否随之变动。第三步是对整个功能区的检验，测试所有功能块是否都能正常工作。第四步是将项目成果在整个应用范围内进行测试，这需要进行大量的数据测试。第五步是统一整理测试结果，与测试人员进行多次交流，了解测试结果是否具有准确性。

### 3. 项目培训策略

当系统设计完成以后，系统应用也是一个亟待解决的问题，系统的最终操作者是学校的教务部门和全校师生。所以很有必要对系统的操作者进行使用前培训，这样能够加快管理系统在学校范围内的扩散速度。由于系统所具备的功能较多，而且系统的使用者对系统的需求也不同，所以在培训的过程中应该按照培训对象不同确定培训内容；培训是一个循环的过程，应该通过不断培训来促进对教务管理信息系统的使用。

在项目实施初期，应该针对学校的领导层和管理层进行管理方面的培训，包括绩效管理、组织变动、管理制度变革等。在项目实施中期，应该将学校中参与项目的人员作为重要培训对象，具体包括业务流程描述工具、解决方案描述、测试系统性能及各项功能等内容。在项目实施末期，应该将各级教务管理人员作为重要的培训对象，培训内容包括系统操作技术、各模块功能、教育教学管理功能实现的操作流程、教育教学管理等。

## 第四节 高校学生教育管理与素质培养的信息化建设的保障措施

### 一、组织制度保障

高校学生教育管理与素质培养信息化建设要制定组织保障制度，这样才能发挥组织的保护作用和管理作用，同时在人才利用和人员开发上要占据主导地位。在这种组织保障制度中最主要的就是领导的关注程度；此外，项目也需要优秀的领导做出正确的决断，这样才能保证项目顺利完成。在高校学生教育管理与素质培养系统中，获得校领导重视，就能在人力、物力、财力、技术等方面获得更大的便利，能保证项目的顺利进行。由高校教务领导出任高校组织的项目经理，在项目的决策、人事安排、沟通协作等方面都起到决定性作用。

## 二、资源制度保障

### （一）信息共享

高校学生教育管理与素质培养信息化需要创建共享平台，用于进行信息的沟通与交流，只有各个部门之间改变观念，才能更好地共享信息资源，根据科学合理的方法归纳整理各部门的信息资源，建立高校信息化管理数据共享平台。这需要有科学合理的规划，只有这样，才能构建出和谐、有效、快速和便捷的信息共享平台，避免出现各部门在实际运行中各自为政、信息重复或遗漏等情况。在统一的信息平台上工作，各个部门在沟通和信息上都要同步，避免各部门之间产生利益冲突。科学的管理模式能加强学校各部门的交流，使各部门能通过沟通协助完成各自的工作，在工作上能够齐心协力。共享信息也包括将高校内的信息向校外开放，为用人单位、学生家长等提供了解学校教学情况的平台。同时，结合各个方面的信息，形成新的信息数据库，方便广大用户使用，能够提高高校校内和校外的管理工作效率。

### （二）人力资源共享

在人力资源方面，要求校领导、管理者和技术工作者都要具备现代化管理意识和管理理念，同时高度重视现代化管理。学校信息化管理是将信息技术和管理相结合，需要工作团队具备较高的专业素质。

信息化系统的开发和维护需要由专业信息技术人才完成，要依赖这些专业人才保证管理系统的通畅运行。教学信息化管理体系能够彻底改革传统的管理方式，要改变传统的管理模式，不仅要从管理技术上改革，更重要的是转变管理者的管理观念。

管理者要积极参与教育教学管理信息化培训活动，校领导也要掌握学校管理信息化平台的使用方式。换言之，管理团队熟练掌握管理系统的操作方式，才能保证信息管理系统稳定、持续地运行下去。另外，在管理工作中，各领域的人员不仅要熟知自己的工作职责，还要对整个信息化系统有一定的宏观认识，这样才能将各种有用信息聚集起来，以便在工作中更好地运用，才能充分发挥人力资源管理的功能与作用，避免人才浪费。

## 三、技术制度保障

### （一）建立信息化管理的标准规范

目前，高校信息化管理存在管理不平衡、信息共享程度低、行为准则不足等问题，需要对信息化管理平台制定一个统一的标准，再由网络信息管理人员负责平台的管理工作；由这个教育教学管理平台来综合管理不同的用户，对学校定向管理。通过这个教育教学管理平台能同时管理登录该平台的所有用户，让他们经过一次登录就能在网络平价实现全网通用。

高校各部门提供的信息，如学生情况、教师信息、教学计划、学生成绩等全部都会输入信息化教育教学管理平台，而网络管理人员将在后台对上述信息进行整理。同时，有些特别的业务要有相应的管理方案，以便于有关部门工作的顺利进行。

当前因网络信息发展迅速，网络课程越来越多，因此相应的课程点播系统也应及时推出。这些系统能在教育教学管理平台上任意组合。此外，还有网络数据安全问题，要随时备份网络数据，以免数据准确性出现偏差；还要对网络服务器制定相应的安全准则，以此保证教育教学管理平台能随时运行。

### （二）构建完善的教育教学管理信息技术平台

由于各部门的管理工作都要依靠信息化教育教学管理平台，因此，信息技术的创新能够将教育教学管理技术和管理方法推向新的高度，并且为教育教学管理系统提供技术支持。在高校信息化管理系统中，数据的传输速度、质量安全和准确性都是平台设计的关键因素。网络平台的建设要能够及时处理各种信息，同时要符合教育管理的要求，才能设计出让用户满意的信息化教育教学管理平台。让不同的网络用户能随时通过高校管理信息平台获取所需的相应信息，各部门信息数据及时更新和检查，保证用户得到的信息是最准确、最快捷的。合理规划信息处理方式及信息权限，改善工作中信息流通产生不良影响的环节，提高高校学生教育管理与素养培养的工作效率。

## 四、建立科学合理的评价体系

虽然建立了信息化高校管理平台，但无法否认传统管理方式产生的积极影响，应该用客观的态度看待这种影响在信息化管理平台中的积极作用。我们在承认信息化管理平台能大大提升高校管理工作的同时应对教学信息管理系统有长期的规划，虽然这种先进、动态的信息工程是标准的信息化管理体系，能为所有高校的教师、学生和工作者提供高质量的服务，但是在面对更为复杂的教学要求时，在能力上还有所欠缺。因此，信息化教育教学管理平台的管理人员应该正视这个问题，积极采纳各网民的意见和建议，完善该项目的运作流程，在建立信息化教育教学管理平台过程中，出现问题要及时分析并予以解决，以求达到最好的工作效果。这样才能将评价体系的作用发挥到最大。

## 五、探索行之有效的激励机制

教育教学管理工作是高校教育的重点，管理者的管理理念应具有一定的开拓创新精神，只有高素质、高潜力的管理人员，才能让管理工作有所提高。提高管理者的自主工作意识是保障教育教学管理工作信息化项目顺利进行的关键。由于该项目针对的是高校学生，人口基数大，需要项目管理者们共同努力才能达到最好的工作效果。教育教学管理系统要依靠这些管理者，特别是辅导员和班主任，充分将高校、学生和教师联系起来，以便及时获取信息，尽早发现问题、解决问题。班主任在教育教学管理工作中直接接触学生，因此打造优秀的班主任班子将显得尤其重要。但在当前的教育教学管理项目中，大部分的班主任都是代理班主任，除了要完成高校校内班主任的工作外还身兼其他工作。班主任工作任务繁重，如何平衡好工作重心，是校领导应该重视的问题。总之，要想促使各位班主任积极努力地工作，就必须创建一套科学的激励机制，主要包括两个方面的工作：第一，定期召开会议，总结班主任的各项工作，让班主任有充足的时间交流经验，及时反思自己工作中的不足并不断改进；第二，定期评选优秀班主任和优秀管理者，通过教学平台等宣传他们的优秀事迹，为其他管理者树立榜样，以便更加顺利地开展管理工作。

# 第七章 高校学生教育管理的理念创新

## 第一节 高校学生教育管理理念创新的缘由

### 一、高校学生教育管理理念创新的由来

#### （一）培养人才观念的形成

高校教育的根本任务是培养人才，而人才培养的主要途径是教学活动。改革开放以来，确立了知识本位的高校教育思想观念。

随着国家对人才培养质量的关注与重视，人们开始重新认识和反思高校学生教育管理和科研的关系，进而确立了教学在学校工作中的中心地位，无论什么类型的高校教育，首要任务是人才培养，科学研究也要肩负起人才培养职能。高校教育教师必须把教学放在第一位，切实履行教师的基本职业职责。

随着世界高校教育的发展和科技、社会进步对人才培养规格新要求的不断提出，能力本位观点越来越受到重视，社会需要提供知识全面、技能过关的高素质人才。这对教学活动提出了新的要求：一方面是出于理论教学与实践教学的关系问题的考虑，既不能忽视理论教学又要加强实践实验教学；另一方面是出于协调学校教育与社会教育的关系，既不能在学校教育与社会教育之间走极端，也不能过多增加学生的时间、经费、心理等学习负担。于是，新的教学中心地位理论逐步得到丰富和发展，在校内强调理论教学与实验，在科研活动中培养学生能力，在校外加强实习实训基地建设，建立产学研究机制。

### （二）以专业教育为主的教育思想形成

一般认为，国际上高等教育大致有两种教学模式：一种是以苏联和德国为代表的专才教育模式，学生在校学习时间较长，既打基础，又进行实践训练；另一种是以美国为代表的通才教学模式，学生在校学习时间较短，主要是打基础，实践训练放到大学毕业以后。我国最先主要学习苏联模式，形成了专才教学模式。改革开放后，我们发现苏联专才教育模式的许多问题，开始注意学习欧美通才教育模式。同时，这两种模式自身又不断变化和交融。

一般认为，现代专业教育思想源于美国国家功利主义视域下的科学主义高校教育哲学，兴起于20世纪初的以实用为标准的功利主义教育观影响了美国几十年。1978年，我国召开的全国科学大会提出"向科学进军"，迎接科学春天的到来，此后一直成为国家教育方针政策及学校教育教学工作的重要指导思想的构成元素。但培养学生一技之长的专业教育思想很快也受到素质教育思想的挑战，因为国内外的人才成长及使用实践表明，仅有一技之长的人并不能担当高级专门人才的重任。随着世界科技的迅速发展，学科专业高度分化后再高度综合成为发展趋势，人才培养与社会工作都越来越复杂化，特别是"曼哈顿计划"反映出社会工作对人员合作、协调、组织能力等综合素质的要求越来越高，不仅要具有扎实的基础、宽广的知识面和较强的能力，而且要具有良好的思想素质、道德水平、健全的身体和心理素质。

以自由教育、人文教育、普通教育等形式出现的综合素质教育思想得以萌生，传统意义上的专门人才培养模式和观念逐渐被拓宽专业口径、增强适应性的呼声和通识教育的理念所取代，仅重视科学技术的"精、深、专"被"德才兼备""文理兼备"的人才目标所取代。随后，华中科技大学率先提出以人文素质教育为突破口，中共中央和国务院出台专门文件推进高校教育的全面素质教育，并建立了一大批国家人文素质教育基地。人文素质教育并非只对理工科学生进行人文科学知识传授，而是对所有学生加强人文品格、人文精神的教育，是通识教育的具体体现。

### （三）终身学习和终身教育观念形成

按照传统的职业教育观念，高校教育在教育序列中毫无疑问就是人一生的终结性教育活动。但由于世界科技发展的日新月异及世界性社会工作的不断变化，由联合国教科文组织的系列报告引发，以素质教育思想为理论支撑的终身教育、终身学习观念逐渐渗透到高校教育领域，高校教育究竟是终结性教育还是基础性教育一时成为学术界争论的热点。特别是高校教育达到大众化甚至普及化程度之后，高校教育的基础性就更加突出，高校教育只能为学生未来成为科技人才、从事科技职业打下知识、能力和继续学习的基础，而不能为未来准备好所需的一切。因此，高校教育人才培养必须更加重视比较宽广的学科领域、比较扎实的基础知识及比较强的学习和研究能力，也必须为在职人员提供高校教育后继续学习的条件。

### （四）以学生为本的个性化教学观念逐渐生成

一场世界性的学习革命使高校学生教育管理模式也必须适应受教育群体的历史性变化，这是高校学生教育管理创新的直接指导原则和方向。具体而言有如下表现：由单纯的掌握知识转变为更加注重智力发展和能力培养；由单纯的专业知识和能力培养转变为同时注重拓宽知识面，培养具有包括外语能力、经管能力、交往能力等多种能力的复合型人才；由单纯注重统一的培养规格转变为同时注重发挥学生的多样化特长和学习潜力；由偏重理论知识转变为同时注重实际知识，进一步强调理论与实践相结合。

因材施教，促进人的全面发展是一条基本教育原则。为了突出学生在人才培养中的主体地位，在教学管理、教学环节、教学方式等方面也要将统一的、固定的人才模式变革为多样化、个性化的教学过程和教学形式。既努力拓宽专业口径又坚持按专业培养人才；既制定人才培养目标和基本规格又给予学生发展充分的自由；既坚持教学工作的计划性又给予学校、专业、教师和学生较大的灵活性。在教学管理上，推行学分制，实行选课、选专业等灵活的制度和政策。

## 二、高校学生教育管理的变化趋势

进入 21 世纪以来，随着我国高校教育大众化进程的不断推进，高校教育在条件保障机制等方面遇到了困难。政府和高校的积极举动就是实施高等学校教学质量与教学创新工程，试图既改善高校教育的条件保障状况，又注重将物化的环境与条件转化为人才培养所必需的制度建设，不断推进教学思想观念创新。

### （一）建立健全的教育观

健全的教育观具体表现在创新高校教育资源共享上，通过新教材和立体化教材建设、网络教育资源开发和共享平台建设，建设面向全国高校教育的精品课程和立体化教材的数字化资源中心，建成一批具有示范作用和服务功能的数字化学习中心，完善终身学习的支持服务体系，提升我国高校教育的质量和整体实力。这需要充分考虑提高教学质量的系统性和复杂性，确定一些具有基础性、全局性和引导性的创新突破口，引导高校学生教育管理创新的方向，实现高校教育规模、结构、质量和效益协调发展。同时，也需要调动政府、学校和社会各方面的力量，把发展高校教育的积极性引导到提高质量上来，充分利用各方面力量支持高校教育的发展，切实解决高校教育在提高质量方面的实际问题，为高校教育办学创造良好的外部环境。

### （二）高校学生教育管理创新

高校学生教育管理创新与高校教育质量提高是一对永恒的话题，总体而言，我国高等教育教学创新在实践活动上可谓阵容庞大、气势恢宏，但在形式和内容上并不出彩。因此，在教学制度创新方面，要继续建立和完善教学评估制度、专业认证制度、高校教育基本状态数据发布制度等；在教学活动创新方面，不仅要落实"教授、名师要上课堂"，还要努力建设高水平的教学团队。同时，应继续突出学生的主体地位，不断增加学生选课和选专业的余地，通过学分制使学生学习的自主性和自我责任心进一步增强；还应通过各级各类大规模、高强度的教学研究与教学创新立项和成果奖励，建立教育管理创新的激励机制。

# 第二节　高校学生教育管理理念创新的思路

## 一、更新教学理念

### （一）更新教育思想，形成实践教育教学理念

实践是指将高校学生教育管理内容中的自然科学知识、人文知识、德育知识等各种理论知识教育，通过具体的系统实践来消化、固化、融合和升华。在实践中统一科学教育与人文教育，把实践育贯穿人才培养的全过程，培养学生的实践能力和创新精神，提升个人人文素质和科学素质，使个人素质完全与社会实际需要相符合。高校在校园文化建设中要建立一种新的激励机制，带动学生积极展开创新创业活动，并给予大力支持，全面推进实践教育。

## （二）树立以生为本的教学理念

在教育教学中要体现出对学生主体地位的充分理解和尊重，对学生潜能进行充分诱导和挖掘，对学生人格进行充分培养和塑造，把学生的个人意愿、社会的人才需求和学校的积极引导有机结合起来，使学生在知识、能力、思想道德、身心健康等各方面得到均衡、全面的发展，从而促进学生成长成才。这一教学理念要充分贯彻体现在高校教学的各个方面。在教学模式上，实施弹性教学计划，建立学分制和主辅修制，让学生有一定的选择权和支配权，可以自由支配属于自己的时间和空间，着力于学生创新能力和实践能力的培养；在教学目的上，要一切为了学生，为了学生的一切，为了一切学生；在教育管理上，要大力提倡"以学生为主体、教师为主导"的互动式教育管理，鼓励进行问题式、案例式、讨论式和情境式教学法，开展"启发、互动、探究式"的课堂教学实践，采取一系列措施，使教师由传统式知识传授型教学向现代式研究型教学转变，引导学生由被动接受型学习向研究型学习转变。

## （三）灵活多样的教学组织形式

在教学组织的具体实施方面，应采取灵活多样的教学组织形式，对传统教学方式进行创新，充分发挥学生的个性，对学生进行激励和引导，使学生经过探索研究而学会自主学习，使教学方式从传授知识向培养学生认知能力和全面素质转变。转变以教师、课堂和书本为中心的教学局面，进行师生互动，展开专题讨论，鼓励自主探索与合作的学习方式，培养学生的探索精神与批判性思维；重视教学的创新性和学生个体间的差别指导，让学生在与教师的朝夕相处中耳濡目染，接受熏陶；以学生亲自动手实践为主，采取提供实践平台、鼓励学生积极参与科学研究实践课程创新的手段，增强教学活力，培养学生获取新知识、分析和解决问题、交流与合作的能力。

### （四）制定均衡的高校教育资源配置政策

在重点大学和普通大学之间要实现教育资源配置的均衡。在建设和发展"双一流"大学的同时也要兼顾一般大学，着力改善一般大学的办学条件；还要针对目前不同区域间高校教育差距越来越大的现象，制定相应的区域高校教育政策，寻求不同教育资源在区域间配置的均衡，增强区域高校教育发展的动力。

科学合理地安排高校教育的学科专业布局，加强教学内容和课程体系创新。高校的办学理念、专业与课程设置及教学模式要和社会需求相一致，培养与社会需求相符的人才。首先，在进行学科专业建设时依据"厚基础"原则构建本学科专业人才的基础知识、能力和素质结构。其次，在安排学科专业布局时要依据"宽口径"原则，拓宽学生的专业知识面，把专业设置从对口性向适应性转变，实行"宽口径"的专业教育，优化课程整体结构，拓宽专业课程交叉培养，提高教学质量，提高学生的综合素质，促进学生的科学全面发展，为社会提供高素质人才。最后，高校要抓住自身特色，合理定位，遵循差异性原则，建设优势学科，避免模式单一，合理配置教育资源，促进教育公平，促进高校教育科学发展。

### （五）因材施教，树立以生为本的教学理念

因材施教，就是根据不同学生的个性特点来进行不同的教育活动，通过对差异性的辨析制订出适合其特点的教学计划。教育公平的实质不是使每一个学生都要获得同样的教育，而是使每个学生都获得适合自身的教育，这就是教育公平的适合性原则。我们要充分认识到学生是教育活动的主体，学生是发展的独立的人，每个学生都有自己独特的个性，我们要做到在制定教学目标、教学模式、教学内容等方面坚持以生为本的教学理念，尊重学生的主体地位，充分挖掘学生的潜能，使学生的个性得到充分发展，塑造学生的健全人格，促进学生的全面发展，促进教育公平的实现。

## （六）构建高校学生教育管理质量保证体系

高校学生教育管理的质量直接影响着人的全面发展，最终影响经济社会的发展，我们要依据相应的政策法规建立高校学生教育管理质量保证体系，规范学科专业建设，避免重复建设和教育资源浪费，构建独立的、权威的高校学生教育管理质量评估机构，加强对高校学生教育管理质量的监督，完善高校学生教育管理评估政策，充分发挥社会的监督作用，对高校学生教育管理质量进行监督。

总而言之，追求高校学生教育管理公平是促进高校教育公平的核心所在，也是促进高校教育创新发展的不懈动力，必须继续深化高校学生教育管理创新，优化高校教育结构，不断提高高校学生教育管理质量，实现人的全面发展，最终促进高校学生教育管理公平的实现。

## 二、办学特色形成

第一，教育教学创新，培育办学特色。一所有特色的高校必定拥有自己独特的教育思想和教育教学理念，这种教育思想和教育教学理念能够在特定的时空环境，指导高校在办学发展过程中的办学思想和办学理念，并能适应时代和社会对教育和人才培养的要求，符合教育思想和教育教学理念的创新要求，符合教育创新发展和社会进步的一般规律，能够促进教育发展方向、人的全面发展及人才培养过程的优化。教育教学的创新必将带来教育思想的转变，先进的教育思想必将促进先进办学思想的实践。

第二，构建学科特色，发展办学特色。学科特色建设是促进高校办学特色形成的关键所在。学科建设作为高校培育人才、科学研究和服务社会三大职能的具体承担者，它的建设和发展水平对高校的人才培养、科学研究、专业建设、师资队伍建设等方面的质量有着重要影响，对高校办学特色的形成有着强有力的支撑作用，并决定着学校的服务能力和水平及办学层次的提高。学科特色是高校办学特色中的标志性特色，是高校教育核心竞争力的主要组成部分。学科特色，一是指特色学科，指某一特定的学科特色；二是指学科结构体系特色，指由几个特色学科共同组成的学科特色。特色学科是学科特色发展的基础，学科结构体系特色是学科特色的扩展，真正的特色学科具有不可替代性，是难以被模仿和复制的。

高校在学科建设上不能求大、求全和求新，而要求精、求尖，要因校制宜地构建优势学科，发挥优势学科所附带的品牌效应，形成办学特色。田长霖教授曾经说过，世界上地位上升很快的学校，都是首先在一两个学科领域有所突破，而不可能在各个领域同时突破，达到世界一流。学校要全力支持最优秀的学科，要有先有后，把优势学科变成全世界最好的，其他学科也就会自然而然地提升上来。所以，从某种意义上来讲，一所高校的学科优势所在，也就是这所大学的办学特色所在。

第三，发扬高校精神，形成办学特色。高校应该是思想自由、学术自由，培养人、完善人，不断提升人格和道德，追求学术真理的。高校精神就是在学校里做学问的心理状态和文化立场。高校精神是一所学校内所有成员在长期办学实践中共同创造、传承和逐步发展起来的，被学校所有成员共同认同而形成的一种精神理念，它反映了一所学校的历史文化传统及面貌，是学校的精神信念和意志品质的准确表达，是学校独特气质的精神形式和文明成果的表现，也是学校所有成员的精神支柱。高校精神犹如个人的品格，是高校最为核心和高度抽象的价值追求和行为规范，决定着高校的行为方式和高校发展的方向，是高校存在和发展的基石，是高校的灵魂和本质。高校精神是高校保持永久活力的源泉，是高校优良传统文化的结晶，是高校在长期教育实践中积淀下来的最具典型意义的精神象征，体现了高校所有群体的心理定式和精神状态，展现了高校的整体面貌、风格、水平、凝聚力、感召力和生命力，最终凝聚形成独有的办学特色。高校的办学理念及办学实践应该有利于高校精神的形成和发展，并使之形成一种特色教育，经久不衰。

## 三、推进师资队伍建设

逐步取消高校行政级别，精简高校管理机构，压缩行政费用开支，使教师真正在高校中处于主导地位，同时进行师资队伍建设。百年大计，教育为本；教育大计，教师为本。教师重要，就在于教师的工作是塑造灵魂、塑造生命和塑造人的工作。一个人遇到好老师是人生的幸运，一所学校拥有好老师是学校的光荣，一个民族源源不断涌现出一批又一批好老师则是民族的希望。国家繁荣、民族振兴和教育发展，需要我们大力培养造就一支师德高尚、业务精湛、结构合理和充满活力的高素质专业化教师队伍，需要涌现一大批好老师。

### （一）优化高校师资队伍结构

高校师资队伍的结构内容主要包括教师的学历、职称和年龄这三个方面，它可以直观地反映出教师队伍的质量、能力和学术水平的一些基本情况。

这些年来，我国陆续实施了"高层次创造性人才工程""高校青年教师奖""骨干教师资助计划""硕士课程进修"等多项高级资质队伍建设工程。要继续加大对骨干教师和优秀学科带头人的引进力度，强化高层次带头人队伍建设。对于高职称的学科和学术带头人及紧缺专业人才要给予一定的政策倾斜，根据学科发展的目标，有目的地吸引高层次人才，以确保高校师资队伍的职称结构比例合理。还要通过有效措施引进高学历人才，提高师资队伍的学历层次。加强本校优秀人才的培养，吸纳来自不同地区和高校的人才，引进与培养相结合，推动人才与资源的有效整合，以利于各学科专业教师整体知识结构的优化，最终促进高校师资队伍结构的协调发展。

### （二）提高高校教师综合素质

高校师资队伍建设是高校学生教育管理创新发展的基石，它直接影响着高校教学的质量。高校教育的快速发展对高校教师的教育教学思想、知识结构、教育管理等综合素质提出了更高层次的要求，要求教师具有熟练应用现代信息技术和现代教育手段的能力、教学与科研的创新能力、理论联系实际的能力、将知识服务于社会的能力及良好的社会交往能力，要建设这样一支学术过硬、综合素质较高的教师队伍，我国的高校教育师资队伍建设还任重道远。提高高校师资队伍的综合素质要把师德建设放在首位。师德建设是师资队伍建设的基础，不断加强师德建设，是全面贯彻党的教育方针政策的根本保证，是培养德才兼备的高素质的社会主义建设者和接班人的必然要求。在高校师资队伍建设中要遵循以人为本的原则，牢固树立"师德兴则教育兴、教育兴则民族兴"的爱国主义教育教学理念，要求教师不断更新观念，用现代教育思想充实自我和完善自我，推进高校师资队伍建设，建设一支为人师表、作风优良、爱岗敬业、治学严谨、教学科研能力强、与时俱进的高素质教师队伍。

提高高校师资队伍的综合素质要注重教师教学素质的培养。教学是培养人才的直接途径，也是高校的主要工作，教师是教学的实施主体，培养教师的教学科研能力是提高教师教学水平的主要途径。要改变过去只注重学历而忽视教育教学能力培养的状况，既要注重教师专业学术水平的提高，也要重视教师教学水平的提高。高校应该要求教师掌握教育教学理论、教育管理及教学规律，增强教师提高教育教学水平的积极性和自觉性。还要提高教师对科研工作的重视程度，为教师提供进行科研创新的条件，提高高校师资队伍的科研能力、学术水平和教师职业化水平。以"特色专业—精品课程"建设和聘任重点学科带头人为龙头，加强重点学科带头人、学术带头人和学术骨干队伍建设，在部分学科领域形成独具特色的人才群体，致力于学术大师和教学大师的培养，带动师资队伍整体水平的提高。

总之，要把高校师资队伍看作一个整体，通过多种方式培养高校师资队伍的现代教育教学能力，提高教师的专业理论学术水平、教育教学能力、科学研究能力及科学文化素养，使其掌握先进的教学和科研方法，具有崇尚科学、勇于创新的开拓精神，具有为高校教育事业不懈追求的精神，为高校培养一支具有良好的职业道德、较强的教学科研能力和充满活力的高素质师资队伍。此外，还要促进高校学生教育管理质量和水平的提高，促进师资队伍建设的良性循环，促进我国高校学生教育管理创新，为高校教育创新的跨越式发展奠定基础。

## 四、创新课程体系及教学内容

### （一）课程体系创新

首先，要优化和调整学科专业课程结构，因材施教，分层次教学、分类别培养，同时采用主辅修、双学位、定向培养、中外合作办学等多种形式的人才培养模式，在满足不同基础的学生学习需求和发展需要的同时也能促进人才培养质量的提升；其次，在课程结构上打破传统的单一课程结构，重新调整课程结构，优化课程体系。综合课程、必修课程和选修课程都要各自占有一定的比例，以"本科规格＋实践技能"为特征，重视学生的个别差异，坚持四个结合，即理论与实践、人文教育与专业课程教学、课内与课外及校内与校外相结合，构建一个合理的适合学生发展的课程体系，最终培养学生具备两个方面的素质——文化素质与创新素质，提高四个方面的技能——基本技能、通用技能、专业技能和综合技能。

在高校基础课程教育上，要构建综合基础教育体系，所有学科专业都进行国防教育、人文教育、自然科学基础教育、德育实践等基础知识培训；要构建综合实践体系，搭建公共实践平台，包括专业实验、实习、设计、毕业设计（论文）、德育实践、科技文化实践、创新实践等；还要构建学生实践能力考核体系，对学生的综合实践能力进行考核，进行创新课程研究，转变理论基础。创新课程所依据的理论基础由心理学扩展为社会学、经济学、文化学、政治学、生态学等更具包容性的学科领域。创新不仅包括首次创造，也包括对他人所创造出来的成果的重新认识、重新组合和设计应用。

创新课程并不是以学科的方式向学生传授一整套如何创新的知识、方法和策略，也不是以学生获取学科知识为中心，而是以综合实践的方式为学生提供相对独立的、有计划地进行研究性学习、设计性学习、体验性学习、实践性学习、反思性学习和生活性学习的学习机会，让学生从自己的现实社会生活中自主选择研究课题并通过对开放性、社会性、综合性和实践性问题的探究，形成自己独特的学习方式，培养学生的创新精神、探究能力、开放性思维、社会实践能力和社会责任感。同时，创新课程也是一种创新性理念，指在一种课程开发与实施的过程中除了独立的综合实践课程之外，原有的所有课程科目在具体实践中都要设置一些必要的干扰因素，并通过课程内容的复杂性和模糊性来增加课程的难度，以培养学生的探究能力。

## （二）教学内容创新

遵循"厚基础、宽口径、强能力、重质量"的复合型人才培养原则，重新规划和设计教学内容与课程体系。改变过去只在专业学科范围内设置专业课、专业基础课和基础课的三级课程编排方式，构建专业必修、专业选修、学科必修、公共必修和公共选修五大课程体系，对教学内容与课程体系进行重新规划和设计。按照学科专业大类平行设计学科专业类课程、新公共基础课程、文化素质教育课程、实践性教学课程等较大教学课程内容体系，增加选修课，减少必修课，对公共课进行分级分类教学。

厚基础就是使学生熟练地掌握各个学科专业的基础理论、基础知识和基本技能，并能扎实地运用到实践中去，强化学生基础知识体系，打造精品课程。高校要进一步加强学生基础理论、基础知识、基本技能和基本方法的学习与实践，进行优秀主干课程建设和基地品牌课程建设，重点建设基础较好和适应面广的学科专业基础课、主干课和专业课，使之达到国家精品课程建设标准。

宽口径就是拓宽学生的专业知识面，把专业设置从对口性向适应性改变，实行宽口径的专业教育，提高学生的综合素质，为社会提供高素质人才。在课程体系建设上，要优化课程整体结构，实行专业课程交叉培养，提高知识质量，加强学生文化素质教育。在公共必修课程之上可以设置学科必修课程，按照分类搭建课程平台，注重文理交叉，在课程体系中设置跨专业课程，强化专业渗透，为学生的宽口径发展搭建学科基础平台。此外，还要优化学生知识结构，让学生根据自己的专业特长、兴趣爱好和发展趋向自由选择，进一步拓宽专业口径，培养学生综合素质。

强能力、重质量就是从培养学生全面发展、提高学生综合素质出发，以分析、模拟、教学等基本形式展开实践教学，加强课堂内外的实践教学环节，并通过组织社会实践、社团活动、专业实习等实践活动培养学生的务实能力和操作能力，注重学生的人格塑造，充分挖掘学生的潜能，注重培养学生"从一般到个别"的解决能力，着重训练学生"从个别到一般"的调查分析能力，帮助学生养成可行性分析的良好思维习惯，使培养出的学生具备能力强、质量高。

### （三）注重实践教学创新

针对我国高校学生教育管理创新中出现的各种状况，《教育部财政部关于实施高等学校本科教学质量与教学创新工程的意见》中决定实施教育教学质量工程，中央财政投入大量的资金支持质量工程建设。同时，《教育部关于进一步深化本科教学改革全面提高教学质量的若干意见》指出，要重点落实实践环节，拓宽高校学生校外实习和实践的渠道，与社会、行业及企事业单位共同建设实习和实践教学基地，力求提高高校学生的实践能力。对学生进行实践教育，并多方面采取各种有效措施，确保学生专业实践和毕业实习的时间和质量，把教育教学与社会实践紧密地结合起来。

开展实践教学，要求学校通过开辟各种有效途径为学生搭建实践平台，建立一批相对稳固的课内外学生实习和实践基地，并积极组织学生进行社会实践、调研、实习等活动，逐步培养高校学生的敬业精神，培养他们艰苦奋斗的精神和坚韧不拔的意志，有计划、有目的地促进大学生自觉自愿地提高职业道德素养。逐步培养学生的实践创新能力，积极支持学生创新创业活动，致力于学生创新素质的发掘和培养。创新素质主要包括创新意识、创新精神和创新能力三个层面的内容。在一个创新型国家的建设进程中，这种全新的创新素质正逐渐成为学生在就业市场竞争中的核心竞争力。

## 五、教学模式和方法创新

人才的培养是一个复杂的系统工程，必须不断探索其内在的规律，摒弃不合理的教学模式，认真细致地研究教学，研究其内在的多重因素，如教学理念、教学内容、教育管理、教学模式等，从而掌握教学的规律。因此，本书提出了教学民主的教学观念，对传统的教学模式进行创新，开创研究性教学、开放性教学、互动性教学等能够体现教学民主的经典教学模式，充分突出学生的主体性地位，激发学生的主动参与意识，开发学生的学习潜能，创设民主、和谐的学习氛围，指导学生学会学习，在教学中建立一种和谐的师生关系，充分调动学生学习的自发性和积极性，保证学生全面发展。

### （一）推广研究性教学，培养学生的创新意识

教学从知识传递向注重能力培养转变，必然要求教学方式方法的变革，推进研究性教学正是深化教学创新的重要路径，也是研究型大学人才培养的一个基本特征。研究性教学是一种将教师自身的研究思想、方法和最新成果引入教学过程的教学模式。通过研究性教学，使教学建立在科研基础上，科研促进教学的提高，教学与科研互动并向学生开放，从而引导学生在参与教学过程中步入科研前沿，激发学生主动思考、主动探索和主动实践的创新意识。

第一，研究性学习的过程是情感活动的过程。通过让学生自发地参与

探究性学习活动，获得亲身体验，逐步形成一种在日常生活和学习中勇于探索、努力求知的良好习惯，从而激发探索和创新的积极欲望。

第二，研究性学习的过程就是一个探索的过程，是在一个相对开放的环境中寻找问题和探讨解决问题的过程。通过这一过程，可以培养学生的思维能力，培养学生发掘和解决问题的能力，对学生掌握一定的科学学习方法，增强学生对资料的收集能力、分析能力和总结能力，以及学会利用多种有效手段和多种途径获取信息都有积极的推动作用。

第三，研究性学习的过程是一个互动的学习过程。这个互动的学习过程离不开学生与团体、学生与学生之间的沟通与合作，可以说研究性学习为学生提供了一个人际沟通与合作的良好空间，为学生分享研究资料、学习信息、创意和研究成果及发扬团队精神提供了一个很好的交流平台，能够培养学生学会合作、发现问题、克服困难和共同解决问题的能力。研究性学习的过程也是一个实践的过程，要求学生从实际出发，实事求是，尊重他人研究成果，严谨治学、积极进取。

第四，研究性学习的过程也是一个促进学生素质全面提高的过程。通过学习实践加深了对科学的认识，使学生懂得思考国家、社会、人类与世界共同进步、和谐发展的伟大命题。在培养学生的创造能力和实践能力之余还培养了学生形成积极的人生观和价值观。研究性学习过程也为学生提供了综合运用各门学科知识的机会，加深了学生对已学知识的重新记忆，培养学生的积极参与能力及自主创新能力。

### （二）推广开放性教学培养学生的创新能力

开放性教学是为了鼓励学生主动积极地去探究知识规律，对传统教学过程中影响学生发展的不合理因素进行创新，从而培养学生自主创新能力。开放性教学的主要思想理念在于以学生的发展为本，通过教学目标、教育管理、教学内容及整个教学过程的开放，从传统的课堂教学走向开放式教学，充分发挥学生的主体作用，让学生自己掌握学习主动权，自己去探索和发现，培养学生的创新能力。在开放性教学中，教师不能仅拘泥于教材和教案的内容，要给学生提供充分发展的空间，创设有利于学生自主发展的开放式教学情境，根据学生的发展状况不断调整教学过程的每一个环节，激发学生学习的动力，促进学生在积极主动的探索过程中健康、全面、和谐地发展。开放性教学不只是一种教育管理和教学模式，它还是一种教学理念，它的根本目的是让学生的创新潜能得到充分发挥，以开放的教学活动过程为路径，以最优教学效果为最终目标。

### （三）开创互动性教学，提高教学质量

互动性教学就是在教学过程中充分发挥师生双方的主动性，师生之间相互交流、相互探讨，促进师生共同发展，最终优化教学效果，共同完成教学目标的一种教学模式。互动性教学可以活跃课堂气氛，而且能够及时反馈学生的学习进度，掌握知识的规律。互动性教学包括教与学的互动、教学理念的互动、心理的互动、形象和情绪的互动等。互动性教学是一种富有生命力的创造性教学，有着现代性、互动性和启发性的特点。它要求教师按教学计划组织学生系统而有目的地学习，并要求教师按学生的发展要求有针对性地因材施教。高校要促进教师努力探索、学习，不断提高自己的专业水准和教学水平，同时激发学生学习的积极性，促进学生个性的发展，提高教学效果和效率，最终提高教学质量。互动性教学以学生为主体，以教师为主导，提倡师生平等地沟通和交流，让学生在没有压力的情况下轻松自由地学习，让学生参与教学计划、教学决策，有利于培养学生自觉学习和主动学习的能力及创新学习的能力。

## 六、重视高校学生文化素质教育

学生文化素质教育是高校高质量人才培养的重要组成部分，是我国高校学生教育管理创新的一个重要方面，要将文化素质教育贯穿高校教育的

全过程，进而实现教育的整体优化，最终达到教书育人的目的。高校学生的基本素质包括文化素质（思想道德素质）、专业素质和身体身心素质，其中文化素质是基础。文化是人们创造出来的物质和精神的成果，是人的活动的对象化和物化，是人观念存在的形式，是超越个人的实物形态或观念形态。一种文化一旦被创造出来，就不再受时间、空间和个人的限制，就会被广泛地传播和使用。文化素质就是人们所拥有的所有文化知识的内在积淀，文化素质对于人们的人生观和价值观的形成具有基础性的决定作用，并最终成为行为的指导规范；同时，人们已有的人生观和价值观也会反作用于文化素质。文化素质教育重点指人文素质教育，主要是通过加强学生文学、历史、哲学、艺术等人文社会科学和自然科学方面的教育，提高全体学生的文化品位、审美情趣、人文素养和科学素质。

### （一）提高高校学生文化素质的目的和意义

国家要发展，经济是中心；经济要振兴，科技是关键；科技要进步，教育是基础。由此可见，教育在我国发展中的作用和地位是非常重要的。在发展过程中，需要主体——人，是有知识、有文化、有创造力的。因此，发展又被归结为人的发展。高校教育主要是培育有知识、有文化的创新型人才，高校教育能够产生新的科学知识和新的生产力。高校教育的三大职能之一是发展科学，高校教育在传输知识和培养人才的同时，亦创造新的科学理论。高校教育所培养的不同专业、不同层次的各种文化素质人才在社会生活各领域的作用，将直接或间接地影响全社会的可持续发展，可持续发展的教育观念就是从全社会可持续发展的角度来审视教育的创新与发展。在高校教育中，我国已从办学体制、投资体制、管理体制、教育教学、招生就业、考试制度等方面进行了多层次的创新，已经逐步走上了一条可持续发展的新道路。当然这条道路并不平坦，在进行创新的过程中会有诸多的问题凸显出来，其中提高高校学生文化素质显得尤为重要。

## （二）观念变化对高校学生文化素质的影响

我们生活的时代正处于急剧变革的社会转型时期，人们的生存方式也随之发生了历史性的变化。目前，受社会上一些现象的影响及各种媒介的导向作用，我国高校学生的价值观和文化观都发生了巨大的变化。价值观是人们对人和事的评价标准、评价原则和评价方法的观念体系。它具体表现为信念、信仰、理想、追求等形态。一定的价值观反映着一定生产关系条件下人们的利益需求，决定着人们的思想取向和行为选择。在经济日益全球化的今天，经济的迅速发展和物质的极大丰富，也在刺激着高校校园，高校学生作为最敏感的社会群体之一，其价值观也随之发生变化。当前经济发展、教育创新、媒体导向等是影响大学生价值观变化的主要因素。

文化观是一个人对待文化的态度。要树立正确的文化观，不狂妄自大、不妄自菲薄，合理对待外来文化，不一概排斥，但也绝不崇洋媚外。

## （三）提高高校学生文化素质的途径

提高学生文化素质，必须将文化素质教育贯穿高校教育的全过程，要求培养出的学生具备人文科学素质和自然科学素质，具有较强的综合能力，如：观察分析能力，研究思考能力，语言、文字表达能力，决策能力，组织能力，处理复杂关系的能力及应用计算机和现代信息技术进行学习、工作和生活的能力，从而实现教育过程的整体优化，最终达到教书育人的目的。提高学生文化素质，必须从以下三个方面做起。

第一，要提高学生文化素质，高等院校必须转变教育观念，必须进一步加大教育教学创新力度，建立科学的课程体系，创新教学内容和教育管理。首先，转变教育思想并更新教育观念。高校教育管理者和教师要转变教育思想、更新教育观念，在教育过程中要注重对学生创新能力的培养，开发学生的潜力，让学生在受教育过程中享受到创新的乐趣，积极进取，把学生培养成为全面发展的人。其次，构建科学的课程体系，进行教学内容和课程体系创新，充分发挥以课堂教学为主体的导向作用。文化素质不能纯粹以自然的方式在现实生活中靠个体的感悟和体验来获得或提高，而是需要精心设计和安排，以科学而系统的课程体系为支撑，通过发挥课堂教学的主导作用，来实现学生文化素质提升的目的。总的来说，要全面提高高校学生的科学素质与人文素养。在具体教学过程中，应强调人文与科学的自然渗透与融合，必须以文、史、哲、自然科学等多学科门类的知识内容来构建多学科交叉的高校课程体系，为培养学生科学素质和人文素养提供广博而深厚的文化底蕴。强调课程体系的科学性，使学生通过各种必修课和选修课的学习和探索，形成合理的知识结构和深厚的知识底蕴。

第二，要提高学生文化素质，高等院校必须提高教师队伍质量，使教师的科学素质和人文素质全面提高。蔡元培曾指出，大学为纯粹研究学问之机关，不可视为养成资格之所，亦不可视为贩卖知识之所。学者当有研究学问之兴趣，又当养成学问家之人格。"师者，所以传道受业解惑也。"教育工作者是社会主义核心价值体系的宣传者和教育者，"身教重于言教"，教育工作者要发扬严于律己、以身作则和率先垂范的优良作风，自觉自愿地做到诚信、肯学和肯干，带头实践我们所提倡的道德标准、价值观念和理论要求，真正起到教育和带动广大学生的领头作用，只有这样，才能真正提高和发挥社会主义核心价值体系中教育工作的说服力、吸引力和感染力。

第三，要提高学生文化素质教育，必须创新人才培养模式，把知识、能力和素质三者有机结合起来，贯穿高校教育的全过程，使高校学生在这三个方面获得和谐的同步的提高，以造就出高素质的全面发展的人才。要培养学生拥有良好的文化素质修养，不仅要传授文化知识，而且要教给他们获取知识的方法和技能，在获取知识的同时，让能力得到充分发挥，个人素质得到充分提高，这才是教育创新的最终目的，也是教育的真正目的。

除此之外，还要全社会的积极配合，媒介充分发挥积极正面的舆论导向作用，只有这样，培养出的学生才是全面发展的人，才会成为有益于社会、有益于人类的有价值的新型知识人才，才能继续推动教育创新，才能推进整个社会的可持续发展。

## 七、人力资源强国战略推动高校学生教育管理创新

实施人力资源强国战略，关键在于建设高校教育强国。进入 21 世纪，国家站在创新开放和加速社会主义现代化建设的高度，提出了实施人力资源强国战略的重大举措。

高校的职责就是为建设高校教育强国提供强有力的人才保障和科技支撑。当前我国高校教育已经实现了跨越式的发展，我国已经成为一个高校教育大国。要想建设成为一个人力资源强国，必须以人为本，从创新教育观念、突出高校办学特色、深化高校学生教育管理创新、完善体制等方面全面推进高校教育创新，才能将我国从人口大国建设成为人力资源强国。我国高校教育人力资源开发的构想是：坚持"人力资源是我国持续发展的第一资源"的战略决策，从 2011 年到 2020 年，高校教育入学率达到 40%，各类高校教育在校生人数达到 3 300 万人，这一时期高校教育学龄人口规模的下降，高校教育普及程度快速提高，研究生在校生人数达到 200 万人以上，打造若干所世界高水平大学，造就一批世界级先进学科，大幅提高国家科技的原创力，培养一大批拔尖创新人才；从 2021 年到 2050 年，高校教育入学率达到 50%以上，进入高校教育普及化阶段，各级教育都达到较高发展水平，实现从追赶到超越的战略转变，跨入教育发达国家行列，成为世界高校教育人力资源强国。

我国从高校教育人口大国迈向高校教育人力资源强国的构想是：从 2002 年到 2020 年，每百万人口中科学家和工程师人数达到 1 500 人；从 2021 年到 2050 年，每百万人口中科学家和工程师人数达到 3 000 人，实现高校教育人口大国向高校教育人力资源强国的跨越发展。我国必须在全面建设经济型社会的同时全面建设学习型社会，强化高校教育人力资本投资，使我国高校教育人力资源的结构更加合理、总量更加充足、质量更加提高、

体系更加完善，最终带动全体人民的学习能力和就业能力的发展，提高人民的整体素质和综合能力，使我国从教育人口大国迈向人力资源强国。

# 第三节　高校学生教育管理理念创新的举措

## 一、树立终身教育的教学理念

终身教育和终身学习的思想是近代以来各国教育界乃至思想界的热门研究课题之一，构建终身教育体系和创建学习型社会也逐渐成为联合国及世界各国指导教育改革和社会发展的基本理念。终身教育论者认为教育具有时空的整体持续性，即教育与学习时时都有、处处皆在。传统教育往往将人的一生分为三个时期，即学习期、工作期和退休期。终身教育则冲破传统教育的观念，认为教育应当包括人发展的各个阶段及各个方面的教育活动，既包括纵向的一个人从胎教开始直至死亡的各个不同发展阶段所受到的各级各类教育，也包括横向的从学校、家庭、社会等各个不同领域受到的教育。

《中华人民共和国教育法》明确提出，要"健全终身教育体系"。可见，终身教育和终身学习，已经成为我们的教育和社会理想，建立和完善终身教育体系，已成为我们义不容辞的职责。因此，要树立终身教育的教学理念，将各类教育形式有机结合、合理配置，创新高校教育的教学模式。高校教育肩负着发展终身教育的重任，要依据社会的发展和职业的需求搞好高校教育、岗位培训、知识更新教育及继续教育，尽可能满足社会和经济发展对各种人才的要求。

世界许多国家通过开放办学使高校教育从精英教育转向大众教育，其至普及教育。我国高校教育由传统办学转为开放办学，一方面要大力发展远程教育和网络学校，采取"宽进严出"政策，向每一个人提供接受本、专科水平的高校教育。远程教育和网络学校由于不受时间和空间限制，更加适合各类在职人员的学习需要，必将部分取代传统高校教育的函授、夜校、自学考试等多种助学方式，成为21世纪高校教育发展的新生长点。另一方面要充分利用高等学院是社会主义经济建设当班人这个得天独厚的优势，与企业和社会建立更为密切的关系，把学校办成教学、科研和经济建设的联合体，提高高校教育在市场经济条件下的办学效益和造血功能，使高校教育在自身发展壮大的同时，进一步提高为社会服务的功能。还要有强烈的国际意识，推进和发展高校教育的国际交流与合作，大胆吸收和借鉴世界高校教育的成功经验，使我国的高校教育建立起一个面向社会、放眼世界、兼收并蓄和博采众长的开放体系。

## 二、拓展德育教学的教学模式

从职业发展理论来讲，高校教育在德育教学上的问题，将影响职场个体的职业发展精神和职业道德素养的培育。高校教育对象的特殊性，决定了学员德育教学的艰巨性和复杂性。一般意义上的德育教学很难达到令人满意的效果，高等德育教学也成为高校教育中最为薄弱的环节。因此，创新基于职业发展理论的高校学生教育管理模式，应当积极拓展高校教育中德育教学这一重要组件。

### （一）拓展德育教学的内容结构

现代德育是以社会现代化和人的现代化为基础，以促进人的现代化为中心，进而促进社会的现代化的德育。现代德育必然要反映现代社会中人自身道德发展的要求，反映现代社会发展的要求。因此，在围绕高等德育内容的构成上，应该更具广泛性和现实性。职业道德是衡量一个从业者道德水平高低的重要标尺，它影响和决定人们劳动的态度和方向，成为决定劳动者素质水平的灵魂，在高校教育内容中居于核心地位。另外，高等德育要指导受教育者运用科学先进的价值理念学会判断、学会选择、学会创造。随着科技、经济和社会的发展，人们的生活方式和价值观不断变化，原有的某些道德观念和道德规范有可能过时，不可避免地需要提出一些新的道德准则和规范。例如，在科学道德、信息道德、经济道德、网络道德、生态道德等领域特别需要具体的规范，特别需要道德的创造。因此，这也应该是高等德育教学的重要内容。

## （二）拓展德育教学的教学形式

拓展德育教学的教学形式必须充分利用现有的教学资源和条件，选取在教学中已经成形的教育管理模式进行拓展延伸。

第一，应当充分运用课堂教学，开展德育教育。课堂教学是学员学习的主要形式。在课堂德育教学开展过程中，根据高等学习的特点，在教学计划和教学内容上，都要做特殊要求，教育内容应该根据市场经济的形势，适时调整德育目标。将以往的"完人道德"调整为"高等道德"教育。教育过程中要坚持先进性和普遍性相统一的原则，立足市场经济的实际，提倡"为己利他"的道德建设目标，把"利己不损人"作为道德底线，并且把健全的人格塑造放在德育工作的首位。同时，注重发挥学生主观能动性，强化课堂师生双向互动，创造轻松、活泼的德育氛围，保证对学生开展有效的德育教育。可以聘请知名专家举办专题报告，作为特殊课堂形式，加强对学生人生观、职业道德和传统文化的教育。总之，无论课堂内外，德育教育的目标和德育教育的重点应在学生健康人格的塑造上，使学生明了道德建设是人格修养不可或缺的一部分时，他们才能接受学校的教育。

第二，利用多媒体教学，强化德育教学效果。传统的授课方式无法满足现代高校教育德育教学的需要。因此，在德育教学过程中，要以鲜活生动的实例来感染学生。通过学生自主的情感判断来塑造道德榜样，唤起对道德善行的崇敬之情，在纷繁复杂的社会现象中找到自己的道德归宿。注重现代教育技术的充分运用及信息技术与学科资源的整合。充分利用电影、电视、教学录像等信息化、电子化和智能化的多媒体教学手段，借助这些灵活多样、内涵丰富的声、光、图像等教学形式的直观冲击力，增强学员的兴趣，使学员的认识更加深刻，产生事半功倍的理想教学效果。此外，可以利用网授及远程教学发挥网络教学的优势，拓展德育教学空间，克服高校学生教育管理时空上的局限性，整合课堂教学和多媒体教学的优势，充分发挥网络资源在教育教学中的作用；借助网络实施网络教学，可以将专家、学者的精彩专题报告、德育教学录像制作成教学辅导光盘在教学辅导网站上和有条件的教学点进行播放。

这一生动、灵活和便捷的德育教学形式克服了高校教育时空上的制约，发挥了网络便捷、高效、涵盖广和辐射面大的优势，最大限度地拓展了德育教学空间，为广大学员提供了全天候德育教学服务。

## （三）拓展德育教学的评价体系

基于高校教育的特殊性，高等学习者的德育考核评价有别于其他一般的考核，具有自身的特殊性。因此，凡是列入教学计划的内容，可以通过考试的手段进行考核评价；对于学员的思想观念的考察，可以通过日常管理中的操行鉴定来考核评价；对于学员的行为考核主要由学员工作单位出具考核鉴定和进行跟踪问卷调查。另外，为了充分调动广大高等学习者的积极性，鼓励他们在思想上和学习上积极进取，可以建立评优奖励制度，进行精神和物质奖励，对表现差的学员进行批评教育。通过长期的探索及多年以来高等教育的实践，制定一系列评判原则和标准，建立以职业发展为基础的高校教育德育教学全方位评价体系。

### （四）拓展德育教学的管理网络

高校教育的德育教学是一项复杂的系统工程，必须要动员主办学校、学生家庭等全方位参与，才能实施有效的组织管理。主办学校根据国家的有关规定，结合高校教育的特点，制订德育教学计划，确定科学、规范、可行的评价考核标准及考核措施，如班主任配备，班级临时的党、团支部活动安排，等等，负责德育教学的实施和知识考核。学生居住的社区和学生所在高等学校承担着对学生的平时监督和检查作用，负责平时的思想教育。学生所在单位具体负责学生日常行为、思想观念等方面的鉴定意见。通过三个环节的协调一致，才能形成高等德育教学的组织管理网络。

## 三、确立多元化的教学模式

创新基于职业发展理论的高校学生教育管理模式，需要以高等学校学生的职业发展需求为导向来设计多元化的教学模式，创造一种超越时空限制的弹性化学习机制。确立多元化的高校学生教育管理模式，必须体现高等教育特点，以高等教育的生活、需要与问题为中心，突出能力培养与多种教学范式综合运用的教学活动和形式。新的教学模式应强调个体的思维能力和动手能力，而非只学习基础知识，强调解决问题的能力，强调培养学生面对快速变革的职业生涯和多元的价值取向应具有的包容能力和理解能力。在课程建设目标上要更加强调综合能力和建立在个性自由发展基础上的创新能力。在教育建设中注入科学精神和人文精神，以滋养和陶冶学生的性情，帮助其顺利走上职业发展道路。

按照教学对象的细分，我们可以把多元化的教学模式分为学生为主产生的教学模式、学生为业余产生的教学模式和学生为函授生的教学模式。对于第一种即学生为主产生的教学模式，其教学目标为系统地掌握知识、方法和技能，综合素质全面提高；其教学内容为基础理论＋专业理论＋专业技能；其教育管理手段为课堂教学法（主）＋试验实践教学法（主）＋网络教学法（辅）。对于学生为业余产生的教学模式，其教学目标为较系统掌握知识要点，具备从事专业岗位的知识结构与知识运用能力；其教学内容为基础理论＋专业理论＋理论运用；其教育管理手段为课堂教学法（主）＋网络教学法（辅）。对于学生为函授生的教学模式，其教学目标为了解一定的理论知识要点与基本具备进一步的提高能力，基本具备知识要点使用能力；其教学内容为基础理论＋专业理论＋理论适用；其教育管理手段为网络教学法（主）＋课堂教学法（辅）。

在具体的实践中，确立多元化的教学目标应注意以下两点。

第一，确立多元化的教学模式应突出学员的能力培养。函授生和业余生来源于生产、服务和管理第一线，具有较多的实践工作经验，但理论知识相对较缺乏，因此，需要通过专业知识的学习与深化，强化理论知识与实践的结合，培养专业技术知识的综合运用能力，最终的学习目的是适应市场变化新形势，通过学习找到较满意的工作。因此，高校学生教育管理模式必须体现以高等需要为中心的突出能力培养的目标。

第二，应提倡跨时空的教学形式。高校教育学生的工学矛盾突出，文化基础差异较大，这为教学组织和教学质量的提高增加了困难，而以网络为基础的教学手段则有效地解决了这个问题。一方面，网络教育不受时空限制，从而为成教学生提供了跨时空的学习环境；另一方面，网络教育作为一种教学补充，有利于基础较差者补充知识。因此，多元教学模式必须具备"虚拟学习环境与学习社区"功能。确立多元化的教学模式，应转变教育观念，改革和创新教育管理，采用适合高等学生心理特点、满足社会、技术和生活发展需要的教育管理。

## 四、引入校企合作的教学模式

在高校教育过程中，由于高校学生身份的特殊性，他们往往要面对学习和工作的双重压力，难以在两者之间恰当地分配时间和精力，形成较难解决的工学矛盾。另外，就职业发展理论而言，高校学生教育管理模式必须考虑到学生的职业发展需求是以学习专业理论和专业技能为主。为了找到学习和工作之间的平衡点，并提高学生的实践动手能力，有必要引入校企合作的双元制教学模式，以夯实学生的职业发展道路。

## （一）建立校企联动机制

合作的前提是信任和需求，关键是寻求联动的结合点，否则难以形成合力。从前面的分析中我们已经清楚地意识到，校、政、企三方都有实施教育的愿望和条件，这就给创建"学校主办、企业和政府协办或督办"的共同办学联动机制铺平了道路，也为实施校政企合作人才培养模式扫清了障碍。

对于学校、政府和企业而言，发展是大家关注的焦点。因此，校、政、企联动的逻辑起点应该是发展。学校发展主要体现在人才培养上，政府（社会）和企业发展需要人才，人才就成为双方或多方联动的结合点。要让学校、政府和企业围绕人才培养走到一起，必须建立有效的联动机制，包括管理制度和运行模式；必须建立以现代信息技术为依托的网络交流平台及信息员联络制度和信息发布制度，畅通对外宣传和信息沟通渠道。

## （二）规范校企管理模式

双方或多方合作，必须以合同或协议的形式建立一种有约束力的办学关系，明确双方责任与义务，从而确保合作的有效性和规范性。同时，必须充分尊重高校教育规律和高校学生特点及政府、企业的实际需要，建立以主办学校为主、政府和企业参与的教学管理制度，共同商议和决定重大事宜，合理安排各教学环节，确保教学质量，达到规范性与灵活性的完美结合。在办学实践中，实行的是项目管理，即由学校高校教育主管部门和企业、政府负责人组成项目管理组，共同研究制定培养计划、管理制度并组织实施。在具体的教学实施过程中，校、政、企各方紧密合作，及时掌握教学情况，有力地保证了人才培养质量。

### （三）合理设置培养目标与教学计划

高校教育要培养适应生产、建设、管理和服务第一线需要的德才兼备的应用型高级专门人才。要实现这个培养目标，关键是要制定一个以较高层次的技术应用能力为主线的培养方案，构建科学、合理的课程体系，确定学以致用的教学内容及与学生的职业发展和从业岗位密切相关的实践教学环节。因此，必须彻底改变以往普通高校教育的人才培养模式，建立"学历＋技能"的学科课程与技能培训相结合的课程体系。学生来自各行各业生产、管理、服务一线，有的还是管理和技术岗位骨干，对职业和技术有着深刻的认识。学生所在单位和部门也希望自己的员工能学有所获、学有所成、学以致用。因此，在制订教学计划时，应该充分利用学生及其所在单位这一宝贵资源。让学生和社会各界充分参与到教学计划制订和课程设置中来，使教学计划、教学内容更具针对性和实用性。实践证明，高校教育校、政、企合作人才培养模式是一种多方共赢的人才培养模式，也是高校教育事业可持续发展非常有效的一种模式，随着科技、经济和社会的持续快速发展，它必将拥有一个美好的前景。

校、政、企合作之路还在探索之中，许多深层次问题还需在实践中不断地探索，如合作模型与运行机制问题、学历教育与技能培训关系问题、学员考核与评价问题等。高校必须在实践中改革创新，拓宽运作思路，主动走出校门，将高校教育真正办成面向社会的开放式教育，为社会各界和企事业单位提供更好的教育服务。

## 五、以学生为教学中心

职业发展理论的核心是职场个体的职业生涯发展，说到底是以人为中心的考虑点。因此，基于职业发展理论的高校学生教育管理模式的创新也应当坚持以人为中心的价值取向。"大学之道，在明明德，在亲民，在止于至善。""亲民"和"至善"从主客观方面都体现了人本思想。坚持以人为本，树立全面协调可持续发展理念，体现在高校学生教育管理中主要是坚持以学生为中心，以人的教育为出发点，以人的教育为归属。这就意味着高校教育的教学评价必须着眼于人的发展，着眼于社会对人的多元化的需求，而不能局限于知识的考核。基于职业发展理论的高校学生教育管理模式，要体现以学生为本的思想，就必须要尊重学生的评教权，尊重学生对教学过程的选择权，缺少这两者，就无法做到以学生为本。高校学生在接受教育时，他们不需要被动接受一些对他们没有用的知识，而是需要搜索对自己有价值的知识。他们需要的是一种自己选择知识和构建知识的权利。因此，创新基于职业发展理论的高校学生教育管理模式应当坚持以学员为教学中心的价值取向。

基于职业发展理论的高校学生教育管理模式应以学生的实践动手能力为基本的评判标准。众所周知，高校教育与普通高等教育同属高校教育的范畴，它们有共性，但毕竟是两种不同的教育形式，有着自身独特性。但时至今日，仍有相当多的人以普通高等教育的观念、普通高等教育的模式、普通高等教育的标准来套用和衡量高校教育，力求在质量与规格上与普通高等教育"同类""同质""同轨"。这在学生的就业与求职中表现得最为明显。高校出于对学生前途着想，只好在日常教学的考核上，变求同存异为全同不异，导致高校教育慢慢被普通高等教育同化。踏入职场，接手工作岗位，对于缺少高等学历文凭和高等文化教育的学生来说，不如扎实学习一门专业学科并培养较强的实践动手能力，这才是他们在职场上安身立命之根本。因此，创新基于职业发展理论的高校学生教育管理模式应当坚持以实践能力作为评判标准的价值取向。

# 第八章 高校学生教育管理改革创新的理论基础及实践

创新一般包括思想理论创新、方式方法创新和制度保障创新三个方面，观念乃至思想理论的突破是创新的根本所在。高等学校教育管理创新虽然是一个教育实践活动，但长期的教育管理改革实践证明，没有理论基础的实践是盲目的改革实践。教育活动实践是以培养人为根本目标的，每一个受教育者都有成功的权利而无失败的义务，所以，教育改革实验不容许毫无把握的试验，必须以相关理论为依据，精心设计教育管理改革方案。进行高等学校教育管理创新理论研究的目的在于分析工具论、机械认识论等既往教育管理改革理论的局限，提出价值论的教育管理理论，并建立以价值论为基础、创新高等学校教育管理的若干基本范畴。

## 第一节 基于认识论的教育管理方法

教育与哲学有着千丝万缕的联系，很多教育问题归根结底还是哲学问题，也只有回归到哲学层面才能发现教育问题的症结所在。我国对于高等学校教育管理的本体性与实践性的认识与研究相对不足，其中最直接的表现在于对高等学校教育管理本质的理论探究相当薄弱，以"借"为标志的研究路径直接导致了当前的境况。这些被"借"的教育管理理论和教学模式与高等学校教育管理有本质的区别。无论是从高等学校教育管理自身发展角度，还是从深化对高等学校教育管理认识的角度，建立以价值论为基础、以价值实现为核心的高等学校教育管理方法是推进高等学校教育管理创新的理论原点。

## 一、认识论的理论

### 1. 经验主义

经验主义者声称知识是人类经验的产物。朴素经验主义者认为人们的思想和理论需要在现实中论证，然后依据它与事实的匹配度来决定是否应该持有此理论。

经验主义与科学有密切关系。虽然科学的效力毋庸置疑，但在哲学上，科学"是怎样的"和"为什么起作用"引起了争论。科学方法一度因为其能保证科学实验的成功而被人所钟爱，但现在科学和哲学中所遇到的问题使人们更加偏向于连贯主义。

经验主义经常与实证主义相混淆，但后者更强调人对现实的看法，而不是人在现实中的经验本身。

### 2. 观念主义

观念主义认为我们感知到的世界只是我们的观念构造。乔治·贝克莱、康德及黑格尔持不同的观念主义观点。

### 3. 朴素现实主义

朴素现实主义，也就是通常意义上的现实主义，认为存在一个真实的外在世界，并且我们的感觉由那个世界直接引起。它以因果关系为基础，认为一件事物的存在是导致我们看见它的原因。这样，世界在被人们认知的同时保持着原样——与它没有被人们感知时一样。相反的理论是唯我论。

朴素现实主义没有将心理学上的感知考虑进去。

### 4. 现象论

现象论由乔治·贝克莱的观点——"感知到的便是存在的"发展而来。根据他的观点，我们不能认为我们看到的事是独立于我们感官存在的个体。他认为真正存在的只有感官本身。

### 5. 理性主义

理性主义者相信有并不来自感官经验的前知或先天思想，这一点可从很多经验中看出。这些思想可能来自人类脑的结构，或者它们独立于大脑存在。如果它们独立存在，当它们达到一个必要的复杂程度时就能够被人类所理解。理性主义者的观点可以被浓缩为笛卡尔的"我思故我在"。

### 6. 具象主义

具象主义或表现现实主义，与朴素现实主义不同，认为我们看现实时只可以感知到它的表现。换言之，我们看到的世界及事物并不是它们本身，只是内在的虚拟现实的复制品，所谓的"感官之纱"使我们不能直接感知世界。

### 7. 客观主义

客观主义是艾茵·兰德的认知理论，与朴素现实主义相类似。她也认为我们通过感官从外在世界获得知识。客观主义认为未经加工的感觉信息会自动地成为被大脑融入感知的对象，这时是意识去感知信息，而不是以任何方式创造或发明信息。一旦我们意识到两个实体彼此相像，而与其他不同，我们就可以将它们看作一个种类，这个种类可以将同种类的所有实体囊括，这样我们的意识就可用一个词将本无限的实体包含。客观主义拒绝纯粹的经验主义，认为我们可以借助客观的概念从而超越感官的层次。客观主义也不承认纯粹的具象主义和理想主义，认为我们感知到的才是现实，谈论感知不到的知识是没有意义的。

## 二、认识论与工具论的盛行和局限

### （一）工具论教育管理

毫无疑问，教育管理就是用来实施教学的工具。这种通俗的认识在一般教育学和教学论文文献中非常普遍，且影响深远。我国最早学习借鉴的苏联《教育学》一书中指出，教育管理是教师和学生为完成教养任务而进行理论和实践认识活动的途径，是指教师的工作方式和由教师领导的学生工作方式，借助于这些工作方式，可以使学生掌握知识、技能和技巧，还可以形成他们的共产主义世界观和发展他们的认识能力，教师和学生在教学过程中为解决教养、教育和发展任务而展开有秩序的、相互联系的活动的办法，被称为教育管理。即使到了 20 世纪 80 年代以后，西方学者对教育管理界定的研究讨论纷纷出现，其中也免不了工具主义的认识。比如，教育管理是教师为达到教学目的而组织和使用教学技术、教材、教具和教学辅助材料以促成学生按照要求进行学习的方法，教育管理是指大多数教师能够充分加以运用并适合于多学科反复使用的教学步骤或程序，教育管理就是教师发出和学生接受学习刺激的程序，教育管理是促进学生学习、教师组织班级、向学生提出意见及使用其教学手段的各种方法，等等。这些认识不论被引入我国时间的先后如何，都属于工具论的观点范畴，这些观点对我国教育管理理论与实践的影响非常强烈，有学者说是"一锤子定了音"的影响，以至于国内学者的很多理论研究也难脱其窠臼。王策三认为"教育管理是指为达到教学目的，实现教学内容，运用教学手段进行的、由教学原则指导的、一整套方式组成的师生相互作用的活动"。王道俊、王汉澜认为"教育管理是为完成教学任务而采用的办法，它包括教师教的方法和学生学的方法，是教师引导学生掌握知识技能、获得身心发展而共同活动的方法"。

这些在一般教育学、教学论中关于教育管理的观点在高等教育的延伸研究中比较多，其中最直接的结论就是高等学校教育管理就是教学活动中教师所采用的工具，但工具的属性没有好坏之分，只有先进与落后之别。如果在教学活动中大量推行现代信息技术与手段，其结果只能是器物层面的游戏，不可能在本质上得到改观。有时操之过急还会起反作用，不仅教学效果达不到期望值，还经常让教师沦为技术的奴隶，比如，没电就不能上课，从而影响正常教学秩序。

## （二）认识论教学方法

致力于从根本上揭示人生、社会、世界、宇宙及其相互关系的可能面目，构建关于它们的认识论原则的认识论，对教育尤其是高等教育的影响由来已久，但对教育教学活动的影响是相对迟缓的。长期以来，人们对教育活动的认识就是传授知识，而缺乏对教育活动本身具有认识社会和世界、探究社会和自然规律的功能的认识和理解。随着后现代主义和建构主义对传统教学观的发难，对本质主义教育管理定义方式的批评，引起了用描述特征的办法展示教育管理及活动的无限复杂性的盛行。因为教育是复杂的社会实践活动，社会发展要求对教育管理本质和规律的认识也必须是一个不断深化和发展的过程。教育管理概念的表述应该反映教学目的和教学内容的内在的本质的联系，反映师生双方相互联系和相互作用的关系。在一般教育学及教学论领域，理论认识视野更加开阔。比如，有学者认为，教育管理是在教学过程中教师和学生为实现教学目的、完成教学任务而采取的教与学相互作用的活动形式的总称；也有学者认为，教育管理是教师和学生在教学过程中，为达到一定的教学目的，根据特定的教学内容，共同进行的一系列活动的方法、方式、步骤、手段和技术的总和。

这种基于教学活动复杂性和教学对象层次性的理论倡导开启了高等学校教育管理研究的新境界。首先是正视高等学校教学活动与基础教育教学活动存在明显差别，然后是按照建构主义所极力主张的适应和体现高等学校教学活动特点，用描述特征的方法来揭示教育管理的内涵。于是，徐辉教授等提出了高等学校教育管理五个特点；薛天祥教授认为高等学校教育管理的特殊性主要有三个表现；潘懋元教授则言简意赅地将高等学校教育管理的特殊性概括为明确的专业指向性及科学文化发展过程和研究方法的接近性；别敦荣、王根顺教授则指出高等学校教育管理更多地体现了学生的主体性和探索性，具有鲜明的学科专业特色。这些关于高等学校教育管理的比较分析和内在刻画，尽管没有直接回答高等学校的教育管理是什么，但已经揭示了高等学校教育管理的适用主体、基本特点、目标指向等，有利于进一步把握高等学校教育管理本质。

### （三）工具论和认识论教学方法的局限

工具论教育管理是适应基础教育教学活动需要的，因为它的理论来源就是从儿童心理学到人类文明知识沉淀的状态。最简便高效的知识传授方式就是教师讲授方式（最原始的工具主义解释就是教师的口和学生的耳），这种高效率、低成本的教育活动无疑是人类社会的重大进步。但是，它从一端走向了另一端，即使教学活动彻底脱离了人类认识自然和社会的实践活动。

工具论教育管理基本适应基础教育教学活动无可厚非，但对中国传统教育管理及高等学校教育管理具有严重影响。中国传统教学，无论是书院还是古代官学，几千年的教育管理应该是授课、辩难和游历相结合的。辩难应该就是现在的讨论式教育管理，游历应该就是现在的实践与观摩相结合的教育管理。辩难与游历的教育管理在我国的逐渐消失，不能不说是工具主义教学思想在近代学校教育演变中的重要"功绩"，让"讲授法"一家独大，特别是一些实践性教学内容和实验性科学课程都可以被"讲授"。因此，工具主义教育管理观实际上是一种狭隘的、偏执的工具主义。高等学校教育管理从根本上讲不能适用工具论教育管理观，因为高等学校教育已经不再是纯粹教授既有的人类文明知识，学生的主要任务是学会认识社会和自然规律，学会利用和改造社会和自然。这时，教师的角色、工具的价值和学生的地位不能完全用工具主义来支配。实际上，工具主义教育管理在高等学校大行其道，结果便是导致高等学校没有沿着自身本来的轨迹培养人。

传统认识论在教育管理上的表现是时代发展进步的必然，尤其是现代学校教育管理经过工具论的片面引导之后回归本质。但是，这种回归与一系列的工具论教育管理起源有本质的不同，姑且把工具论教育管理看作是自下而上的发展路径，甚至是以儿童心理学乃至动物实验心理学为发物，从最低层次开始建树，进而向高等学校教育管理蔓延。认识论教育管理与此相反，它是从人类教育活动的本源或高等学校教学特征出发，深刻揭示人类本源的教学活动及高等教育阶段的终极教学活动，是为了认识、探究和利用社会与自然及其发展规律。以此为理论基础建构的教育管理更加适应和接近高等学校教育教学，但由于世界性高等学校教育管理研究活动匮乏，也由于高等学校教师的研究活动以学科为主要对象，以致这种本可以得到大力弘扬和进一步开拓的教育管理理论研究和实践探索沦为简单机械的认识论层面而遭到漠视，因而对高等学校教育管理的影响力非常不足。

但是在基础教育领域，由于长期浓厚的教育管理研究氛围，以及长期被工具主义隔阂了学校教育与教育本源的觉醒，认识论教育管理很快受到欢迎。但客观地说，认识论的教育管理观对基础教育教育管理改革创新仅是一点兴奋剂，难以畅行通达。因为，无论是哪个国家的基础教育，其现实使命已经远离认识的两端，不再需要所有人都以原始方式亲自开始尝试性认识社会和事物，这是人类社会进步的必然，否则就是逆人类社会发展进程的举动；接受完基础教育（主要是指各国规定的义务教育）培养的人尚不是现代社会所需要的去进一步探索和认知社会发展规律、自然奥秘的当然对象，现实社会肩负这些使命的主要是接受过高等教育的人。所以说，基于各种认识论基础上的教育管理尽管在基础教育阶段很受宠，但归根结底只是一时的新鲜，不能也不应该成为主流的教育管理。

认识论基础上的教育管理被从基础教育领域转借到高等教育领域时遇到了个别问题。认识或探究事物发展规律的高等学校教学活动比比皆是，并不像基础教育阶段的学校教学活动那样新鲜。同时，基础教育阶段的教师与学生同为知识占有者（先占有的是教师，后占有的是学生），都不是面向事物的认识主体，仅是认识教学活动的主体，所以认识教学活动及教育管理的比重被无限放大，甚至被称为"研究性教学""研究性学习"。但高等学校完全不一样，教师既是教学（面向学生）活动的主体，又是研究（面向事物）活动的主体，这就是高等学校教师一直面临的双重任务——教学和科研。所以高等学校教师无时无刻不在努力探究，个别教师也许因此出现"以局部代整体"的现象，忽略了对学生及教学活动的研究热情，在教学活动中套用、沿袭基础教育阶段所经历过的工具主义教育管理，图个清闲；还有教师即使认识到了自己的双重任务，也接受并尝试过教学活动中的认识客体是学科要适合事物发展的特点和规律，但这种认识是无止境的人类社会活动，不是高等学校教育所能完成的目标，且操作难度大，不确定性因素多，难以就这种教育管理进行考量。总之，认识论基础上的教育管理非常适宜高等学校教学创新，但由于追求"短期功效"目标的教育体制，此种教育管理推广受阻，因此，针对认识论教育管理的应用缺陷，本书提出了价值论教育管理。

# 第二节　基于价值论的教育管理

在工具论和认识论两大基础理论左右下形成的高等学校教育管理格局不可能依然仅用它们自身的理论去完成改造，必须在更加广泛的社会活动领域寻求新的理论支点。

## 一、价值论及强互惠

价值论，亦称"价值哲学"，是指关于价值的性质、构成、标准和评价的哲学学说。它主要从主体的需要和客体能否满足主体的需要及如何满足主体需要的角度，考察和评价各种物质的、精神的现象及主体的行为对个人、阶级和社会的意义。某种事物或现象具备价值，就是该事物或现象成为人们的需要和兴趣所追求的对象，就是人的需要、兴趣和目的，并随着社会环境而改变。因而，价值是通过人的实践而实现的。

价值表现在经济现象、政治现象、社会现象、生态现象及他人的认识对象之中，价值理论为以往许多哲学家所探讨，但他们只是从不同角度，对不同对象进行分析。到了 20 世纪，一些哲学家把政治的、伦理的、美学的、逻辑的、有机体的等不同类型的价值做了综合分析。

社会事物之间的相互作用在本质上就是价值作用，任何社会事物的运动与变化都是以一定的利益追求或价值追求为基本驱动力，几乎所有社会科学都或多或少地与价值论存在某种联系，都自觉不自觉地以某种价值论为假设前提。由此可见，价值论是整个社会科学的基础理论之一，价值问题是任何社会科学都无法回避的问题。

### （一）价值概念与人们的生活息息相

价值论在人们的心目中似乎是一种高深莫测的、远离尘世的"经院哲学"，价值问题似乎是只有理论家才去探索和思考的问题。事实上，价值与人们的日常生活密切相关，人的一切行为、思想、情感和意志都以一定的利益或价值为原动力，不同的价值思维和价值取向会对人的思想和行为产生巨大的影响。在人们的实际生活中，价值是一个非常普通的概念，人们的一切行为都需要考虑其实际意义。比如，在进行任何一项工作时，人们总是在不断地权衡某项工作是否有价值、是否有意义、是否值得、是否合算等，这些行为都是有价值学意义的。这说明价值是一个与人们的实际生活非常密切的字眼。然而，在一般的概念中，价值总是被认为是一个哲学概念或者经济学概念，离人们的生活很远。

## （二）价值论的发展状况决定社会科学发展状况

价值论在整个社会科学中占据十分重要的地位，它的发展状况在根本上决定和制约着整个社会科学的发展状况：价值论的客观性决定社会科学的客观性；价值论的精确性决定社会科学的精确性；价值论的价值分类决定社会科学的基本分类；价值论的微小谬误将引发社会科学的更大谬误。这是因为价值论一旦存在某种概念上的模糊或朦胧，就会在社会科学的许多概念上引发更大的混乱与暧昧；它一旦存在某种观点上的谬误，就会以不断扩大的方式传播到社会科学的其他领域；它一旦出现某种理论上的危机，必然导致其他社会科学出现更严重、更深刻的危机。社会科学中所存在的许多矛盾与争论，最终都可归结为价值论上的矛盾与争论。由此可见，正确认识和圆满解决价值论上所存在的各种危机，不仅是价值论本身发展的需要，也是整个社会科学得以健康发展的重要前提。

## （三）主体间性的丰富内涵和强互惠

起源于"真理标准大讨论"的我国的价值理论研究是马克思主义哲学的一个实践转向，也是从认识论角度直接切入的，从主客体关系出发探讨价值问题成为一种主导范畴。但在近十几年来，学界不断反思和批评这种研究理路，提出了以前被价值论研究所忽视的主体间性问题、被浓厚而直接的主体需要等功利色彩掩盖的超功利性文化价值等新命题。这些命题不断进入价值论，尤其是价值实现论的范畴。

主体间性是相对主体性而言的，本体论、认识论和价值论都有意识地关注主体性问题，但只有吸收认识论合理成分的价值论的建立才真正形成了"主体间性哲学"，本体论立足于存在和解释知识，是"前主体性哲学"，而认识论是"主体性哲学"。毫无疑问，人是价值的主体，只有人才具有认识主体性和价值主体性，但每个人每时每刻又可能是价值客体。这种价值实现过程中的主客体转换实际就是针对"人—人"模式而言的，与"人—物"模式、"人—事"模式无关。就某一个具体的价值实现过程而言，也可以称之为主客体间性。分析和考察"人—人"模式价值的实现，就不能回避主体间性，这也正是认识论和价值论在研究和分析人与人的关系时最感棘手的问题。

我们不妨用一个价值黑箱来表述价值实现过程中的主体间性。例如，某 A 具有一种价值需要，某 B 具有满足某 A 所需要的条件，二者如何实现各自的价值诉求并达到目的就是一个价值黑箱，黑箱里发生的一切就是价值实现理论所要追寻的过程、结果、机理、转化等。我们知道，一件具有价值和使用价值的商品，一旦满足人的需要而发生价值实现之后，它在一定程度上就不再是原来的那件商品了。人与人之间的价值实现也是如此，获得需要满足的主体和付出有用价值的客体在走出黑箱时已发生了质的或量的变化。不仅如此，他们在黑箱内或者在未来另一个价值实现的黑箱里还可能在一定时点发生主客体位置的变换。这种复杂性不是用现有机械论哲学所能解释的，而只有未来兴起的复杂科学才把它作为自己的使命。

正是价值主体间的这种无限复杂性，才使人与人之间的价值实现关系大大超出了基于起源相关性和重复交互作用的人类合作规律，用起源相关性解释人类大量没有亲缘关系的个体间的合作是不可信的，用重复交往机制可使对背叛行为进行惩罚成为可能，从而维护群体成员之间的合作。但遇到人们没有意识到会有重复交互机会、群体规模和生存实力相较悬殊而奉献者个体在未来得到回报希望渺茫、人类社会高概率的多变交易和多目标交易等这些现象和问题时，重复交互机制也难以奏效和给予圆满解释。在这种情况下，超越基于起源相关性和重复交互作用的价值实现理论的强互惠理论应运而生，并解释了大量复杂的社会现象。

起源于美国桑塔费研究所的强互惠理论认为，人类之所以能维持比其他物种更高度的合作关系，在于许多人都具有这样一种行为倾向：在团体中与别人合作并不惜花费个人成本（即使这些成本并不能被预期得到补偿）去惩罚那些破坏群体规范的人，从而能有效提高团体成员的福利水平，维持稳定。因为人类社会生活中那些直接互惠和间接互惠行为司空见惯，被称为弱互惠，而这种"无须回报"的施惠行为被命名为强互惠，以示区别。强互惠与利他、弱互惠的区别在于：利他行为是无条件的、仁慈的、善意的且不依赖于对方的行为；弱互惠行为是要依赖于别人的行为，弱互惠者愿意支付短期成本来帮助别人仅是因为可以从中获取长期或间接利益；而强互惠行为则是在目前和未来都不能期望得到任何回报的情况下支付成本来奖励公平和惩罚不公平的行为。

人类社会之所以能维持平稳的公平的合作秩序并持续发展，关键不在于众多的弱互惠行为及零星的利他行为，而是得益于几近职业化的一批"强互惠者"与"强互惠组织"。

## 二、价值论的高等教育学意蕴

价值论是探寻人类生活理想目标的哲学分支，作为人类社会生存与发展重要组成内容的教育活动自然也在价值理论的视野之内。无论是对于个体的人还是群体的人，"以人为本"的发展理念说到底就是"以人的价值实现为本"。价值论关于人的价值实现的一系列观点和价值体系正不断校正着传统教育学的一些悖谬，更为化解高等教育、高等教育学中一些难以解释的问题和现象提供了理论帮助。

### （一）高等学校教学活动中的主体与客体

我们现在的高等教育教学基本理论是认识论基础上的一般教育学，也就是说，认识论所解析的主体与客体关系范式被一般教育学所接受，形成了教学活动中的主客体二分局面，因此出现了教师主体、学生客体或者说教育者、被教育者等一系列的概念和范畴。认识论关于主体性有更精辟的阐释，但在人与人的关系问题上仍未完全脱离本体论的窠臼。所以，一般教育学和教学论理论仍然沿袭这种哲学观点，一定要分出教学活动中的主体与客体，一定要使"教育"这个动词具有及物性。一般教育学和教学论中的一个重大谬误就是建立了教育活动参与者的主格与宾格，这些"理论建树"又被简单移植到了高等教育学或高等学校教学论之中。

现在的高等学校教学活动依然存在何为"中心"的问题，这种争论没有脱离"中心主义"的框架，无论是"以教师为中心"，还是"以学生为中心"，抑或"以知识为中心"，都没有揭示高等学校教学活动的本质，其理由有二：一是这些理论基础源于一般教育学和教学论，以基础教育为主要研究对象的理论成果'只能是一般，不能完全适用于高等教育这种"特殊"；二是高等学校教学活动中的人的地位无论是从瞬时性还是从长远性来看，是相互变化的，明确谁为中心毫无意义，其显著特征就是活动的主体间性。

从价值论观点来看，高等学校的教学活动客体就是教学活动本身。教学活动作为一种综合性社会事务，具有丰富的有用性，能够满足主体各自的需要。另外，该活动的上位主宰是制定教育目标和举办学校的人或组织，他们要实现目标和价值，就必须以教学活动这种方式来体现；活动的下位主宰就是无限的物化条件，如人类的知识、教学设施、教学组织与管理者等，他们的价值都需要在这种活动中实现交换。

## （二）高等学校教学活动是一种主体间性活动

在价值论的主体间性观点下，高等教育这种人类非常普遍的教学活动的存在实际上就是一种主体间性存在，活动中的各个主体是一种交互关系。在这个主体间性活动之中，有以下三个显著的表征。

第一，是主体的多重复杂性。高等学校教学活动的参与者非常多，按照人的文化价值实现理论，凡是"意识到"的相关需求者都可以视为教学活动的参与者，而不仅是教师和学生。教育目标的设计者、学校的举办者、教学管理者、学生背后的家长、将来的雇主、教师背后的家人及教师和学生两大利益相关者群体都是高等学校教学活动的主体成分。教学活动的主体从表面看是教师和学生，这是静止的观点；从主体间性上分析，高等学校教学活动所有价值期盼（需要或满足需要）都应该得到实现，这是价值的目标规定性。当然，这些主体可以分层分级，教师和学生是第一阶梯，教育目标设计者和学生家长是第二阶梯，教学管理者和教师、学生的利益相关者群体是第三阶梯。这种分层分级只是相对的，在高等教育大众化、普及化的情况下，教师和学生这种"一线主体"也不一定有自己真实的需求或满足需求的愿望与能力，这种情况另当别论。

这些复杂主体的共同点是都是理性行为者（与基础教育不同），他们的合理诉求都应该得到尊重，活动中的主体角色转换、个体差异都应该得到包容。

第二，是价值及价值关联的客观存在性。高等教育复杂的主客体关系决定了教学活动的无限丰富性，但是，我们并不能为这种丰富性所困扰、迷惑，甚至束手无策。这一切的主体及作为非主体的物化成分，在这个活动中都具有价值，都具有价值表达功能。这就是高等学校教学活动所必须显现的特殊过程，基础教育可能不一样，可能作为主体的学生根本就没有求知需要，因为他们还是非理性的人；但高等学校完全不同，学生无论如何都是具有求知、成才欲望和需求的，这时他们是主体，谁来满足这种需要？教师可以具备条件，书本可以具备条件，网络也可以具备条件，学长与同学也可以基本具备条件，而广阔的社会生活实践也可以。这说明，高等学校的价值关联不仅是客观存在的，而且是无限丰富的，满足活动主体需要的供给者不是唯一的。

第三，是活动结果的临界性。所谓活动结果就是价值实现的目的，基础教育（尤其是义务教育）阶段的教学活动结果是知晓人类的既往文明，为探究未来、利用自然与社会规律做准备。随着社会的发展进步，这种以"知晓"与"准备"为目的的阶段越来越长；但高等教育作为人类教育活动的最后阶段，前面的"知晓"目的已经退居其次，主要是面向社会与自然实际，开始尝试认识和探究、利用人类社会和自然世界的规律。这种活动一要有分工（专业划分），二要开展直接的尝试活动。这种教育与社会生活之间的临界性是解释现行高等学校教育中"知识（教材）中心""教室中心"等弊端的有力理论武器，正因为临界性，教学活动中的很多面向对象的认识问题都没有统一标准，尚在探索之中，所以要有探究性教学、研究性学习、讨论式教学等，一切以"标准答案"为教学效果检验依据的做法不可取。

总而言之，高等教育以上的三个显著表征一方面为研究高等学校教学活动提供了视角，另一方面也直观地驳斥了移植一般教育学和教学论的荒谬所在。高等教育教学与基础教育教学的大前提是完全不相同的，有些本该属于高等学校教学基本规定性的东西反被用到基础教育领域，这实际上是当今社会关于教育价值的混乱与无序。

### （三）高等教育的价值实现

价值实现是主体论研究的一个新视角。以前的主体论重点研究价值本身，主要从价值构成、价值生成、价值变异等方面入手，解决的是价值"be"问题。现在，哲学也面临从天堂回归人间的问题，这就要解决价值"to"问题。价值实现就是突出价值的实践属性，使原有的价值从潜在状态变为行为表现，并可以被感知。

高等教育作为人类社会教育生活的一个阶段或直接就是一种人类社会生活（不从属于教育生活范畴），其根本目的就是价值实现，包括主体的价值实现、对象的价值实现、活动的价值实现。就主体的价值实现来说，至少有学生为实现个体全面发展的价值诉求、教师为达到成就认可与事业发展的价值诉求、学校为体现社会功能与发展力的价值诉求、政府为提高国际竞争力而发展高等教育的价值诉求，以及社会有寻求人人发展、人人公平、人人贡献的价值诉求。高等教育活动对象的价值实现就是实现知识育人和功能服务，活动本身的价值实现就是培养教师与学生共同探索社会、自然和人类自身的发展规律的能力，从而进行相关认识和探索实践。

因此，以往关于大学功能的三分说实际是机械主义的产物，对特定大学和一般高等教育来说是正确的，但也在世界范围内误导大学的发展，形成了大批同质化大学、模式化大学的发展思路，即高等学校的价值实现就是基于自身目标的价值转化，与外在的功能规定性毫无关系，即使强加上也不可能实现目标。

由于人类文化存在中包含着许多非理性的东西，如风俗习惯、伦理道德和宗教信行二信思想，有些政治、法律、礼仪、制度等也是在非理性的价值思维肯定基础上建立和发展起来的，会影响人的价值思维及价值实现，因此，价值实现理论要求通过与人的教育来排除这样或那样的非理性的思想。所以，教育者首先必须受教育，要想别人提高理性首先自己必须符合理性。即使受教育者的觉悟尚未达到理性的高度，或者他的思想、行为尚包含着非理性，也必须尊重他、关心他、爱护他。只有先尊重他、关心他、爱护他，才有可能启发他、教育他、改变他，而且还必须出于真诚的愿望和善良的动机。对人的非理性决不能采取粗暴无理的态度，更不能愚弄他们、戏弄他们，否则就会陷入以非理性对待非理性的地步，那是绝对达不到理性教育的目的的。这就是高等教育的真谛所在。

## 三、价值论视角的高等学校教育管理

教育管理的价值问题一直有人研究，并可以把过去的所有研究（包括中小学教育管理研究）都归于教育管理价值论研究（尽管高等学校教育管理价值研究还相当不足），教育管理的价值研究是解决教育管理"有什么用"的问题，是静态的观点。而静止意义的教育管理是毫无意义的，只有价值实现的动态过程才是教育管理的真实性所在，但这方面的研究几乎没有人做，笔者把这个问题称作教育管理价值实现论研究。

## （一）价值实现：高等学校教育管理的本质与核心

教育管理价值实现主要从教师的价值实现、学生的价值实现和学校的价值实现三个方面展开。其他凡是涉及教学活动的功能主体（人、物或机构）都存在教育管理价值实现问题，但都不是主要的，比如，教学管理者们的价值实现实际就是代表学校的教学价值实现，黑板、投影、幻灯、多媒体、网络等教学设施的价值实现是附属于教师和学生两个主体价值实现之中的。所以，从根本上说，教育管理分类不能细化到器物或技术层面，器物或技术层面的教育管理研究不是教学论研究的范畴，研究出了什么结论也一定是短命的。教育管理首先是教师的价值实现，这不难理解，教师的社会职业价值就是传授知识和培育人，这个价值实现得如何，就看教育管理。所以，教育管理创新是教师的传授性价值实现。学生的价值实现长期被忽视，为什么要到大学里来？要每一个学生都准确回答这个问题其实是非常困难的，或者说过去乃至当前很少有学生能够回答出来，很多学生可能就是"为上大学而上大学"，或者"为了有一个更好的工作"，这其实都不必非上大学不可。学生的价值就是通过接受知识和教育而成才，那么学生的价值实现就是如何有效接受知识和教育的问题，教育管理是最重要的媒介，可以称为接受性价值实现。学校的价值实现就是将学校设计的人才培养目标转化为现实的合格人才。相对于教师和学生的价值实现，学校的价值实现要单纯一些、中立一些，这里的单纯不是指类型与规格，而是指实现过程属性的基本要求不是瞬息万变。

教育管理中的价值实现问题是研究中的空白环节，其主要原因是忽视了教育管理应该作为学生价值实现的客观存在这一问题，一直以为学生就是教育对象，处于被动地位。大学生尽管也是学生，具备"学生"的一般属性，但毕竟是"大学生"，无论是"大学之生"还是"大的学生"，都不能与通行的"学生"画等号。一方面是大学的特定环境决定了这里的学生不能与别的学校的学生一样；另一方面是这些学生确实已经"大"了，成人了，也基本成熟了，他们被称为是"年轻的成年人"，这就决定了他们应该有自己的价值目标及实现价值目标的个人诉求。

在教学活动的价值实现过程中，无论价值主体的变化如何，归根到底是人与人之间的关系，是主体间的关系，而这种关系是充满文化意义的。在处理主体间关系时，绝不能只把对方看成客体，而必须把他也看成是主体。高等教育作为人类社会最为理性的活动，目的是建立一种理性的主体间的关系，而不是建立人与自然界的那种机械的主客体关系，即认识主体与纯粹客观对象之间的那种关系，更不是建立主仆关系、统治与被统治的关系。因此，必须克服仅从自我合理性出发而否定他人的合理性的现象。

价值实现是高等学校教育管理的评价尺度，教育管理就是教学活动主体间的价值实现。在这个过程中，主体间、主体与对象间具有不同的价值诉求以及为满足价值诉求的、达到设定目标的丰富而复杂的程序，甚至价值目标也在不断修改，主客体角色也在不断转换。

## （二）高等学校教育管理的特定表现在于师生感受共轭

既然高等学校教育管理的本质是价值实现，那么在这个复杂活动中可以考量的"质"是什么？这是一个绕口的话题，就是用什么方法来知悉教育管理，用什么标准来判断教育管理。我们知道，作为价值实现的结果，可以用目标的实现程度来度量和检验，而关于价值实现过程本身状况的评判就只有用"感受共轭"来表达。

共轭本是一个自然科学术语，在数学、化学、物理学、生物医学等领域都有这样一种现象或规律，它们的共同点是有至少由两个要素构成的关联体，比较有代表性的比如数学中的共轭复数（实数部分相等而虚数部分互为相反数的两个复数）、物理学上的共振、生物医学中同时发生在同一轴上的平移和旋转活动或在一个轴上旋转或平移同时伴有另一轴的旋转或平移运动的脊柱运动现象，最典型的就是化学中的共轭——氧化与还原反应中电子供体 $AH_2$ 氧化成 A 时，电子受体 B 必须还原成 $BH_2$。我们常说的"有机组成部分"的"有机"关系就是指这种两个或两个以上元素间的"共轭"效应和关系，而不是无厘头的一句空话。因为，共轭效应和共轭关系是有机化学的一个重要特点，而且还具体分为正常共轭、多电子共轭、超共轭效应、d轨道接受共轭等多种情况。

有机化学领域的这种"共轭效应"是由于分子中原子群体之间存在的相互制约、相互配合和相互影响的作用，从而使整个有机化合物的分子结构更趋稳定，内能内耗减少，分子极性增大，抗力增加，外力不容易破坏它。在有机化合反应中形成共轭效应的关键是使每一个原子按照其在分子结构中的相互关系和各自"角色"，重新整合定位，相互作用、相互制约，"取长补短"，形成结构稳定、抗力增强的新生有机体。作为反应发生的诱导效应是指在有机分子中引入一原子或基团后，使分子中成键电子云密度分布发生变化，从而使化学键发生极化的现象。根据电子云密度情况，引入原子或基团的"极化"有时是正的诱导效应，有时是负的诱导效应。

感受是人所处的各种外部情境的刺激与个人心灵反应的核心接口，一个人对外部情境乃至世界的所有理解和认知、经验的累积、思维和能力的提高都始于感受这个基本环节。感受和心灵的关系非常密切，任何的感受都会产生特定的心理活动，特定的心理活动也会产生相应的感受。教学活动中，仅就师生两个主要参与者来说，情况是各自感受着客观存在，而且作为一节课、一门课程，教学活动的目标也应该是共同的，那么联结师生感受的就是教育管理，只有师生为了共同的教学目标所怀有的教学感受达到一致时（共振或互补），这个活动才是完整的。所以说，"感受共轭"是教育管理的实际表现形式。当然，除了师生双方的感受，还有其他方面的感受，如教学管理者、教育管理观察和评判者、教学目标制定者等，他们都会对一节具体的课、一门具体的课程有着各自的感受，但不是方法的直接"共轭体"，而是间接的"共轭关系"。

由于没有充分认识到高等学校教育管理的共轭性，教育管理问题长期徘徊不前，莫衷一是，教育管理的好坏不知是教师的原因还是学生的原因，抑或是评价者的原因。

## （三）高等学校教育管理的"小而全"性

按照价值论的视角，高等学校教育管理的实质是以师生为主要代表的多方利益关联目标的价值实现，具体表现形式是师生的感受共轭，那么它的特点是什么？从现有教育管理研究和应用成果及实现教育管理的目标价值来看，高等学校教育管理的显著特点就是"小而全"，必须具备了"小而全"特点的教育管理才是有效的教育管理。

高等学校教育管理的"小"是就教育管理概念本身而言的。无论在高等学校教育教学活动范畴还是在概念体系内，教育管理属于非常"下位"的概念，仅高于某个被运用的具体手段或措施。虽然"小"，内涵与要求却一应俱全，缺一不可，好比一个细胞就是一个生命体的最基本单元，教育管理就是基于教学活动范畴的"细胞级"概念，细胞因为基本结构和功能都具备才被认为是生命的基本单元。教育管理的"全"在于两个方面：一方面，它是一个具有内部环境范畴的概念，这些环境具体有哪些，也许就如人体的"经络""气脉"一般，存在而尚难具体地机械化地加以分别，也就是说，在"感受共轭"环节，有无限丰富的环境因素在不断进行主客体间的转换、信息流的发生与反馈等；另一方面，它具有无限多的具体信息传递、情感激发手段和措施及措施的组合，而且这些手段和措施及其组合又在不同的学生和教师间演变。因此，要想使一节课或一门课程"受欢迎"，必须具备"小而全"的基本特征。

以前，我们基本没有把教育管理作为一个完整的活动概念和范畴来分析。也就是说，用整体思维观点对教育管理的这个微观系统的建构还不够，现在要更深入地进行这个微观系统的创新，逻辑上缺少了一个上位环节。所以，我们在研究实践和研究"教育管理创新"这个命题时，总感觉无从下手，不着边际，以至于推广不开、影响不广、价值不大。

# 第三节 教师的职业价值及教育管理创新主体

## 一、教师的职业价值

顾名思义，"教师"是一种社会职业称谓，无论是何种层次教育机构的教师，教书育人是其天职，"教书"是指教学方面的活动，"育人"是教书的根本目的所在。当然，实现"育人"目标还有其他很多途径，"教书"不是唯一途径。具体来说，"教书"关键在于"教"，就是典型的教学活动，包括教育管理问题；"书"，只是作为知识体系的一个形象指代，但不仅局限于教材、课本。对于高等学校的教学来说，很多情况下没有"书"也能够教，小的可以是师生参与一次实验和实践，大的可以是探究自然或社会某一方面的现象和规律。大学教师如何对待这个"书"大有文章可做。

### （一）"三分法"职业价值缘起及其盛行

现代大学被赋予人才培养、科学研究和社会服务的职能之后，高等学校教师的职业价值取向就发生了严重分异：有的专注于教学，有的致力于科研，有的热衷于科技开发等社会服务。高等学校教师职业价值取向的这种分异也许都有一个必然的震荡期，震荡期过后必然回归。高等学校是探究高深学问的场所，高等学校教师所从事的工作就是学术职业。这种学术职业随高等学校社会功能的演化而不断分化与综合，在早期的"象牙塔"高等学校内，教师传承学问及与学生一起探讨学问就是全部的学术活动，教师职业的主体任务比较简单。后来，随着学科的分化和社会的进步，大学的科学研究、人才培养和社会服务使命使教师进行了学术职业发展的重新定位，一部分大学教师专门从事科学研究工作，一部分重点进行人才培养工作，还有一部分专事社会服务与技术开发。即使是具有三重使命的高等学校，采取这种"三分法"的措施来实现学校整体功能也是合乎情理的策略，但很多情况下，高等学校教师是在大学的这三大功能中不断进行着角色转换，甚至是利益的博弈。

因此，端正高等学校教师的科研态度，进一步明确高等学校教师的科研价值是当务之急。

### （二）重塑高等学校教师职业价值和培育职业价值观

作为一种当下的应景之策，高等学校把所有教师都作为学校社会职能的实现者加以指责规定，在管理上虽然达到了简便易行，但违背了教师职业的根本价值原则，带来了一系列的不良后果。高等学校教师的根本职业价值不能因机械的"三分法"而具有三重性，它的本质就是以人才培养为核心的学术活动，科学研究和社会服务都是为提高自身业务素质和人才培养质量服务的，也是引导学生认识社会从而成长成才的必然途径。一所高等学校可以有三个甚至多个社会职能，但高等学校教师的职业价值只有一个标准，这是本和末、表和里的关系，相互之间不能颠倒。钱伟长早在 20 世纪 80 年代谈到高等学校教师时就有一个非常直观的表述："你不教课，就不是老师；你不搞科研，就不是好老师。"高等学校教学活动的本质和特点决定了以探究学术为标志的科研活动是教学活动的任务之一，不能把高等学校教学活动纯粹理解为中小学那种以传授知识为主要任务的教学，教师和学生本身都肩负着学术活动任务。

明确了这一点，就要匡正和培育高等学校教师的职业价值感。职业价值感是每一个社会工作者通过对自己所从事职业的价值进行自我判断、对自身职业工作可能取得的成就进行基本估计、对社会所产生的回报和影响进行满意度评价等所形成的基本认同。这是衡量一个社会职业者是否爱岗敬业的基本标准，传统的职业价值有经济价值、安全价值、伦理价值等，而现代的职业价值则扩展到包括个人认同、自我价值实现、个人成长和成就感、人际交往等方面。简单地说，就是社会职业幸福感，作为高等学校的教师，当然是既要让自己获得各方面的幸福，也要使学生获得应有的成功与幸福。如果一名教师连自己到底要实现一个什么样的职业幸福目标都很恍惚，最后的结果自然是什么也实现不了。我们经常听到高等学校教务处处长说教师们的科研任务重、压力大，用到教学上的精力不足；又有科研处处长说现在教师的教学任务如何如何重，师生比达到了多少，没有精力搞科研。这难道就是高等学校的一个难解之谜吗？不是，这只是一种体制化的缺陷和逃避责任的遁词。那些科研搞得好的教师是不会说这种话的，而且就中国的绝大多数高等学校来说，其所开展的"科研"由于原创不足或技术保障条件不足而毫无创新价值。高等学校教师及教师和学生一起所进行的科学研究工作只不过是探究社会和自然规律的一点点常识，却是人才培养过程中的一个有用环节。虽然科研成果在人类发展历史上几乎不会留下什么，但这个过程是人才培养所必需的，因为教师培养出来的学生或学生的学生具有了探究和认识的能力，就可能会取得更加有用的成果。因此，教师的职业价值感不是来自一篇论文的发表、一个项目的获得，而主要是一种对接班人的未来创造抱有希望的期盼。

高等学校教师的职业价值不应仅定位于谋生的手段，也不能简单地被看作是完成任务，只有将职业的价值提升到与个体对生命价值的追求相一致的高度，才能最大限度地激发个体对职业的认同感、归属感，从而才有可能最大限度地使个体投身于教学。同时，高等学校教师也不能把职业价值局限于个人幸福之中，一个有价值的科研活动、一个学生的培养，都不是仅凭教师一己之力就能实现的。因而，要增强团队幸福意识，这会促使教师无论是在教学还是在科研活动中，始终发挥集体的力量，这样就会创造幸福、给予幸福，共同分享职业工作的幸福。

## 二、高等学校教师是教育管理的"强互惠者"

爱因斯坦曾对教育有过一种与众不同的定义："如果一个人忘掉了他在学校里所学的每一样东西，那么留下来的就是教育。"这种从学生角度出发的教育定义开阔了我们的研究视野，对学生来说，能够留下来的有用的东西就是方法——思维方法、学习方法、解决问题的工具性技能等。被称为"力学之父"的钱伟长院士自称从来也没有专门学过力学，那么一定是其在物理学中所学的一系列方法及"国家需要"成就了他的力学建树。所以，教育管理就是在教学活动场域中能有效培育学生的看不见摸不着的方法之法，是承担整个高等教育活动根本任务的业之重器。

在传统的认识论看来，教师是绝对主体，学生与学科对象一样是教师认识和活动作用的对象，照此逻辑，高等学校教育管理的使用及创新自然就是教师的事情。但是，价值论的观点与此不同，价值论认为学生是教育管理的需要主体，教师的方法只是满足学生需要的客体，只有这些方法满足了学生的需要，教师的价值才能体现。这样，似乎教育管理创新的主体就应该是学生了。这种纠结实际上是很多社会现象所共有的，也一直是人们努力探究的问题。

强互惠理论可以解释一些复杂的问题和现象，教育这种与人类相伴而生的复杂社会活动正是因为人类具有区别于其他物种的先天性强互惠行为倾向，才维持和加强了人类的非亲缘性和交互性的高度合作关系。教育从劳动中分离出来是人类最为成功的一次强互惠，带着这种秉性，教育活动内部主体之间也普遍存在强互惠行为，即一切教育活动，包括教师的一切活动都是在目前和未来都不期望得到任何收益的情况下支付成本来奖励公平和惩罚不公平的行为，其终极目的就是人类自身的发展。如果按照弱互惠观点，教师选择使用的教育管理必须依赖学生、教学管理者等人的行为，且对方愿意为教师的这种付出现实成本的选择给予直接或间接的利益回报。这显然就是过去及当下教育管理创新不足的症结所在：教师不愿意为之付出成本或风险，学生及教学管理者也没有承诺兑现相应的利益回报。因为教育管理本身是一个难以在眼前评说的"无形价值体"，其效果的滞后性就是爱因斯坦就教育所说的在学生多少年后"所留下"的，加之学生认知滞后的惰性抵触，学校也不对教师教育管理创新风险给予保护，所以这种交互乃至重复交互性的弱互惠根本就不在高等学校教育管理的选择和运用上，教师和学生是平等的主体关系，但无论是静态观察还是动态计量，教师群体都是少数，学生群体是绝大多数，因此在教育管理的选择上，就不能按常规的"多数派民主"决定，必须由教师方承担主要责任。当然，承担责任不是逃避责任（弱互惠条件下是可行的），而是要将这种责任实施下去。因为在学生群体中，众多学生从小习惯了被安排、习惯了中小学教师的那种讲授式知识传递方法，不愿意甚至不可能提出积极的方法建议，事后也只隐隐约约地"觉得"这种方法"对胃口"或"不对胃口"，很少在教学活动现场表达"感觉"。因此，教师要从高等教育的根本目标出发，深刻理解大学生的智力特点，主动对教育管理改革创新。这种行为对教师来说，需要付出复杂的劳动成本和风险成本，但教师职业的社会性决定了教师就是要为人类社会培养更多具有认识社会发展和世界变化规律能力的人，丰富多彩的教育管理可能对相当一部分学生是惩罚，但一定能够达到维持和提高社会人才培养水平的根本目标，教师的个人成本付出是不需要言说或回报的。实际上，这正契合了社会对高等教育的期望，也确实符合了相当一部分学生的需要，高等学校的教师们要迈出这关键性的一步，积极踊跃地充当高等教育活动的"强互惠者"。

## 第四节　高校学生教育管理创新的原则

建构高等学校教育管理创新理论是为了推进高等学校教育管理的创新

实践。高等学校教育管理创新的原则是以基本创新理论为前提，按照激化矛盾冲突、假设科学有效和追求教学效率（师生的价值实现）最大化的基本规律，指导和规划创新实践的准则。以适切性为特征的创新原则和以有效性为特征的创新目标是不断发展变化着的，不是判断教育管理的唯一价值标准，它们在不同教学情境下遵循不同的要求，不可一概而论，否则就会抹杀高等学校教育管理的复杂性和丰富性。

## 一、高等学校教育管理创新的逻辑起点

任何原则都不是无缘无故的，对于"创新"而言，原则的形成虽然具有一定的历史渊源，但设定一个逻辑起点是非常重要的。开展高等学校教育管理创新不能捕风捉影、泛泛而谈，也应该有相应的逻辑起点。

### （一）时间的起点

高等学校教育管理创新是一个中性的表达，其内在含义是对现有的高等学校教育管理进行驳回与否定，是对高等学校教师教育管理的一种批判。因此，确立高等学校教育管理创新的时间起点非常必要。我国现代高等教育始于1898年，1949年之前尽管大学进行着"科学"实验等西式教学，但中国几千年的传统学术中的讲解法依然阵地强大，甚至几欲掩埋西式教学。所以，1898年不是高等学校教育管理创新的时间起点。

新中国成立后，高等学校经过了简单的接管和清理之后重新开张，因为这时尚谈不上国家高等教育战略，仅是利用原有的一些高等学校培养革命干部，所以在教育管理上基本按照"解放区式—苏式—自创式"等三个阶段发展。"解放区式"教学是指在新中国成立最初几年的大学是按照革命战争年代所办的军政学校的教育管理来教学，这种方法对培养仅有初级文化基础的革命干部是有效的。后来我国学习苏联经验，"苏式"教学可以被认为是精细化的"解放区式"教学，所以在新中国成立前10年，这两种教

育管理得以很好地融合，并主宰着中国高等学校的教学活动。但是，这种教育管理毕竟与西方现代大学的教育管理及逐渐发展起来的人才需要的实际情况格格不入，所以开展"教育革命"已是势所必然，于是诞生了"高教 60 条"。后来的"自创式"教学虽然只有十多年的影响，但很难对其具体定义，总体上应该属于"解放区式"教育管理，这也基本宣告了"苏式"教学和"教育革命"所设想的教育管理彻底完结。

1977 年恢复高考招生制度以来，我国高等教育进入了有序发展阶段，高等学校教育管理创新或者说人才培养模式创新引起了高度重视，各种改革创新措施不断涌现。但是，我们不能因此就把 1977 年作为我国高等学校教育管理创新的时间起点。因为，我国高等教育的发展虽然时间较短，但是经历了重大的阶段性变化。从 20 世纪 80 年代初开始，在高等学校教学秩序基本恢复的基础上，一批以 20 世纪 50 年代初回国人员为代表的高等学校学者们开始呼吁教育的全面改革，其中最重要的一点就是拓宽过窄的专业口径、淡化学科专业界限及培养复合型人才，从而引起了教育管理的改革并出台了《中共中央关于教育体制改革的决定》。以此为标志，以发挥自主创新和学习国外经验并举为特点的新一轮高等学校教育管理改革创新开始启动。这场延续十多年的教育管理改革创新历程在 20 世纪 90 年代初也受到过市场经济与功利主义的侧面影响和校园信息网接入的冲击，但总体上形成了与当时高等教育格局和人才培养目标基本相适宜的教育管理体系。在世纪之交，我国又开始了以 1999 年高等学校"扩招"为发轫的高等教育大众化进程，到 2003 年基本迈进"大众化"门槛。这时，以高等学校人才培养质量为"引子"的"教学质量"话题成为社会的热点，也成为高等教育界必须面对的现实问题。从前的教学观念、教育管理都是与"精英化"阶段相适应的，如今已然进入"大众化"阶段，原有的一套行之有效的方法必然失灵。这很正常，并不是教育管理本身出了问题，而是教育管理发挥作用和价值所依赖的外部条件发生了变化。因此，以 20 世纪 80 年代中期作为开展高等学校教育管理创新的时间起点是比较合适的，它既观照了我国基本稳定的高等教育"精英化"时代的教育管理，又直接面对已经进入"大众化"的高等教育的实际，特别重要的一点是 20 世纪 80 年代也是我国高等教育学科建设及以教学为重点的教育科学研究全面兴起的时代，近 40 年来的研究成果比较丰富，对现实的教学影响比较大。在"大众化"这个阶段，我国的高等教育发展可能会有相当长的一段路程，这就决定了适应高等教育"大众化"的高等学校教育管理创新不是一蹴而就的事。

### （二）对象的起点

教育管理是可感可见的，教育管理创新也不是创造和发明新的教育管理，而是对现有方法的合理利用和优化整合。所以，要进行教育管理的改革创新，必须明确对什么教育管理进行改革，这是教育管理创新命题的落脚点。

教育管理的内涵比较复杂，有些研究者在论述教学原则时似乎就站在"教学原则"的立场，把教育管理的使用也包含了，例如，因材施教原则不能理解为教学内容和教学对象的因材施教，对具体的大学生或者中小学生的教学，内容基本是固定的，所不同的是方法和手段；也有此研究者把它泛化成"教学模式"，有些又把它极端化为教学过程（极小的瞬间或者极大的一节课）；更多研究者则是把它分化成具体形式。在教育管理的分类问题上，有研究者把教育管理按照在教学活动中使用主体的偏向性分为主要服务于教师需要的和主要服务于学生需要的两类，那么，究竟针对教育管理的哪一个问题进行改革创新？对象不清，创新从何而来？

上述问题的每一个层面都有值得改进的地方，但创新所要求的是进行根本性的变化，那么属于微观改进的方面就不在创新范畴之列。对于究竟是针对教师的方法还是针对学生的方法进行创新，这种分析本身毫无缘由，是"工具理性"思维方式的结果，因此不存在针对方法使用主体的创新。实际上，教育管理的根本问题是选择和使用的问题，因此，对于教育管理选择和使用的基本指导原则、多种方法的组合关系（或称教学模式）、教育管理使用效果的评估都具有创新价值。

### （三）范围的起点

高等学校是一个庞杂的体系，在这个体系中，既有不同层次和类型的学校，也有培养不同层次和规格人才的任务，所有的学校和人才培养过程中都进行教学，都需要教育管理改革创新，但其中的差别是非常大的。在研究型大学和教学型大学之间、研究生教育和高等职业教育之间，教育管理本身就不能相提并论，各有特点，相互之间的借鉴和学习也许就是一种创新行为。因此，就一般创新来说，我们的立足点是普通本科教育教学活动中的教育管理。

## 二、高等学校教育管理创新的原则

20 世纪 80 年代以来，随着高等教育学研究的兴起，高等学校教学理论与实践日益丰富，也引进、提炼出很多"教学原则"，其中有很多属于教育管理范畴的原则，但教学原则只是关于教育管理选择和使用的一部分原则，不是教育管理创新原则。创新理论最先由美国经济学家熊彼特于 1912 年建立，一百多年来，人类社会的创新理论和实践也在不断发展，一般而言，创新就是在有意义的时空范围内，以非传统、非常规的方式先行性地、有成效地解决社会、经济、技术等问题的过程。创新包括五层含义：① 它是一项活动，目的在于解决实践问题；② 它的本质是要突破传统、突破常规；③ 它是一个相对概念，其价值与特定的时间、空间密切相关；④ 它无处不在，人人可为；⑤ 它以成效和结果为最后的评价标准，可分成若干等级。因此，教育管理创新实际上就是教育管理选择和使用的变革问题，教育管理创新原则就是用来指导教育管理创新活动的相关规定。

根据创新活动这样一些规定，高等学校教育管理创新的基本原则有如下五种。

### （一）科学性原则

高等学校教育管理创新无论是在方法论层面还是在具体的教学艺术与技巧层面进行，都必须是科学合理的而不是随心所欲的，是科学性与艺术性的统一。同时，创新活动还必须同时符合相应学科规训和教育学科规律的基本要求，违背任意一方面的基本要求，创新就是为创新而创新的形式主义，不仅不能达到理想效果，还会歪曲教育管理创新的本来面貌。

为了做到教育管理创新符合科学性原则，在创新活动实施之前就应当对创新活动的实施及结果进行基本评估，使其尽可能更合理一些，操作更便捷一些。

### （二）相对性原则

创新本来就是相对于原有状态而言的，任何创新都不可能达到绝对的最优、最佳、最先进的程度。教育管理创新的相对性，是针对人类既往所使用的一切教育管理而言，是总结和继承传统教育管理合理成分而开展的相对完美的改革，没有过去就不可能有教育管理创新的未来，无论是从具体形式、组合方式还是所产生的后果来看，只要取得了相比以前更好的效果，就是成功的创新实践。是真正的教育管理创新必须是能够推广的，而不是"独门绝技"。以前的很多教育管理改革创新，虽然在个别或局部产生了比较理想的成绩，但是推广价值不大，影响面小。相对性原则是我们开展教育管理创新所必须坚持的一项基本原则；否则，一切创新都会成为过眼烟云，不会给高等学校教学留下有价值的经验和财富。

### （三）适切性原则

教育管理创新的基本要求是符合教学需要，创新是实实在在的实践活动，不能有理想主义的侥幸心理。教育管理创新设想一定要适合教学内容、教学对象、教学目标及时代与社会的需要，方法是服务于内容、服务于主体、服务于目标、服务于环境条件的，不同方法适应不同的内容、主体、目标和环境。因为高等学校的这几个基本教学要素几乎时刻在变化，这要求教育管理创新活动也必须每时每刻无处不在。即使是同一个教学内容、相同的教学目标和同一个教学时空，学生的情况也各不相同，教师可以尽最大努力实施多样化教育管理或调整不同的教学进度。

## （四）开放性原则

高等学校教育管理创新需要有一个开放的环境和宽容的氛围方能顺利进行，现有的各种管理、评价、考核制度不是鼓励教育管理创新，实际上是限制甚至是扼杀了教育管理创新。就教育管理创新的内在需要而言，一要有开放的视野，不能仅在教育学的圈子里也不能仅在已有的高等教育学圈子里打转，创新就是突破和超越，站在井底就超越不了井口的视野，因此要鼓励多学科、多领域、多国度地学习借鉴，当然，这种学习借鉴必须是认真消化了的、契合高等学校教学基本要素需要的；二是在教学管理上对待教育管理创新也必须是开放的，不能把课堂规定得太死，课堂就是教师和学生的课堂，要提倡把课堂还给教师和学生；三是在教育管理创新结果及评价方面也必须持开放态度，既然是创新，就要允许有多样化结果，甚至容忍失败，而不能用传统的结果观念和标准考量创新的教学实践活动。同时，在评价某位教师的某门课程的创新价值问题上，也应该科学地看待评价主体（学生）的认识能力及其当下的感受，有时当下的感受可能是不真实的，需要很长一段时间加以内化、比较以后才能做出客观的评价，所以不应一味苛求课后即时评价的好评如潮。对教师来说，所谓的教学风格主要也是运用教育管理的相对固有模式，这种模式不在于让每一次教学活动都感受深切，一定有所变化、有所改进，风格是在一届又一届的学生事后评价中产生的。

### （五）公利性原则

公利即公共利益，与私有利益相对。在人类社会发展中，对负面的"私利"的研究和剖析较多，而对普通的"公利"熟视无睹。公与私是一种系统联结概念，并非对立。公的根本价值在于为私服务，在于为私与私之间的利益分配提供公平保障。"公"是一个相对概念，从小处说是"私之外"，从大处说有国家民族之"公"、有人类社会之"公"；"利"就是具有某种可用性的价值体，分自然存在物之利和人为事物或事务之利两种。高等学校教育管理属于人为的无形有用价值，无论是使用还是创新，都属于公利范畴，按照强互惠理论就是一种典型的公利行为，如人类教育的产生（一些人不劳动而集中学习成长）、义务教育的规定性、高等教育大众化进程等都是宏观的公利性，教师在教学活动中的教育管理创新必须是公利性的。

作为一个具体个人的教师，公必然源于私，但是一定要注意处理"公心"与"公利"的关联。尽管出于"公心"，但要明确利为谁谋，不是当下的自己和学生，教育管理的评价也不是当下的评价。私心谋私利，公心不一定都是谋"公利"，为了眼前的"公"谋利，是一种有回报的弱互惠交换行为，算不上公利性。公利性也不是常见的平均主义式的公平利益，而是适宜每个学生发展的内在的公平之利，用一种方法对付全体学生不是本书的"公利性"所要求的。

## 第五节　高校学生教育管理创新路径与评价

教育管理创新路径与创新评价是高等学校教育管理创新活动中两个重要的实践要素，对这两个问题的研究，既可以是对过去或现存状态的追寻或总结，也可以是对未来教育管理创新的价值建构。

## 一、高等学校教育管理的创新路径

教育管理的工具理性决定了它没有意识形态的栓结，无论是过去已经存在的教学创新方法还是未来需要着力改进的新的创新方法，无论是各种自创的创新方法还是学习借鉴而来的创新方法，都值得被推崇，但都要客观地分析教育管理的人文环境的适应性和技术支撑条件的差异性，不能盲目。

就教育管理创新的基本路径而言，科学性和新奇性是两个基本判据。在创新理论部分分析了教育管理的内在规定性是"价值实现"和"感受共轭"，这对教育管理创新实践同样具有理论指导意义，"价值"是科学性创新路径的规定，"感受"是新奇性创新路径的规定。无论是自创还是借鉴已经存在的教育管理，教学方法本身的价值或科学性一般不应存怀疑，因此对于"感受"所必需的新奇性要加以重视。

在具体阐述教育管理创新方法之前，必须提示两点：一是在方法创新过程中，借鉴国外高等学校教育管理是一个有效途径，这个途径提高了教育管理的丰富程度，感受性的最大特点就是丰富性，丰富性不够师生对于教育管理的感受共轭就是贫乏的；二是要重视教育管理的人文环境适应性和技术支撑条件的差异性的存在，在学习借鉴时，要根据不同对象创制并分析该方法创制的原始背景，再加以利用，同时要注意克服推行过程中的技术限制因素，尝试其他途径或通过相关技术解决问题，这本身也属于创新思维范畴。

在教育管理创新实践活动中，掌握一些创新原理和方法只是能否实现创新的前提，不是解决创新的灵丹妙药。只有不断深入学习，深刻理解创新方法，积极开展创新实践，才可能有效地掌握创新方法，取得创新成果。结合创新理论原则和高等学校教育管理的历史与现状，总结分析得出成功而有效的教育管理创新方法主要有以下七种。

## （一）组合法

无论是在自然界还是在人类社会，组合创新非常普遍。就教育管理而言，就是将两种或两种以上的方法或方法理论的一部分或全部进行适当叠加和组合，形成新的教育管理。组合法是创新原理之一，也符合教育管理创新实践。爱因斯坦曾说："组合作用似乎是创造性思维的本质特征。"组合创新的概率与空间是无穷的。据统计，二十世纪的重大创造发明成果中，三四十年代是突破型成果为主、组合型成果为辅；五六十年代两者大致相当；从八十年代起，组合型成果则占据了主导地位，这说明组合已成为创新的主要方式之一。

## （二）分离法

分离原理是把某一创新对象进行科学地分解和离散，使主要问题从复杂现象中暴露出来，从而理清创造者的思路，便于抓住主要矛盾。在创新过程中，分离原理提倡将事物打碎并分解，鼓励人们在发明创造过程中冲破事物原有面貌的限制，将研究对象予以分离，创造出全新的概念和全新的产品。教育管理创新的分离法，就是把过去或原有的司空见惯的方法加以分解，按照一定逻辑关系进行整理，然后突出某一部分甚至将其扩充放大，成为一种等同甚至超越于原来方法作用的新方法。

## （三）还原法

还原实际就是要避开现行的世俗规则，即将所谓"合理"的事物设定为"非"，而将事物的原状设定为"是"，就是要善于透过现象看本质，在创新过程中回到对象的起点、抓住问题的原点，将最主要的功能抽取出来并集中精力研究其实现的手段和方法，以取得创新的最佳成果。教育管理创新与其他任何创新一样，都有其创新原点，寻根溯源找到创新原点，再从创新原点出发去寻找各种解决问题的途径，用新的思想、新的技术和新的手段重新构造方法，从本原上解决问题，这就是还原创新方法的精髓所在。

## （四）移植法

创新理论认为，移植法是把一个研究对象的概念、原理和方法运用于另一个研究对象并取得创新成果的创新原理。"他山之石，可以攻玉"，移植法的实质是借用已有的创新成果进行创新目标的再创造。教育管理创新活动中的移植法，可以采取同一学科领域的"纵向移植"（我国高等学校教育管理的通用手法是非理性的"下位"的基础教育教育管理"上移"，而当前基础教育教学改革中则采取了诸如研究法、实验法等更多"上位"方法"下移"），也可以采取不同学科领域、不同地域的"横向移植"，还可以采取将多学科领域、多地域教育管理的理念、思维、方法等引入的"综合移植"。移植能够取得新的成果，在教育管理方面也符合"感受共轭"中的新奇性标准：没尝试过的就是新奇的。

## （五）逆反法

逆向思维是一种重要的创新方法，逆反法要求人们敢于并善于打破头脑中常规思维模式的束缚，对已有的理论方法、科学技术和产品实物持怀疑态度，从相反的思维方向去分析、去思索、去探求新的发明创造。实际上，任何事物都有正反两个方面，这两个方面同时相互依存于一个共同体中。人们在认识事物的过程中，习惯于从显而易见的正面去考虑问题，因而阻塞了自己的思路。如果能有意识、有目的地与传统思维方法"背道而驰"，往往能取得极好的创新成果。教育管理中有一种备受推崇的"深入浅出"法，其实从逆反法的角度分析，高等学校教学中的很多课程内容可能并不适合"深入浅出"，而采用"浅入深出"才能引人入胜。

## （六）强化法

强化是一般创新方法之一，它是基于科学分析研判基础上的一种"包装术"——合理策划。强化法主要对原本一般的方法通过各种强化手段进行精炼、压缩或聚焦、放大，以获得强烈的创新效果，给人以感觉冲击。分析国家级教学名师们的教育管理，很多都是采用强化法，把普通的教育管理概念化，或者按照分离法原则把一个普通方法的局部元素加以剥离、充实，并开发到极致、应用到极致，最终打上首创者的名号。这样获得的教育管理不仅是"新"的，也是"强"的。

### （七）合作法

高等学校教学活动是典型的深度合作活动，这种认识长期没有得到推广，以至于教育管理的单边主义长期盘桓、根深蒂固。改革现行屡遭诟病的教育管理，推进高等学校教育管理创新，思路之一就是从教学活动本源入手。有学者分析"对话教学法"是以师生平等为基础、以学生自主研究为特征的典型的合作创新方法，并由此推演出"以教师为中心""以学生为中心""师生关系平等"和"突出问题焦点"四种对话教学模式。其实，任何教育管理的创新，从创新主体而言，合作的路径都是无限宽广的。这是因为科学的发展使创新越来越需要发挥群体智慧才能有所建树。早期的创新多依靠个人智慧和知识来完成，但诸如人造卫星、宇宙飞船、空间实验室、海底实验室等，仍需要创造者们摆脱狭窄的专业知识范围的束缚，依靠群体智慧的力量及科学技术的交叉渗透完成创新。

## 二、高等学校教育管理创新评价

推进和深化高等学校教育管理创新实践的一个重要命题是是否要及如何开展教育管理评价。教育管理评价的缺失或不当，是教育管理创新实践衰微的原因。因此，建立适合高等学校教学内容、教育对象和教学发展特点的教育管理评价机制，有利于推进教育管理创新实践活动。

教育管理创新评价的起点是教育管理常态评价，通过对教育管理的常态评价促进教师的教育管理创新，通过教育管理创新评价进一步科学引导教师的教育管理创新实践。教育管理常态评价就是分析、判断任何教学活动中教师所使用的教育管理状况及其影响，并提出建议。

教育管理常态评价的目的不在于推选出一种或几种最优教育管理，而在于促进教育管理的多元化和有效性，使学生的感到满足，从而激发学习兴趣，增强学习动力，提高教学活动的整体水平和质量。"最优"教育管理是不存在的，所有有效的教育管理几乎都是组合性和适切性的产物。因此，常态评价的标准不是组织设计性的，而是一种常态模式状态下的灵活评价标准，即符合基本教育管理要素，适应不同教学内容和教学对象，教师和学生的感受趋于一致。当然，由于教育管理最后是以"感受"为评判基础的，"新奇性"创新标准经常容易被教师误用为"取宠术"——满堂取悦学生的奇闻轶事，这是在实施常态评价时应引起关注的。另外，教育管理常态评价过程必须是动态的，不能以一两次评价代替某位教师的某门课程教育管理状况。

## （一）创新评价原则

教育管理创新评价是在教育管理常态评价基础上，用来引导和规范教育管理创新活动的手段之一，评价结果反映了教学活动中教师所用教育管理的科学性、合理性及有效性。进行创新评价或者评价某个教学活动中的教育管理是否具有创新性，应至少符合以下四项基本原则之一。

### 1. 批判性原则

与常态评价不同，考量一位教师的教育管理是否具有创新性，首要的判据不是方法是否稳妥、正确，而是方法中的批判性成分，包括该方法对教学内容的常理的、现行结果等是否具有反思维或质疑，对学生的问题意识、探究情怀是否有暗示作用。现行教育管理中的知识讲授、灌输等方法之所以一直被诟病，就在于它使知识显得苍白而平面，不能培养学生的问题意识和探究兴趣。在批判原则之下，可以产生较多的具体方法，只要它们具备批判属性，就都属于教育管理创新范畴。

2. 挫折性原则

无论是抽象的观念还是具体的方法，举凡具有"新"的本质属性，或多或少都有过不被立即接纳和认同的境遇，人类社会在漫长的进化史中有一个共识，就是对于"新"既怀有期盼，又保持戒备。一种新的教育管理被创设或引进到一个教学情境中，必然会有一定风险，会遇到各种阻力乃至反对，一片欢呼、推行顺畅的新方法十分罕见。这里，教师对于风险的评估及是否决定推行被视为内阻力，而遭遇风险被视为外阻力。无论是内阻力还是外阻力，都是任何新方法所必须面临的挫折。同时，这种新方法本身在实施过程中还含有"挫折"意蕴，例如，项目教学法就使学生在参与实施新方法的过程中体悟到探究和推演的复杂性和艰难，在挫折中寻求成功，进而体会新方法的意义，获得愉悦感。

3. 丰富性原则

有效的教育管理很少是单一性的，通常是多种方法的组合运用。评判一次教学活动或者一位教师一贯的教育管理是否具有创新性，应该考察其方法使用的丰富程度。在漫长的教育教学历程中，人类创造了无数的教育管理，每一种方法都没有好坏、正误之分，关键是这种方法是否适合教学对象、教学内容和教学情境。具有创新性的教育管理必须具有一定的方法种类丰度，单一的方法在现今条件下即使具有创新性，也一定非常微观，无法解决常规教学层面的问题。总结教学名师们的教育管理，发现在其"品牌性"方法之外，都有非常丰富的教育管理贯穿于教学活动之中，其中还有一些是教学方案设计之外的"非设计"方法，被教师们临场发挥，服务于特殊需要的教学过程。"非设计"方法是教育管理创新丰富性的表现之一，它也准确地反映出不同教师运用教育管理的能力和水平，高水平的教师可以在教案设计方法之外游刃有余、得心应手地选择恰当的方法开展教学，而初任教职的教师可能在教案中设计了若干教育管理，或者用一些超出教学安排的计划来满足学生的一些兴趣。

4. 关联性原则

高等学校教育管理的实现途径正随着技术进步发生着快速而深刻的变化，多途径实现教学目的成为现代高等学校教育管理创新的革命性特征。与传统的讲授法、灌输法相比，现代技术带来的教育管理（手段）创新突出了技术性优势，从"粉笔＋黑板"进化到幻灯、多媒体及网络课堂，有效地提高了教学效率，为交互式教学提供了时空与技术保障，师生教学灵感也及时得到了捕捉和储存，但这只是教育管理创新关联性的一个方面——方法与手段的关联。级联递增式的关联性在一定程度上否定了教育管理的技术元素，完全依赖现代教学技术推进教育管理创新也不妥当，因为人类的教学活动从产生到现在，从来就不是技术的"奴隶"。因此，关联性创新原则要求教育管理不能在技术面前无所作为，也不能搞"唯技术论"，应回归教学活动中"教"与"学"的本位开展创新。人是社会生活中最活跃的因素，离开先进技术设备条件依然可以开展教育管理创新活动，如很多大师成长经验或教学经验中的"点化法"，就屡试不爽，成就了不少人才。

## （二）创新评价主体

在对教育管理及其创新性的评价中，主体必须是多元的，任何单方面的结论都不足信，尤其是从教学管理角度开展的教育管理及其创新性评价更是有违教育管理的本质要求。教育管理创新属于学术文化范畴，因此，对于教育管理的评价不属于高等学校的行政管理而属于学术管理。学术性评价的主体应该是多重多元的，只有这样才能逼近教育管理及教育管理创新性的本质，否则就是对教育管理的机械性误导，会极大地扼杀教育管理运用的灵活性和教育管理创新的积极性。

教育管理创新评价主体一方面是教学活动的直接参与者——教师和学生这个二元主体。学生这一方面的情况是动态变化的，即某位教师的某一门课程的教学对于某一年级的学生一般只有一次，待教师重复进行教学时，学生已经全然改变。因此，教师的教育管理改革为什么尤为滞后，关键就在于学生对某门课程的学习及对教师教育管理的感受是唯一且不可重复的，即使有一些中肯的建议，但检验这些建议是否被采用的是下一届学生。所以，对教师教育管理创新评价主体中的学生界定必须包括几个年级的学生。对于通用性强的公共课程、专业平台课程等，要把多课头学生全部纳入评价主体的范围，但这对大量专业性课程并不适用。

教育管理创新评价主体的另一方面是教学团队成员。无论这个团队是否形成建制，规模大小、关联强弱如何，通过这个团队，都可以从方法适应内容角度准确界定教师教育管理的使用及创新状况。

至于很多高等学校已经组建并运行的"教学视导"机构的人员，是教育管理创新的评价主体之一，但由于学科专业的巨大差异，他们只能从通用性方法，即从符合教学一般规律性的方法入手加以评价，不能代替教学团队的评价。

教学管理部门参与教育管理创新评价是间接的，只能从程序设计、持续推进、结果反馈和分析等方面着手。

# 第六节　高校学生教育管理文化创新

从基本职能和主要活动特征分析，高等学校属于社会的文化和旅游部类；而在内涵宽泛的文化概念中，学术文化是高等学校一切活动的内在属性和外在表现，它既包括科学研究，也包括教学活动，还包括社会服务中的成果转化与技术革新。创新是学术文化的生命元素，建设高等学校教学学术文化，必须高扬创新旗帜，为教师开展教育管理创新提供良好的环境和精神指导。

## 一、高等学校学术文化与教学紧密相关

现在，人们一提到"学术"似乎就指向了专门的科学研究活动，但在高等学校，这种认识是不准确的，或者说这种观念是在长期的"以偏概全"误导下对高等学校活动本质特征的误解。这主要是由于这种狭义的学术活动是很晚才出现的，而且它似乎还排斥科技应用，使学术陷入了一个非常狭窄的范畴。

追溯高等学校主要活动的起源，教学活动无疑是最为悠久、最为本质的大学活动类别，它与大学的出现同步或者更早。

高等学校发展到今天，已然形成人才培养、科学研究和社会服务三大基本社会功能。美国高等教育的功能创新也许给高等学校自身发展带来了预想之外的麻烦：教学或人才培养活动逐渐丧失其学术探究性特征，教学甚至被淡出学术视域，这显然不利于大学人才培养工作的开展。因此，20世纪80年代后期，曾任美国教育部长的卡耐基基金会主席厄内斯特·博耶首先提出了"教学学术"的概念，从学术的内涵出发，反诘了学术不只是专业性的科研，而是既有探究性也有整合性的学术，还是应用知识、传播知识的学术，在这个完整的学术架构中，传播知识的学术被称为"教学的学术"。自此，教学的学术性引起了关注，学术文化被引入教学改革创新活动中。

学术文化被引入教学活动不是"外来"的，而是高等学校教学活动本质的复归。高等学校教学活动从来就与学术探究活动密不可分，即使现在大学功能得到分化，也不能剥离教学活动的学术特性。具体来说，教学与学术探究有以下三重血脉联系。

其一，高等学校教学活动总体上与基础教育教学活动重在"传播知识"不同。它从教学目标出发，注重培养学生的探究和创新能力，亦即

不仅让大学生知其然，还要使大学生知其所以然。基础教育教学是沿袭基础教育方式，在一般教育学、教学论指导下的"知识本位"教学观，高等学校教育活动则是从高等教育自身特点和规律出发的"能力本位"教学观。

其二，高等学校教学活动要培养大学生的创新思维、批判精神等内在素质，这种思想素质不是通过"传播—接受"模式可以实现的，纯粹的"传播式"教学达不到这个目的，必须在有关学术探究活动体验中让学生逐步养成。教学活动与学术探究活动的有机结合，有利于培养学生的学术精神。

其三，高等学校教学活动自身的教学内容和方法途径必须具有探究性。教学所需的知识信息要及时更新并按照教学传播实际需要对知识进行再加工，以适应教学对象，而不是某个已有知识的"原生态"。高等学校教学活动中对教学内容的选择还有一个"未定型"知识的纳入问题，长期以来，其对教学内容的选择基本是"定型"知识，所以方法手段要随技术发展不断改进。

## 二、创新是高等学校学术文化的核心

建立高等学校教学学术文化的根本在于以此引入学术的创新特征，促进教学及教育管理的改革创新。一段时间以来，教学活动游离于学术之外，学术的创新特质也远离了教学活动，导致教学及教育管理创新举步维艰。

整个高等学校文化的重要标志就是以创新为轴心的学术文化，按厄内斯特·博耶的界定，就是探究的学术文化、整合的学术文化、运用知识的学术文化和传播知识的学术文化。即使是按照大学功能划分，创新也蕴含在每项功能的发挥过程之中。高等学校的社会服务功能，其实是从转化高等学校科研成果，以及求解社会的生产、技术、管理等领域的问题起步的，这实际与科研工作一脉相承，甚至就是科研工作的延续或场所转移。因此，运用知识也是需要创新的。

在人才培养方面，尤其是在作为人才培养核心环节的教学活动中，创新元素一直存在且非常普遍。如教学内容，最早的教师几乎就是教学内容的化身，没有教材等知识载体，教师日益更新积累的思想学说就是教学内容，被应用于教学活动中。这是教学内容的创新，思想有多远，学说就有多深。但随着信息载体的日益丰富发达，教师的思想学说反而相对减少，有的只是更新而非创新。因此，从当下意义上说，创新是高等学校学术文化的核心，而从起源上说，创新更是高等学校人才培养活动的核心。也就是说，教学具有以创新为特质的高等学校学术文化属性。

## 三、重振高等学校教学学术文化

高等学校教学活动是占绝对主体地位的高等学校活动。教学的文化生态样式决定了教学的价值走向。从创新元素的有无来评判，当今的高等学校教学文化生态缺失了"学术性"，也就缺失了"创新"这个灵魂，从而演化成一种几近功利甚或颓废的"应景文化"，即学生参与教学活动是应付教师的某些机械化要求，教师参与教学活动是为了完成学校规定的工作量以便获得报酬，消极应付是其共同特点。几乎同时，高等学校里的另外几种文化活动，如学生的文体活动、社团活动、社会活动等和教师的科研活动、研发活动、社会兼职与服务活动等，其积极的、忘我的甚至疯狂的价值体现与教学文化完全不同。

以创新为魂，重振高等学校教学学术文化是推进高等学校教育管理改革的"招魂"之举。教育管理创新不是凭空捏造新式工具，而是要构建一个适当的环境氛围。富有创新内核的高等学校教学学术文化既是曾经的教学生态样式，也是现在需要大力恢复和重建的教学生态。追溯教学文化传统样式的失衡，很可能是高等学校科研、社会服务两大后发功能的冲击导致的，现在重振高等学校教学学术文化是否要削弱这两大功能或淡化这两大功能中的创新元素呢？显然不能，而应该强化三者之间共同核心的渗透与通融，尤其是现代研究型大学的强大科研功能和大批应用型大学的社会服务功能，可以为教学活动注入无限的创新活力。

在已然被分化且独占名分的学术文化面前，高等学校教学学术文化应该如何重建？如何赋予其创新特性？综合高等学校教学活动的几个关键方面，首先要重建教学创新思维（回归高等学校教学价值本源）；其次要创新教学内容（空间并不大，尽管现在的教师热衷于科研，但他们的成果能够被纳入教学内容的可谓凤毛麟角）；再次要创新教学手段（由外界技术主导，高等学校及师生能力有限）；最后要创新教育管理（这是大有可为的）。由此可见，以创新为核心重振高等学校教学学术文化，最可能的实现途径就是从创新教育管理打开突破口。

## 四、重构高等学校教学管理文化

教学学术文化的建设是一个系统性工程，也是一个长期的过程。长期以来，在"教学非学术"环境下所形成的一系列教学管理制度与文化就是高等学校教学学术文化建设或教学创新的首要障碍。

通过对一系列管理制度的分析，无论是主要针对学生的教学管理还是主要针对教师的教学管理，基本上可以归纳为三种属性：机械管理、规范管理和科学管理。这三种层次不同的教学管理，是现代以来高等学校教学管理文化的基本进化路径，但在不同国家和地区，不同高等学校有时间先后差别。机械管理曾经作为"科学化"的代名词，取代了千百年间一直沿袭下来的"自由教学"，这对教学规模的扩大，尤其是组织班级教学是有重要贡献和意义的管理革命。规范管理并非新生物，而是机械管理的改进升级版，无论就教学对象还是就教育管理而言，机械管理和规范管理都是扼杀创新、忽略个体差异性的。在教育管理创新上，二者形成一对阻抗：越是强调规范，创新越难以实现；越是创新的教育管理，越是打破规范的约束。科学管理注意到了各种特殊性的存在，在方法上具有一定的伸缩性，与教育管理创新可以相容。所谓科学，就是要尊重规律，尊重教育管理的规律进行教学管理是可以发挥教育管理创新作用的。

重构高等学校教学管理文化，就应该走科学管理的道路，更加注重教学学术文化特性，使教学管理更趋于学术管理（尽管现在的高等学校学术管理严重存在"不科学"现象），不能过于规范，从而违背高等学校教学的学术精神、仅从教育管理及其创新角度来看，自由是创新的根本源泉，无论是现代意义上的科学研究还是教学改革，管理过于机械、规范的，自由度就越小，产生创新成果的概率就越小。因此，要呼吁教学自由。教学自由又必须从教学管理的变革开始，使教学管理富有自由创新色彩，在适度控制前提下可以分开教学自由，尤其是教育管理自由是完全可以分开的。有人回忆西南联大的成功之处就在于坚持了"学术自由、教学自由"。如果没有以教学管理文化改革为先导的教学自由局面的出现，教学创新和人才培养质量的根本提高就是一句空话。

# 参考文献

［1］潘华泉. 地方高校学生管理书院制模式创新的实践探索［J］. 学校党建与思想教育：下，2017（6）：3.

［2］邵刚，崔滢，付鹏. 精准化管理："以学生为本"理念下高校学生教育管理创新［J］. 高等农业教育，2020（4）：5.

［3］李英华. 实践教学管理模式的创新对于高校思想政治教育的影响［J］. 食品研究与开发，2020，41（24）：1.

［4］杨冠亮. 基于契约理论的大学生教育管理模式创新研究［J］. 教育教学论坛，2011（17）：3.

［5］莫光辉，祝慧. 基于协同学理论视域下的高校学生情感教育管理体系创新［J］. 高等农业教育，2012（12）：4.

［6］黄展，刘晶. 高校国际学生趋同化教育管理理论与实践探析［J］. 国家教育行政学院学报，2014（6）：68-71.

［7］陈桂兰. 试论高校学生管理制度的建设与创新［J］. 教育探索，2008（10）：2.

［8］郝文军. 高校学生事务管理理念的创新与发展［J］. 现代教育科学：高教研究，2011（3）：4.

［9］张斌，胡绍君. 以学习型组织理论创新高校学生教育管理模式［J］. 科技信息，2010（3）：17＋30.

［10］陈苗苗，邓晓彬，李欢. "SLI"理论与我国艺术类高校的学生事务管理创新［J］. 大家，2010（13）：15-16.

［11］刘鸪根. 新公共管理理论对高校学生工作创新的启示与借鉴［J］. 中

国电力教育：中，2013（2）：2.

[12] 储祖旺，李祖超. 高校学生事务的转型与变革［M］. 北京：中国地质大学出版社，2013.

[13] 李光红. 资源投入有效性研究：高校学生创新能力管理视角［M］. 济南：山东人民出版社，2010.

[14] 史庆伟. 新时期高校学生教育管理工作研究［M］. 天津：天津教育出版社，2014.

[15] 殷会聪. 高校学生管理体制的改革与创新［J］. 速读（中旬），2017（7）：217.

[16] 李金东，刘振平. 新时期下高校学生管理工作创新探讨［J］. 长春教育学院学报，2011（12）：27-28.

[17] 李亚松. 高校教学管理与学生管理的整合［C］//第三届全国农林院校教育科学类研究生学术论坛论文集. 华中农业大学，2011.

[18] 高誉. 高校学生管理工作创新研究［J］. 现代教育论坛，2021，4（10）：67-68.

[19] 张邦富，彭世逞. 高校学生教育管理实践与创新［M］. 成都：西南财经大学出版社，2008.

[20] 黄世雄. 试论高校学生管理工作的创新［J］. 企业家天地（下旬刊），2010（8）：165-165.

[21] 杨小亚. 思政意识形态管理视角下高校学生管理创新探究［J］. 创新创业理论研究与实践，2021，6（1）：96-98.

[22] 高伟. 项目化管理模式在高校团学工作中的应用与研究［D］. 吉林大学，2023.

[23] 贾海燕. 论高校学生管理工作的改革与创新［J］. 高等教育研究（成都），2005，21（1）：2.

[24] 汪友海. 从"人本"视角探索高校学生教育管理与人才培养工作的革新［J］. 城市建设理论研究：电子版，2012（23）：2-4.